U0104117

哲學研究叢書・學術思想叢刊 0701018

丁若鏞借鑑孟子
「內聖外王」思想研究

朴柄久　著

目次

序言

　　《丁若鏞借鑑孟子「內聖外王」思想研究》為朴柄久的清華大學博士論文。朴柄久對孟子與丁若鏞「內聖外王」思想的成因、內容、性質作了系統的梳理，既有對本文與史實的宏觀把握，又有深度的理論分析，在此基礎上對孟子、丁若鏞「內聖外王」思想的理論架構、基本內涵、兩者異同、繼承關係以及丁若鏞「內聖外王」思想的積極成分、消極成分作了客觀評價，對丁若鏞「內聖外王」思想的現實價值做了有價值的論述，基本上做到了「持之以故，言之成理」。

　　朴柄久向清華大學曹德本導師表達感恩，恩情似海深，令人難忘。

朴柄久

二〇一九年二月十一日於慶北大學

第一章
引言

第一節　問題的提出

作為世界上歷史最悠久的國家之一，中國具有燦爛的古典文化，在這其中，對中國歷史影響最大的，莫過於始終佔據主導地位的儒家思想。通過中國與其他國家之間的外交往來，儒學逐漸傳播開來，對東亞地區都產生了深遠的影響。作為中國的近鄰，從韓國三國時期開始[1]，儒家思想作為統治者維護社會秩序，增強自身權利的工具，被加以大量的推廣和引入，產生了帶有韓國國家特色的儒學思想。

在中國，被尊為「亞聖」的孟子，不僅繼承了孔子的儒家思想，並在孔子提出的「仁政」的思想基礎上，建立起一套系統而完整的政治思想理論，即「內聖外王」。[2]在韓國，則以丁若鏞為儒學大師，實

1　筆者注：新羅時期加強專制王權思想，以儒家對抗佛家的獨立的思想開始出現是新傾向。在這樣的情況下新羅神文王二年（西元682年）設立國學。此後新羅聖德王十六年（西元717年）新羅從唐朝引進孔子十哲七十二弟子的畫像置於國學。以後景德王把國學改稱「太學監」設置博士與助教使他們擔任教育。新羅時代「讀書三品科」制度已奠定了。在國學區分三科教授，三科的科目是以下：第一，《論語》、《孝經》、《禮記》、《周易》。第二，《論語》、《孝經》、《左傳》、《毛詩》。第三，《論語》、《孝經》、《尚書》、《文選》。《論語》、《孝經》是三科的共同必須科目，《五經》、《文選》是選擇科目。新羅元聖王四年（西元788年）的時候設定「讀書三品科」。它是採用官吏的國家考試制度。「讀書三品科」採用按照讀書的成績分類三個等級。「讀書三品科」採用官吏的標準不是骨品制身份地位，而是儒學教養水準（參見〔韓〕李基白：《韓國史新論》首爾市：一潮閣，1994年1月，頁118-119。）

2　筆者注：內聖外王在《莊子》〈天下〉初次出現。莊子說：「天下大亂，賢聖不明，道德不一。天下多得一察焉以自好，譬如耳目鼻口，皆有所明，不能相通。猶百家眾技也，皆有所長，時有所用。雖然，不該不遍，一曲之士也，……是故內聖外王

學的集大成者。熟讀經史典籍的丁若鏞，在吸收了西方思想的精華
後，針對當時的社會形勢，提出了獨樹一幟的實學思想，可謂是與孟
子思想最為相近的韓國思想家。孟子與丁若鏞是同樣身處亂世，同樣
的憂國憂民，同樣在各國學術界佔有舉足輕重的地位。丁若鏞自幼攻
讀儒學經典，受儒家思想影響很大，所以他的實學理論中也包含著一
定儒家的思想觀點，比如性善論，肯定個人後天的修練等。但學習過
西洋新學並經歷過流配生活的丁若鏞，反對儒學中不切實際的空談部
分，為了緩解當時的社會政治危機，提出了一套行之有效的解決方案。

　　對於孟子思想，中國學術界已進行過大量的研究和探討，在此不
再贅述。在本文中，筆者所關心的問題有三。一、孟子「內聖外王」
的哲學基礎是什麼？二、孟子「內聖」的標準是什麼？「外王」的準
則又是什麼？三、孟子思想，尤其是內聖外王的政治思想，對丁若鏞
的影響有多大？由此，引出了本文的論題，在丁若鏞提出的治國方案
中，借鑑了哪些孟子的思想，他所駁斥的，又是孟子的哪些觀點呢？

第二節　選題意義

　　孟子與丁若鏞都是民本思想的啟蒙者。在時代的巨變中，本著愛
民之心和對現實清醒的認識，兩人都提出了改變社會現狀的較好的解
決方法。但是，不同的時代背景，不同的國家，不同的生活經歷，注
定二人的思想中存有不同的成分。

　　從中國學術界來說，從古而今的學者對於孟子思想的方方面面都
進行過深入的探討，在孟子思想最受尊崇的宋明時代，還曾引發過學

之道，暗而不明，鬱而不發，天下之人，各為其所欲焉，以自為方。」莊子對於
「內聖外王」曾說：「靜而聖，動而王」，「與人和者，謂之人樂；與天和者，謂之
天樂」，「一心定而王天下」（《莊子》〈天道〉）這些都是從不同的方面解釋了道家的
「內聖外王」。

者們激烈的辯論。在韓國學術界，有關丁若鏞的思想及著作同樣具有廣泛而透澈的研究。但直至今日，還未有一本書系統的探究過丁若鏞及其先行者孟子之間千絲萬縷的聯繫，這不能不說是一個很大的遺憾。為了彌補這一缺憾，基於對於中韓兩國文化的瞭解和研究，筆者選擇了這一課題，力圖填補這一空白。

具體的說，筆者通過多年的研究，發現雖然前人都已對孟子思想進行過多角度的探究，但未有一本書圍繞孟子「內聖外王」的思想進行過細緻的分析。筆者認為，孟子「內聖外王」的思想是孟子建立在仁政思想、義利之辨、王霸之辨等基礎之上，並且融入了孟子對於現實的分析以及對於理想國家、理想君主的設想。不僅如此，孟子的「內聖外王」思想還體現出區別於其他諸子百家的民本主義思想，這在當時的社會現實下，是難能可貴的。因此，筆者認為研究孟子「內聖外王」的思想，不但可以從總體上把握孟子的思想精髓，並且可以比照現在的社會形勢，提煉出可應用於現實的政治哲學思想。

在韓國，身為具有代表性的儒學大師及實學家，學術界對於丁若鏞的研究也是著作頗豐。學者通過研究丁若鏞的生平及著作，分析並探討了丁若鏞的政治、哲學及經濟思想。作為一個實學家而不僅是儒學家，他提出的實學思想與傳統儒家思想的距離有多大？這是一個極少被關注但筆者認為很有意義的問題。

綜上所述，本文的意義首先在於，文章系統的闡述了孟子「內聖外王」思想的形成、理論基礎及文化構架。經過分析，我們可以發現，「內聖外王」思想有助於人們從道德精神層面分析政治問題。並且，「內聖外王」思想使得人們更加關注自我的修練，這樣，一個擁有道德基礎的社會更易成為和諧社會。

其次，通過對比丁若鏞與孟子思想的異同之處，不僅可以更好的理解二人的思想，發現中韓兩國政治經濟文化的差別，更能夠看到在時代的進步下文化的傳承與發展的脈絡。而這些，都是單獨對二人進

行分析時所無法得到的結論。

　　最後，本文經過在各個維度上對比丁若鏞與孟子的思想後，根據
目前的國際及國內形勢，提出了丁若鏞借鑑孟子「內聖外王」思想的
現代價值。這些先哲留給我們的文化遺產，在進行了必要的提煉後，
如何更好的作用於現代社會，這是一個非常有意義及現實價值的問題。

第三節　文獻綜述

一　中國學術界研究現狀

（一）中國學術界對「內聖外王」的文獻綜述

　　曹德本在《中國傳統文化學》中認為，修身是與治國、平天下聯
繫在一起的，其內容包括一套修身之道，以人性論為理論基礎，通過
心性修養方式，達到理想的精神境界，這樣，人性論、修養論、境界
論三者作為一個統一的思想體系。[3]治國基本方略的基本主張是以德
治國，在中國長期的封建社會中，治國就是為了保持封建社會秩序的
和諧穩定、長治久安。在治國方略方面可以概括為三個方面：第一
是，義利統一是治國的倫理基礎，第二，民本文化是治國的文化總
綱，第三，為政清廉是治國的基本保障。[4]

　　平天下是整個思想體系的最高層次，也是修身、治國所實現的最
高理想，其中心思想是講，天人合一是平天下的文化基礎，世界大同
是平天下的理想目標，天人和諧是平天下的最高境界。[5]

　　閻鋼在《內聖外王——儒學人生哲理》中認為，人則仁義——儒

3　曹德本：《中國傳統文化學》（瀋陽市：遼寧大學出版社，2001年7月），頁32。

4　曹德本：《中國傳統文化學》（瀋陽市：遼寧大學出版社，2001年7月），頁83。

5　曹德本：《中國傳統文化學》（瀋陽市：遼寧大學出版社，2001年7月），頁121。

學的人與人性論；立德立功──儒學的人生價值觀；止於至善──儒家的人生境界觀；行仁止義──儒學的人生際遇論；知足天寬──儒學的人生情感論；其樂融融──儒學的人際關係論；盡心知性──儒學的人生德性修養論；學無止境──儒學的人生治學修養論；見賢思齊──儒學的人生行為修養論；瑕不掩瑜──儒學的人生哲理辨析。[6]

郭志坤在《孟子答客問》中認為，「內聖」是指個人的道德修養而言的，「外王」是指個人在社會中的事功和作用說的。孔子說：「修己以安百姓」[7]，孔老夫子此言，道出了「內聖外王」之學的真諦。內聖外王與外在事功的一致與和諧，是孔老夫子孜孜以求的。是否有憂患意識，每個人安身立命的前提，是君子向堯舜這樣的目標行進的先決條件。這是「內聖外王」之學。是否具有與天下生民同憂樂的意識，是君主能否實現「外王」理想的基礎。[8]

李振宏在《歷史與思想》中認為，正心修身齊家治國平天下的大學之道，激勵了一代代士大夫和近代知識份子投身於治國平天下、建功立業的歷史創造之中，也成為古往今來諸多知識份子安身立命的道德信條。但是，長期以來，對「治國平天下」這一修齊治平之道的理解，人們則有失偏頗。人們過多地是關注「平天下」的獻身方面，建功立業方面，面對於這一思想所內含的如何「平治天下」，建功立業的終極目的等內容，則有忽視。「治國平天下」，不僅僅強調的是對天下的治理、管理和建設，它首先有一個如何治理、管理、建設天下的問題，這就是以「平」治天下，用「平均」或「均平」的思想來治理和管理天下，這是至關重要的問題。[9]

---

6 閻鋼：《內聖外王──儒學人生哲理》（成都市：四川人民出版社，1995年），頁1-3。

7 《論語》〈憲問〉。

8 郭志坤：《孟子答客問》（上海市：上海人民出版社，1999年1月），頁23。

9 李振宏：《歷史與思想》（北京市：中華書局，2006年），頁410-411。

　　李瑞蘭、季乃禮在《修身・齊家・治國・平天下》中認為，孟子繼承了孔子對文明和人性的深刻理解，從本體論和目的論上發表了孔子的仁學。而且，與孔子一樣，孟子是把仁作為做文明的人的最高標誌提出來的。「仁者，人也」，首先強調的是個體原則，是從強調個體的自我實現、自我完善出發，以高揚個體的主體性的形式，強化、凸顯了群體至上的原則。形式是為個體，而內容，由個體自我完善實現的標準是義，是道德，是從「孝悌」開始到「泛愛眾」，到「平天下」，即以優化和強化群體為歸宿。這就使每個想完善自我實現自我人生價值的有志者，尤其是文化人，在實踐尤其是理論上，認同了個體生存的最高價值是懷天下、安天下的價值取向。而且，在仁人志士的具體境遇上，孟子提出了兩個鮮明的原則：其一是「窮則獨善其身，達則兼善天下」，[10]其二是「窮不失義」[11]，在生存、名利和道義只能選擇其中之一時，要「舍生而取義者也」[12]，把道義提到了做文明的第一位需要。道義的內涵，其軸心是仁善，仁善在人際中又必然是利他、利群的。而且認為，由仁善而出發的道義在其社會價值上應高於權勢。所有這些，便構成了孟子自我完善與凸顯群體的統一。[13]

　　蒙培元在《蒙培元講孟子》中認為，孟子渴望出現聖人，來治理天下國家，先治理好一個國家，進而統一天下。孟子從人君有仁心推導出仁政，實現天下太平，這是一種理想主義政治學說，甚至是一種烏托邦。其全部政治主張，是建立在「愛人」、「愛民」這一基礎之上的。[14]

　　張分田在《中國帝王觀念》中認為，諸子百家對內聖外王命題的

10　《孟子》〈盡心上〉。

11　《孟子》〈公孫丑上〉。

12　《孟子》〈告子上〉。

13　李瑞蘭、季乃禮：《修身・齊家・治國・平天下》（天津市：天津社會科學院出版社，2001年9月），頁102。

14　蒙培元：《蒙培元講孟子》（北京市：北京大學出版社，2006年9月），頁33。

理解有很大差異，卻又有共同的思路。其基本邏輯是：首先，外王必須內聖。道德是事功的基礎，事功必須具備道德價值。第二，內聖為了外王。道德的價值目標是政治功效和社會功效。第三，內聖必然外王。德行的修持必定會取得實際功效。第四，德行與政治貫通，聖質與事功統一。就政治觀念而言，內聖是道德，外王是政治。有道德王，有政治王。道德王未必能成為帝王，卻堪稱「素王」。政治王未必堪稱聖人，而王者必須聖，否則不成其為王者。惟有聖王是道德王與政治王的統一，道德最完美，事功最博大。因此，作為一種帝王論，內聖外王論的理論結構是「內聖——外王」或「外王——內聖」。[15]

　　程潮在《儒家內聖外王之道通論》中認為，儒家「內聖外王」的傳統內涵可以「成己成物」、「修己治人」和「明體達用」三個方面來表達，儒家「內聖外王」的基本特徵也主要表現在這三個方面。一、儒家內聖外王之道體現了自我價值與社會價值的統一。二、儒家的內聖外王體現了道德與政治的統一。三、儒家的內聖外王體現了體與用的統一。[16]

（二）中國學術界對「丁若鏞」的研究現狀

　　朱七星：〈朝鮮封建社會末期實學思想的集大成者——茶山丁若鏞〉，《東方哲學研究》一九七九年。彭林：〈丁茶山與《周禮》〉，《北京圖書館館刊》一九九四年第一期。彭林：〈論丁若鏞對朱熹《中庸章句》心性說的批評〉，《清華大學學報》（哲學社會科學版），二〇〇五年第六期。丁冠之：〈戴震、丁茶山的實學思想〉，《煙臺大學學

---

15 張分田：《中國帝王觀念——社會普遍意識中的「尊君——罪君」文化範式》（北京市：中國人民大學出版社，2004年3月），頁514。

16 程潮：《儒家內聖外王之道通論》（長沙市：湖南人民出版社，2005年5月），頁391-395。

報》，一九九七年第一期。盧星華、紫荊：〈丁茶山的美學觀〉，《延邊大學學報》，一九九七年第二期。韓英：〈試論丁若鏞對朱子學的批判〉，《當代韓國》，二〇〇三年秋季號。張春海：〈試析《牧民心書》中丁茶山的行政思想〉，《當代韓國》，二〇〇一年冬季號。姜日天：《茶山丁若鏞》，著名哲學家評傳（韓國卷），黃心川，山東人民出版社，二〇〇〇年。方浩範：〈試論丁若鏞的天理人欲思想〉，《延邊大學學報》（社會科學版），二〇〇五年十二期。葛榮晉主編：《中國實學思想史》（下卷），首都師範大學出版社，一九九四年。孫旭東：《丁若鏞教育改革思想探析》，延邊大學碩士學位論文，二〇〇七年。

二 韓國學術界研究現狀

到目前為止，在韓國關於孟子的主要著作共二五一卷，碩士、博士論文三八八篇，學術期刊四三六篇。學位論文方面，研究範圍多集中孟子的「人性論」、「王道政治思想」。

博士論文中產生較大的影響的有：楊正根：《關於孟子性善論的倫理學研究》，大邱，慶北大學，一九九八年。金吉洛：《孟子王道思想研究》，大田，忠南大學，一九七七年。吳善均：《孟子的教育思想研究——以性善論與仁義的教育觀為中心》，首爾，漢陽大學，一九八七年。尹大植：《孟子政治思想研究——以王道主義和政治權力正當性為中心》，首爾，韓國外國語大學，二〇〇一年。

關於丁若鏞研究主要著作有：姜萬吉等：《丁茶山與其時代》，民音社，一九八六年。姜在彥：《朝鮮的西學史》，民音社，一九九〇年。高承濟：《找茶山》，中央日報社，一九九五年。琴章泰：《丁若鏞——實學的世界》，成均館大學出版社，一九九九年。金玉姬：《韓國天主教思想史（2）——茶山丁若鏞的西學思想研究》，殉教的脈，一九九一年。朴秉濠等：《茶山學的探求》，民音社，一九九〇年。李

乙浩：《茶山學的理解》，玄岩社，一九七五年。琴章泰：《茶山實學探究》，首爾，小學社，二〇〇一年年。韓亨祚：《從朱熹到丁若鏞：朝鮮儒學，哲學範式》，首爾，世界社，一九九六年。琴章泰：《心與性——茶山的《孟子》解釋》，首爾，首爾大學出版社，二〇〇五年。

　　學術期刊方面中產生較大的影響的有：金秉換：〈《論語》與《孟子》之君子概念研究〉，韓國中國學會，《國際中國學研究》第八集，二〇〇六年十二月。韓學重：〈《孟子》無以則王乎新解〉，韓國中國文化學會，《中國學論叢》第十七集，二〇〇四年六月。趙源一：〈孟子心性倫談素〉，溫知學會，《溫知論叢》第十二集，二〇〇五年十二月。徐中偉：〈君子君臣觀研究〉，永同大學，《研究論叢》第六輯，二〇〇〇年十二月。崔瑛甲：〈孟子的道德倫理與道德規範小考〉，韓國陽明學會，一九九九年八月。鄭炳連：〈茶山四書學研究〉，首爾，景仁文化社，一九九四年。

　　關於丁若鏞的《孟子》經學研究著作有：安晉吾：《孟子要義》考》，首爾，民音社，一九八九年。崔大羽等：《丁茶山的經學》，首爾，民音社，一九八九年。李乙浩：《茶山經學思想研究》，首爾，乙酉文化社，一九六六年。李篪衡：《茶山經學研究》，首爾，太學社，一九九六年。鄭炳連：《茶山四書學研究》，首爾，景仁文化社，一九九四年。蔡茂松：《丁茶山的四書研究》，首爾，民音社，一九九〇年。鄭一均：《茶山四書經學研究》，首爾，一志社，一九九九年。

　　關於丁若鏞學術研究成果有：李榮薰：《茶山的人間關係範疇區分與社會認識》，茶山學術文化財團，《茶山學》四號，二〇〇三年五月。孫興徹：《茶山丁若鏞的性嗜好說與其論據分析》，茶山學術文化財團，《茶山學》四號，二〇〇三年五月。Bongkyu Lee：《茶山學研究的最近動向與展望——以近代論的視覺為中心》，茶山學術文化財團，《茶山學》六號，二〇〇四年。

　　韓國學術界大多數集中在儒家的「內聖」方面，而「外王」方面研究不充分。在韓國孟子的道德思想方面研究成果比較成熟，而政治思想方面研究極少。而且到目前為止在中國、韓國，丁若鏞借鑑孟子「內省外王」的思想研究成果是沒有的。

第四節　論文結構和創新之處

一　論文結構

　　為了更加深入的分析實學者丁若鏞的政治思想，筆者首先分析了孟子「內聖外王」思想的形成，理論基礎及文化架構。之後再與孟子的對比中研究了丁若鏞思想，最後探討了丁若鏞借鑑孟子「內聖外王」思想的現代價值。本文的結構與筆者的思路一致，具體的分章節簡介如下。

　　第一章，序言。主要介紹了本論文的選題意義，關於孟子思想和丁若鏞思想在中國和韓國學術界的研究現狀。分析了本文的創新之處與研究方法，並且簡要的介紹了論文結構。

　　第二章，孟子「內聖外王」思想的歷史背景。時代背景對於一個人思想的形成具有重要的影響，在本章中，首先介紹了戰國時期土崩瓦解的西周政治經濟制度，講述了社會動盪的形勢，然後闡述了在這種環境下文化領域的繁榮，即「百家爭鳴」的現象。之後，探討了孔子對於孟子思想形成所起到的作用，以及「士」這個新興階級對於社會的影響。

　　第三章，孟子「內聖外王」思想的理論基礎。在本章中，筆者將「內聖」和「外王」分成兩個部分，分別介紹了各自的理論基礎。對於「內聖外王」來說，其理論基礎主要有性善論及天人合一。

　　第四章，孟子「內聖外王」思想的總體構架。筆者從全域上探討

了孟子「內聖外王」思想的文化構架，包括義利之辨，王霸之辨，以及修身治國平天下這三個方面。這三個方面不僅是孟子「內聖外王」思想的基本構架，同時也是支撐孟子思想的主要理論依據。

第五章，丁若鏞借鑑孟子「內聖外王」思想的基本內涵。筆者探討了丁若鏞「內聖外王」思想產生的背景。通過前幾章對於孟子思想的分析，本章正式開始研究丁若鏞借鑑孟子「內聖外王」思想。同分析孟子思想時一樣，筆者將丁若鏞借鑑孟子「內聖外王」思想分為「內聖」及「外王」兩個部分。在「內聖」方面，筆者主要探討了丁若鏞的「心性論」、「道德論」及「修養論」。在「外王」方面，則著重分析了最能體現丁若鏞實學思想的「經世論」、「洙泗學」、「補儒論」。

第六章，丁若鏞借鑑孟子「內聖外王」思想的總體評價。從積極和消極兩方面評價了丁若鏞的思想。肯定了丁若鏞和孟子對於道德與政治的整合、道德與事功的統一，以及提出的改變社會現狀的方案。批判了「內聖外王」在選擇主體上的侷限性以及民本思想的侷限性。

第七章，丁若鏞借鑑孟子「內聖外王」思想的現代價值。顯然，對於任何思想和理論來說，儘能夠存活於當時的思想和理論並不能稱其為偉大。所謂偉大、有價值的思想理論就在於它可以跨越時代，成為具有普遍意義的理論。在本章中，筆者就丁若鏞思想的現代價值進行了探索，肯定了丁若鏞思想中積極、超前的部分。從治國者的素質，塑造韓國民族精神等兩個方面探索了丁若鏞思想的現代價值。

第八章，結論。對本文所得出的結論進行了簡要的概括。怎樣做才能達到「內聖」的標準，「外王」的終極目標又應如何達成呢？筆者主張國家領導人既重視法律的完善，也重視精神文明的建設。可謂是既重「禮」，也重「法」。

二　創新之處

　　中國與韓國自古就在各個領域有著密切的聯繫，在文化交流上更是如此。尤其是儒家思想，不僅是對韓國，對整個東亞地區的影響都是非常深遠的。但是，任何異族的文化思想都會受到本國文化的浸染，因此，通過分析兩國文化的不同可以從一個側面反映兩國在其他方面的區別及聯繫。由此，筆者選擇了在中國和韓國的儒學史具有影響力的孟子和丁若鏞，通過丁若鏞如何借鑑孟子的思想，比較兩人思想上的差異，以此反映兩國在政治經濟上的不同。

　　對於內聖外王的思想，前人已經做出了很多研究，得出了許多寶貴的結論。在本文中，筆者主要從以下三個方面開拓性的探索這一思想的理論體系及其現實應用。

　　一、內聖之於外王的必要性。孟子的「內聖外王」思想既從屬於儒家，又在孔子仁政論的基礎上做了進一步的擴充和發展。因此，孟子首先提出的是傳承自孔子的「內聖」，而非「外王」。我們都知道，在「內聖外王」思想中，內聖是外王的根本，但對於內聖究竟是外王的充分還是必要條件卻無定論。筆者認為，這是一個關鍵的問題，因此在本文中提出這個問題，並對此進行了深入的探究。

　　二、丁若鏞借鑑孟子「內聖外王」思想。中國與韓國是從古代到現在還有未來相互密切的關係。同孟子「內聖外王」思想最相近的朝鮮思想家是丁若鏞。孟子時代與丁若鏞時代在相當程度上相似，對內方面政治腐敗，民生辛辛苦苦，對外發生許多戰爭。兩個人都尋求解決問題的方法。為了克服朝鮮政治社會危機，丁若鏞在哪些方面借鑑孟子「內聖外王」思想，在哪些方面不接受孟子「內聖外王」思想？丁若鏞怎樣看待孟子「內聖外王」思想的呢？在丁若鏞「內聖外王」思想上，孟子「內聖外王」的思想到底發揮了什麼樣的作用？孟子「內聖外王」思想對丁若鏞的發展都有哪些作用？這個問題是本文的

主要研究問題。文化是隨著社會的前進而不斷改變的，對於處在與過去截然不同的社會環境中的我們來說，如何去其糟粕取其精華，使之能夠適應現代社會，並發揚光大，這同樣是本章的一個亮點。

　　單獨看來，中韓兩國對於孟子和丁若鏞的思想都已有了卓越成效的研究。但中國對於丁若鏞思想的研究並未得到足夠的重視。本文最大的創新之處就在於，本文是在系統的闡述了孟子「內聖外王」的思想後，通過與孟子思想的對比，分析丁若鏞的思想。這種對比不僅是兩人思想上的對比，更可體現出時代以及政治經濟文化的發展。並且，這種對比可以更加深入的探究兩人的思想，而不只是流於表面的介紹。

第五節　研究方法

　　為了更好的分析本文的論題，筆者選擇了以下四種研究方法：

　　一、文獻研究法：文獻是研究古人思想必不可少的依據之一，因此，筆者通過大量的查閱分析文獻，對孟子和丁若鏞的思想進行考察。在分析孟子思想時，筆者不僅通過《孟子》其書，更詳細地研究了朱子對於《孟子》所做的注解，並且，閱讀了《左傳》、《論語》、《史記》、《禮記》、《大學》等書，以瞭解孟子所處的時代文化背景。《與猶堂全書》收錄了丁若鏞大部分的著作，筆者在系統的研究過《與猶堂全書》後，深入的分析了丁若鏞的思想。

　　二、歷史研究法：本文在研究過程中採取了歷史研究法。在時代的變遷中，儒家的「內聖外王」思想也隨之發生了變化和改進。要瞭解一個時代的特定人物的思想，首先要理解影響他思想形成的歷史背景。筆者以戰國時期的諸侯國為中心，考察了形成孟子思想的歷史背景。以孟子所處的戰國時期的歷史事實為基礎，概括出符合當時實際的客觀規律。對丁若鏞思想來講，倭亂與胡亂的兩亂以後，隨著朝鮮

社會的變化，十七世紀中期批判性理學的學者湧現出來。丁若鏞的「外王」思想形成的社會環境來講，進入十九世紀後，由於朝鮮商品貨幣經濟的進一步發展，激發了封建統治者的致富欲望。筆者也考察了形成丁若鏞思想的歷史背景。

三、比較研究法：這是本文中最核心的研究方法。本文通過丁若鏞與孟子思想的對比，不僅深入的分析了二者的思想，同時還對比了二人思想中有差異的地方，並就此探討了這種差異形成的原因，使得讀者對於丁若鏞的思想有了更深刻的認識。

四、綜合性的研究方法：本文綜合歷史與現實，宏觀與微觀來分析本文所研究的各個領域的對象。政治是凌駕於經濟、社會、文化等各個因素之上的綜合的活動。因此，要研究孟子和丁若鏞的政治思想，就必須對於他們所處時代和環境的方方面面有深入的瞭解。

第二章
孟子「內聖外王」思想的產生背景

　　每一種思想的產生都會受到其所處時代的巨大影響，同樣，孟子「內聖外王」思想的形成與他生活的戰國時期是密不可分的。在諸侯紛爭的年代裡，諸侯王的目標受到當時的國內形勢、社會結構、國人的意識形態等多種因素的影響。因此，構成孟子「內聖外王」思想的結構要素也不是單一的，而是多種要素共同作用的結果。

　　首先，戰國時期生產力的提高激化了階級矛盾，在統治階級與庶民的摩擦中，新興的地主階級的勢力不斷擴大，與此同時，一個新的階級──「士」悄然出現。這個特殊的階級在當時活躍在各國的政治舞臺上，他們奔走遊說，力圖推行自己的學說。孟子也成為其中的一員，遊走各國，希望有君主可以施行仁政，讓人民安居樂業。雖然他的遊說都因當時諸侯王的急功近利而失敗，但他為了達成自己的政治理想，依然努力的奔走。並在這過程中逐步建立和完善了他「內聖外王」的思想。生產力的提高使得各國提出了不同的土地法去賦稅，而孟子在此基礎上提出了自己王道政治中的井田制思想，認為這才是使「黎民不饑不寒」[1]的方法。

　　其次，戰國時期，生產力得到了極大的提高，諸侯國爭相變法以提高國力。戰國時期各諸侯國間的往來變得更加密切，不論是頻繁的戰爭還是合縱連橫，其目的都是為了增強自身的國力，打擊弱小的國家，保護自身的利益。而戰國時期周王朝已經名存實亡，各諸侯國與其的關係也僅是合作與利用的關係，中原處於群龍無首的狀態，各國都摩拳擦掌想一統天下。

1　《孟子》〈梁惠王上〉。

在這一時期的政治變化可以分為兩種：一種是內部的變化，另一種是外部的變化。內部的變化指的是諸侯國國內政治經濟綜合國力的變化，而外部的變化則是諸侯國之間力量變化的對比。春秋戰國時期的政治變化的特點是所有的這些變化都是突變的，而這些變化都對全域產生了持續性的全面的影響。

從內部的變化來說，各國為了能夠逐鹿中原，都積極的開展變法。這些變法都在一定程度上瓦解了舊的制度，增強了國力，提高了生產率。但由於這些變法的目標與統治階級的利益相一致，所以並未給百姓帶來過多福祉，連年的戰爭更是陷人民於水深火熱之中。但這些變法畢竟加速了中國進入封建社會的腳步。

從外部的變化來看，為了不在殘酷的霸權爭奪戰中被淘汰出局，各國都紛紛與利益相關國結盟，形成了合縱與連橫的政治格局。最終，這些聯盟使得大國更加強大，小國更加失去了與其抗衡的能力，為秦始皇最終統一中國、稱霸中原奠定了基礎。周朝的政治經濟制度也隨著秦始皇的崛起而最終土崩瓦解。

第一節　孟子「內聖外王」思想形成的社會基礎

西周時期是中國奴隸社會的鼎盛時期。為了鞏固奴隸主貴族的特權，西周在經濟上實行井田制[2]，在政治上實行分封制[3]，在繼承關係上實行宗法制[4]。春秋戰國時期，上述的制度開始瓦解。西周滅亡之後，禮崩樂壞。「禮」的基本精神是秩序，「樂」的基本精神是和諧。

2　筆者注：「商人始為井田之制，……」（《孟子集注》〈滕文公上〉）。

3　筆者注：「昔周公弔二叔之不咸，故封建親戚以蕃屏周。」（《左傳》〈僖公二十四年〉）。

4　筆者注：「故天子建國，諸侯立家，卿置側室，大夫有貳宗，士有隸子弟，庶人工商各有分親，皆有等衰。」（《左傳》〈恆公二年〉）。參見沈長雲：《中國歷史——先秦史》（北京市：人民出版社，2006年6月），頁112-114。

所以說，春秋戰國時期是秩序的崩潰與和諧的破壞並存的時代。天下無道的春秋時代不是由天子制訂禮樂征伐，而是由諸侯制訂禮樂征伐的時期，孔子在概括春秋時期的歷史說[5]：

> 天下有道，則禮樂征伐自天子出；天下無道，則禮樂征伐自諸侯出。自諸侯出，蓋十世希不失矣。自大夫出，五世希不失矣；陪臣執國命，三世希不失矣。天下有道，則政不在大夫。天下有道，則庶人不議。[6]

就是說，因為禮樂征伐只能由天子制訂，所以諸侯制訂的事實顯示了當時社會的混亂狀態。這樣的環境對君主來說也是一個巨大的挑戰，是要推行仁政，求得長遠的安定？還是進行頻繁的兼併，以求迅速地擴張自己的領土？君主的選擇在這種情況下往往也是最接近他本性的選擇。戰國時代，社會動盪，人心不安，孟子身處這樣的時代，親眼見到人民的生活，他的心裡是渴望統一的。孟子在動盪中尋找革新的機遇。各個諸侯國為了自身的利益，都積極的招賢納士，這種環境有利於孟子發展自己的思想，並且遊歷各國去推廣自己的觀點。社會的動盪，人民的疾苦，使得孟子深知一位明君對於百姓的意義。因此在他看來，民貴君輕，孟子說：

> 民為貴，社稷次之，君為輕。[7]

誰能讓人民擁有安定、富足的生活，他就支持誰，就認為那個人

5　白壽彝總主編：《中國通史》第3卷，上古時代（下冊）（上海市：上海人民出版社，1994年6月），頁881。

6　《論語》〈季氏〉。

7　《孟子》〈盡心下〉。

是適合做君主的，因此，他對於君主有很高的道德要求，這也是他提出「內聖外王」的思想基礎之一。這樣的時代使得孟子迫切希望天下的安定與統一。梁惠王曾與孟子有這樣的對話：

> 「天下惡乎定？」吾對曰：「定于一。」「孰能一之？」對曰：「不嗜殺人者能一之。」[8]

按行動者的行動分析原理來分析，戰國時期的時代背景是不可變的變數，行動者即孟子是可變化的變數。在行動計畫的決定過程中，決策者為何做出這樣的決定是很關鍵的一點。分析決策者當時的心理狀態也是同等重要的。由此我們就可以得出，為何孟子心中理想的君主要有道德修養和民本思想。也就是內修為聖，才可外王天下。帶著這樣的理論，孟子開始遊歷四方，期望能有君主可以推行他的仁政。但是戰國時期諸侯紛爭，各諸侯國的君主都急功近利，不可能去接受孟子這套需要長時間才能實現的政治思想，因此，孟子的遊說都以失敗告終，最後他不得回到自己的老家，著書立說。司馬遷曾在《史記》中這樣描述孟子的生平：

> 孟軻，騶人也。受業子思之門人。道既通，游事齊宣王，宣王不能用。適梁，梁惠王不果所言，則見以為迂遠而闊於事情。當是之時，秦用商君，富國強兵；楚、魏用吳起，戰勝弱敵；齊威王、宣王用孫子、田忌之徒，而諸侯東面朝齊。天下方務於合從連衡，以攻伐為賢，而孟軻乃述唐、虞、三代之德，是以所如者不合。退而與萬章之徒序《詩》、《書》，述仲尼之意，作《孟子》七篇。[9]

---

8 《孟子》〈梁惠王上〉。
9 《史記》〈孟子荀卿列傳〉。

　　基於這樣的環境，孟子不再將「仁」只侷限在個人身上，而將「仁」推廣到政治上即「仁德」或「仁政」，於是就產生了建立在「仁政愛民」基礎上的「內聖外王」之學。「內聖外王」思想體現了孟子對於「聖王」的標準，內修為聖，外王天下。雖然孟子的思想在當時的社會中不可能實現的，但「內聖外王」所得出的如「愛民」、「推恩」等一系列思想在當時還是具有積極的現實意義的。

　　戰國時期社會的動盪為孟子「內聖外王」思想的形成提供了社會基礎。戰國時期的社會繁榮與農業生產有著密不可分的關係。這種生產模式的變化，使得國家的統治體系從原始的共同體「邑制國家」轉變到中央集權的「領土國家」。孟子為了維護封建秩序，強調修身齊家治國平天下，即「內聖外王」。但是大多數戰國時期的諸侯國主張中央集權的專制主義，反對地方分權。諸侯王是一種威權主義領導者，但孟子希望諸侯王用道德正義去領導國家。孟子反對用專制主義來富國強兵。在分封制瓦解的情況下，孟子希望出現一位支持分權的君主來統治天下。

　　人類社會的生產關係和生產基礎處在不斷的變化之中。隨著生產力水準的發展，原有的經濟秩序被打破。戰國時期，隨著經濟的發展，舊的奴隸制的生產關係成了束縛新的生產力的東西，於是，奴隸反對貴族的戰爭愈演愈烈，新興的地主階級逐步取代奴隸主階級的地位，中國開始向封建社會過渡。戰國時期是奴隸制度逐步瓦解，封建社會逐漸形成的時期。封建時代生產關係主要是封建領主與農民的關係。封建時代的生產力主要依靠土地，因此戰國時期出現了新興的封建地土階級，他們希望擴大土地。與之相應，西周賴以維護社會秩序的「宗法制」和禮樂制度也開始崩潰，周天子失去了對諸侯國的控制，整個社會陷入所謂的「天下無道」的混亂局面。王室的衰微，諸侯之間的爭霸，大國兼併小國，最終打破了原有的政治體制與社會形態。各諸侯國家之間相互攻伐兼併，社會政治秩序失範。儒家對此深

感不滿和猶慮，抱著救世的目的，決心改變這種混亂局面。恢復「天下有道」的正常社會秩序。

為了雄霸天下，戰國時諸侯王紛紛進行變法：

> 秦用商君，富國強兵；楚、魏用吳起，戰勝弱敵；齊威王、宣王用孫子、田忌之徒，而諸侯東面朝齊。天下方務於合從連衡……。[10]

孟子所處的時代正是秦用商鞅，魏楚用吳起，齊用孫子、田忌等進行變法，進一步改革奴隸制，鞏固封建制的時期。當時大部分諸侯國已經基本完成了由奴隸制向封建制的轉化，建立起封建地主階級的政權；而其他諸侯國，如秦、楚則正在經歷這個社會改革。商鞅和吳起分別在秦、楚對奴隸制的各種舊制度進行了有利的改革，使得秦、楚很快地後來居上，一躍而成為強大的封建制國家。戰國時期社會內部發生的政治現象實際上是政治體系的變化。影響戰國時期的政治體系的非政治原因是文化、經濟、地理、社會環境。政治、非政治原因共同作用於戰國時期，並在政治現象的改變上發揮了很大作用。各國進行了一系列的變法，變法成功的，一躍成為大國；變法失敗的，就失去了與大國抗衡的能力。而各國變法的目的無外乎是通過社會生產力的提高從而擴大政治影響力。戰國時期，這種方法成為了稱霸的條件之一。

戰國時期的變法涉及到政治、經濟、社會秩序的改革。一般來說改革有兩種方式，即自上而下、自下而上。在春秋戰國時期發生的變法都是以諸侯王及國家的利益為主，從統治階級開始的自上而下的改革。其主要目標是增強國力，奪取霸權，而並未真正考慮百姓的民生

---

10 《史記》〈孟子荀卿列傳〉。

福利。孟子反對革命嗎？並且孟子為什麼反對變法？這是因為孟子認為諸侯國變法的目的是不正當的。當時各個諸侯國的變法最終導致了各國間殘酷的兼併戰爭。比起春秋時代，戰國時期的戰爭充斥著更多的功利性。戰國時期各國的變法都在一定程度上瓦解了舊制度，提高了社會生產力，但卻沒有為百姓帶來實質的福祉。這就是孟子反對以國家主導的自上而下的變法的原因。他認為這種變法的本質是暴力的，不合法的，不正當的。極大的偏離了他所推行的「仁政」的初衷。

戰國時期的政治變革，也為孟子學說的產生提供了客觀條件。隨著土地所有權形式的變化，社會分化出了新興的地主階級和農民階級。新興地主階級在經濟領域中取得一定實力後，為了鞏固自身的地位，開始有了更多的要求。這樣一來，新、舊勢力在政治上的衝突就不可避免，而且矛盾越來越激化和尖銳。這種衝突以至鬥爭，促使政權逐步由奴隸主貴族轉移到新興的封建地主手中。[11]

戰國時期是封建分權與中央集權間的政治經濟鬥爭時期。孟子的政治立場雖然也是為當時封建地主階級服務，但是一方面由於他的出身和所受的思想影響，使他不能和代表奴隸制的孔子的思想割斷聯繫，因而具有濃厚的改良主義傾向。另一方面，孟子也贊成封建化，但他主張走漸進的道路，反對暴力改革。孟子時期戰國的封建社會已成定局，各國都採取了不同程度的封建化措施，東周以來的舊秩序已徹底摧毀，無法恢復。孟子希望各國國君在不完全打破周朝奴隸制的舊體制下，增加某些封建制度的內容。在孟子的思想體系中充滿著既要保存舊的，又要容納新思想的矛盾。他的封建地主階級的思想在這其中佔據主導地位。貴族要支持當朝的君主，而地主只支持能讓他繼續富裕安定生活的「君主」。因此，孔子支持周王室，而孟子卻在四

---

11 張茂澤、鄭熊：《孔孟學說》（西安市：三秦出版社，2003年10月），頁203。

處尋覓他心目中的「聖人」。

總之，戰國時期各國的爭霸都是圍繞提高社會生產力，優化官員縣郡配置，整頓吏治展開的。要成就霸權，強大的經濟基礎是首要條件，在戰國時期，社會生產力的發展使得經濟對政治的影響力進一步擴大，農業生產力的增強與耕地的開發加劇了土地所有權的不平衡。這種經濟上的變化導致社會出現了未曾有過的混亂狀態。戰國時期生產的擴大與老百姓的現實生活是相關的。經濟上的富足導致了諸侯私欲的膨脹，產生了政治上的摩擦，進而引發了激烈的戰爭。這種變化，扭曲，充滿了戰爭的時代，促使孟子更深入的探討他的哲學體系在現實社會中的適用性，最終發展出了自己的哲學政治理論。

第二節　孟子「內聖外王」思想形成的文化條件

關於「內聖外王」，所有的學派都有自己的「正解」。每個學派都有屬於自己的最高道德規範和政治理想，也即對於「內聖外王」的不同理解和闡述。戰國時期，各國的頻繁往來使得文化界也出現了空前的繁榮，各家都紛紛著書立說，產生了「百家爭鳴」的盛況。這種活躍的、良好的文化氛圍也為孟子思想的產生提供了必要的文化環境。人類歷史發展進程中每個社會都存在階級間的矛盾。隨著時代發展，民意對統治者政權的穩固性起著越來越重要的作用。時代不一樣，民意的所產生作用也不一樣。奴隸社會時期奴隸沒有土地，也沒有自由。封建社會時期的農民有一點土地，比起奴隸社會相對有些自由。生產力的變化與發展是社會歷史發展的根源。戰國時期「百家爭鳴」出現的根本原因是生產力的發展。生產力的變化影響到生產關係的變化。經濟繁榮能夠促進文化的繁榮。經濟的多樣性能夠促進文化的多樣性。戰國時期，社會生產關係之主要的構成，還是各級土地所有者的領主與土地之直接耕種者的庶人之間的從屬關係。孟子說：

　　無君子莫治野人，無野人莫養君子。[12]

　　這些言語，正是說明自春秋戰國時代社會生產關係的內容。不過隨著社會生產力的發展，這一時代的社會生產關係也略有改變。

　　孟子生活在戰國中期，當時社會的經濟變革和政治鬥爭為孟子思想的產生提供了可能性。同時，殘酷的現實，顛沛流離的生活，也使人們迫切希望找到一種學說，這種學說一方面能夠滿足人的終極關懷的需要，另一方面又能夠為治理國家提供可靠的理論根據。戰國社會歷史的巨變、秩序的混亂，為孟子思想的產生提供了良好的條件。[13]

　　戰國時期新興的地主階級經濟力量日益雄厚，其政治力量也逐漸壯大，出現了諸侯爭霸、群雄逐鹿的政治局面，而代表著奴隸主統治的周王室則日趨衰微，舊的政治秩序遭到破壞。在列國兼併戰爭中如何富強圖存？對於這一系列的問題，不同的人們提出了不同的主張。[14]各種學說爭奇鬥豔，都希望為了治理國家提供一套理論根據，這為孟子思想的產生提供了必要的思想氣候。

　　周朝統治者為「國人」提供官學教育，教育的內容包括禮、樂、射、御、書、數六個方面。需要指出的是，到春秋晚期，禮崩樂壞，各諸侯國國君權力式微，各國的官學體系也隨之垮臺，因此一些官學中的教師和學生不得不依靠提供私人教育來謀生，並開始撰文表達他們對當時社會變化所作的種種思考，「諸子百家」由此蜂起，其中包括後世所標稱的儒家、道家和墨家。[15]諸子百家主要圍繞著「禮」與「法」、「神」與「人」、「君」與「民」、「君」與「國」的關係以及統

12　《孟子》〈滕文公上〉。

13　張茂澤、鄭熊：《孔孟學說》（西安市：三秦出版社，2003年10月），頁202。

14　漆俠主編：《中國改革史》（石家莊市：河北教育出版社，1997年11月），頁58-59。

15　趙鼎新著，夏江旗譯：《東周戰爭與儒法國家的誕生》（上海市：華東師範大學出版社，2006年8月），頁39。

治手段等問題各抒己見。[16]

　　孟子一生致力於宣傳發揮孔子的學說，對先秦儒學的發展作出了重要貢獻，對後世儒學亦有很大影響，因而被後世封建統治者尊封為僅次於孔子的「亞聖」。孟子的人學思想主要涉及「人性」問題，以及在此基礎上形成的用「仁」界定「人」的本質的思路。[17]

　　儒家「修治安人」的人生理想也被稱為「內聖外王」。「內聖外王」之說最早見之於《莊子》〈天下〉篇，後來儒家將其拿過來加以發揚光大，並形成了儒家學說的一面旗幟。[18]儒學的一個重要理念是追求「內聖外王」，但是在封建社會的長期發展過程中，內聖外王的理念流變為對合理（禮）的君主秩序的訴求。「內聖外王」一詞最早見於《莊子》〈天下〉篇，後來習慣於用來說儒家的理想。內聖外王之學，於孔子已初具規模，待孟子、荀子而張顯，《大學》而遂成體系。孟子「以德定王」，荀子「以王定聖」。這種「內聖外王」的理想在《大學》的三綱領、八條目裡被開宗明義地表達出來。[19]

　　儒家的內聖外王思想從先秦孔子創立儒家學派開始，直至近代，它的思想內涵，它的表現形式和特徵都發生了很大的變化。但是萬變不離其宗，儒家「內聖外王」思想的基礎，即孔子提出的「己欲立而立人，己欲達而達人」[20]、「博施濟眾」[21]的人格觀和通經以致用的學術觀是始終貫穿於內聖外王思想的變遷的。

---

16 王浦劬主編：《政治學基礎》（北京市：北京大學出版社，1995年2月），頁33-34。

17 李中華：《人學理論與歷史——中國人學思想史卷》（北京市：北京出版社，2004年6月），頁45-46。

18 張偉勝：《傳統人生哲學智慧散論》（杭州市：浙江大學出版社，2006年10月），頁41。

19 張立文主編，彭永捷副主編：《聖經——儒學與中國文化》（北京市：人民出版社，2005年10月），頁155-156。

20 《論語》〈雍也〉。

21 《論語》〈雍也〉。

　　儒家學派出現於學術思想空前活躍，百家爭鳴的戰國時期。儒家思想的核心是「仁」。「仁」這是孔子提出的最高的道德規範，而孔子提出的最高的政治理想就建立在「仁」上，這就是「聖」，即能體現「博施濟眾」[22]、「修己安民」[23]的政治思想的人。孟子的「內聖外王」思想也產生於此。

　　孟子思想是與法家對立的，他反對法家所主張的變法。他說：

　　　　徒善不足以為政，徒法不能以自行。《詩》云：『不愆不忘，率由舊章。』遵先王之法而過者，未之有也。[24]

　　總之，由「仁」而「聖」的傳統儒家內聖外王思想，直接體現了儒家對於人格修養、政治理想、學術水準的最高要求。從人格修養上看，儒家認為，只有具有完善的道德人格的人，才能夠統領天下，「以德服人」。在此基礎上的外王天下實際上也實現了個人價值的最大化，將個人價值的作用範圍提升到了全社會，造福了百姓。從政治理想看，儒家提倡「修己治人」。[25]只有不斷地修練、完善自身，才能以禮以德感化天下、教化百姓、以德治國，這直接體現了「仁」與「聖」的統一，也即道德與政治的統一。從學術水準上來看，儒家提出了通經以致用的學術觀。道在六經之中，通經所以明道，明道而後致用。這也體現了儒家對於「修己」的重視，只有不斷地學習，才能不斷地提升自己，保持正確的判斷力，從學習批判和總結前人的經驗教訓中找出最好的治國之法。儒家通過「內聖外王」思想將三者有機的結合在一起，體現了人格、政治、學術的統一，即提高自身的學術

22　《論語》〈雍也〉。

23　《論語》〈憲問〉。

24　《孟子》〈離婁上〉。

25　《禮記》〈大學〉。

水準才能提高自身的人格修養，只有具有完善的人格修養，才能在政治上有所作為，造福天下，外王天下。

第三節　孟子「內聖外王」思想形成的思想淵源

　　孟子的思想，正是在批判各個學派的思想中產生的。孟子作為儒家思想的繼承者，他繼承和發展了孔子──曾子──子思一系的思想[26]，從而引導儒家的思想，進一步走上了以「心性」問題為重心的人學思想道路。[27]「內聖外王」的思想在孔子時期已初具雛形，這就是他將「仁」的思想與「德政」統一在一起的原因之所在。而孟子則將這一思想具體化了，在他看來，人的善良本性就是「仁」，體現在治國、平天下上，就是施行仁政。

　　要瞭解孟子的「內聖外王」思想，就要分析孟子的價值與信念，以及對於政治的基本傾向。對於孟子這樣一位儒學大師來說，他的思想也同樣離不開這些因素的影響。孟子受業於子思之門人，學到的是正統的儒家思想，這是孟子思想的基石。孟子說：

> 莫之為而為者，天也；莫之致而至者，命也。[28]

　　然而社會背景的不同決定了在政治思想上必定會存在分歧。春秋戰國時期新興地主階級是從西周一部分奴隸主貴族中轉化過來的。階級社會的道德是有階級性的道德。孟子是魯國奴隸主貴族的後裔。孟子本身是奴隸主貴族階級，要維護本階級的利益，他的思想也是為了

---

26 筆者注：丁若鏞說：「史記列傳曰孟軻騶人也受業子思之門人。鏞案當從史記。」（《孟子要義》〈序說一〉〈受業子思〉。）

27 張茂澤、鄭熊：《孔孟學說》（西安市：三秦出版社，2003年10月），頁202。

28 《孟子》〈萬章上〉。

維護自身的階級利益。所以孟子主張對舊的奴隸制進行改良，而不是改革。因此我們可以看出，他的封建地主階級思想具佔據主導地位的。孟子強調孔子的理想主義側面。他說：

乃所願，則學孔子也。[29]

封建地主階級政權的確立，大大促進了封建地主經濟的發展，有力地打擊了奴隸主殘餘勢力。隨著階級鬥爭的深入發展，封建制代替奴隸制已是大勢所趨，從而迫使奴隸主階級發生了巨大的變化，一部分奴隸主貴族開始向地主階級轉變。但由於他們與舊制度的聯繫比較多，身上的奴隸主階級的痕跡比較深，他們雖然也要建立封建制度，但又怕在暴力變革和開拓荒地過程中，新上升起來的地主階級會侵犯自己的利益；因此，他們的思想比較保守，主張走改良的道路，反對地主階級激進派所主張的通過暴力消滅奴隸制的做法。孟子的主張和哲學思想，就是代表了比較保守的由奴隸主世襲轉化過來的那一部分地主階級的經濟利益和政治要求的。[30]

孟子與孔子的思想是一脈相承的，這主要體現在，孟子繼承並發展了孔子「仁」與「禮」的思想。孟子將孔子「仁」的概念具體化，建立了性善論，並在性善論的基礎上將其發展為仁政學說，成為他的政治思想的核心。所不同的是，孔子維護的是統治階級的利益，在當時的年代下，即是對周天子的尊崇。而到了孟子時代，周朝已然式微，各諸侯國不斷發展壯大，比之腐朽不堪的周朝充滿了生機。這時的中原，實質上是四分五裂的，不存在真正的統治者。因此，孟子不再維護周天子的利益，而是轉而尋找他心目中的「聖主」，希望可以

---

29 《孟子》〈公孫丑上〉。
30 北京大學哲學系中國哲學史教研室編：《中國哲學史》（上）（北京市：中華書局，1980年7月），頁80-81。

有一個君主「內修為聖」，而後「外王天下」。因此，他將道德和倫理結合起來，強調道德修養對於君主的重要性，提出了「內聖外王」的政治思想。

孔子的「修己」學說，已初步奠定了儒家「內聖外王」這一理想人格模式的基礎。孟子更為側重「內聖」，把「外王」看成是「內聖」的自然踐履。孟子似乎是把理想人格實現的過程看成是個體的自我完善的過程，因而孟子更重視個體的存在價值及現實人生的意義。[31]

---

31 張良才、修建軍：《原始儒學與齊魯教育》（武漢市：湖北教育出版社，2001年），頁 145。

第三章
孟子「內聖外王」思想的理論基礎

第一節　性善論

　　「性善論」是孟子「內聖外王」思想基礎之一。《論語》的問世後，《大學》、《中庸》中也出現了有關「心」、「性」問題。但將「心」、「性」作為一個論題而進行辯論卻是從《孟子》之後才正式出現的。戰國時期對於「心」、「性」概念的爭論是為了實現道德價值。孟子提出的「心性論」承認人們的能動性和主體性。戰國時期社會紛亂複雜，人們為了自身的利益，往往會做出暴露自身品行弱點的事情。亂世出豪傑，亂世同樣也多小人。急劇變化的社會最能顯露一個人的本質，這時的人們，所表現出的是最本質的，最接近人性的部分。[1]性善論的基礎是人類所共有的本性是善的。

　　　　曹交問曰：「人皆可以為堯舜，有諸？」孟子曰：「然。」[2]

　　人性問題與倫理學的關係十分密切。人性問題在孔子以前已經有人提出過，但是，那時提到的往往只是「天地之性」、「小民之性」等比較具體的「性」，而提出「人性」這個更加抽象、更有概括力的概念的還是孔子。[3]

　　孔子沒講「人」是什麼？「人」是抽象的存在。孔子從來沒講

1　朴柄久：〈《禮記》的和諧世界思想〉，《國際政治科學》2008年第3期，頁58。

2　《孟子》〈告子下〉。

3　中國哲學編輯部：《中國哲學》第12輯（北京市：人民出版社，1984年4月），頁3。

「性善論」。但孔子已初步涉及「人性」問題，對於人性善惡問題孔子還說得不具體。孔子只是提出了：

> 性相近也，習相遠也。[4]

其基本的含義有兩層：一是人性有其共性、一般性，「性相近」；二是人性在後天受外力影響改造可以向不同方面發展，使每個人的人性產生差異，「習相遠」。孔子之後，儒家主要代表對人性的認識有了很大的分歧。孟子側重於闡解釋「性相近」，而系統提出了「性善論」。[5]

孔子所謂「性相近」，子思所謂「率性」，兩人雖未明言性善，後者則隱晦地表明是善的，所以叫人「率性」。「率性」就是循性，就是循人之善性。人性既是善的，於是倘有因社會習慣的影響而遠離於善時，便叫人向內做工作。孔子所謂「自省」、子思所謂「反求諸其身」，都是叫人從這種向內面做工夫中把人的已有的善性闡發出來，使之復歸於善。

第一次系統地談論人性問題是從孟子開始的。「性善論」是孟子「內聖外王」的出發點。關於性善論孟子曾說：

> 孟子道性善，言必稱堯舜。[6]

在戰國時期分封制度崩潰瓦解的情況下，諸侯王的個人能力、人格是國運昌盛與否的關鍵因素。

4　《論語》〈陽貨〉。

5　紀寶成主編：《中國古代治國要論》（北京市：中國人民大學出版社，2004年），頁51。

6　《孟子》〈滕文公上〉。

「美哉乎山河之固，此魏國之寶也！」起對曰：「在德不在險……。」[7]

　　人性問題，即道德起源的問題。[8]孟子認為其與之前社會體制的崩潰，被道德不信任的社會氣氛影響有關係。即在周王室的權威之下，道德規範不能發揮力量的背景下，需要新的道德理論與道德規範，同時為了實行新的道德規範，需要有它的依據性與正當性。戰國動盪的時期所表現出的所有人性本質的東西，都促使他去思考人性的問題。孟子認為所有的人的本性都一樣，性善論是孟子的仁政學說的理論基礎。人性的善與善的行為是不一樣。孟子把「仁政」建築在統治者對勞動者發善心，即所謂「仁心」上面。而「仁心」，在孟子看來是源自人的本性的，它是不論什麼階級的人，人人都有的。

　　孟子說，人性善，人先天具有統治階級要求的那些基本道德品質的萌芽，孟子稱它為善端。孟子認為人性之所以不同於禽獸的地方，就在於人有善的道德觀念，而禽獸沒有：

　　　　人之所以異於禽獸者幾希，庶民去之，君子存之。[9]

意思是，人人都有善的萌芽，統治者能保持、發展它，庶民不能保持，就喪失了它。[10]

　　孟子首先確立了「人性本善」的基石，他提出：

　　　　人性之善也，猶水之就下也；人無有不善，水無有不下。[11]

7　《史記》〈孫子吳起列傳〉。
8　張岱年：《中國倫理思想研究》（南京市：江蘇教育出版社，2005年4月），頁9。
9　《孟子》〈離婁下〉。
10　任繼愈主編：《中國哲學史》（北京市：人民出版社，1999年9月），頁151-152。
11　《孟子》〈告子上〉。

的基本命題。[12]

孟子的性善論的道德本質不是說人生而道德完善，而是說人天生有善的可能性，他稱之為端，也就是苗頭的意思。人要存有「四端」，那人人都可以成為「聖人」。[13]所以孟子認為：

人皆可以為堯舜。[14]

推行「內聖外王」的治國方略，其理論根據是「性善論」。孟子認為人們道德實踐的依據來自於人內在的本性。人性本善，治國者推己之善心，行仁政於天下，百姓推己之善心，與人為善，平天下，天人合德。孟子相信所有的人都能成為善人，主張回復本心。

仁，人心也；義，人路也。舍其路而弗由，放其心而不知求，哀哉！[15]

性是人都普遍接受的性，其性質是不變的，內在的。那麼什麼是善？孟子說：

可欲之謂善。[16]

---

12 何平：《中國傳統政治思維探源》（天津市：天津人民出版社，2003年7月），頁128-129。

13 李中華主編：《人學理論與歷史——中國人學思想史卷》（北京市：北京出版社，2004年6月），頁57。

14 《孟子》〈告子下〉。

15 《孟子》〈告子上〉。

16 《孟子》〈盡心下〉。

「德性」並不是普遍存在的。但是孟子所提出的性善論證明了人性本身都存有道德的普遍性，及道德的合目的性。不僅如此，從人性本身發出的純粹的意欲——情也是善的。他說：

> 乃若其情，則可以為善矣，乃所謂善也。若夫為不善，非才之罪也。[17]

孟子認為道德觀念都在人「心」中，都是人生來在本性中固有的，而不是後天獲得的。他稱這種不用學習，不用思慮就具有的知識、才能為「良知」、「良能」。他說：

> 人之所不學而能者，其良能也；所不慮而知者，其良知也。[18]

所以，孟子認為：

> 學問之道無他，求其放心而已矣。[19]

這是說，想要獲得知識、才能，沒有別的途徑，只要把他放棄掉的天賦本性找回來就行了，也就是說，不必要刻意地去實踐、學習。他還說：

> 盡其心者，知其性也。知其性，則知天矣。[20]

---

17 《孟子》〈告子上〉。
18 《孟子》〈盡心上〉。
19 《孟子》〈告子上〉。
20 《孟子》〈盡心上〉。

意思是說，人只要充分發揮天賦的那四種「心」，就可以認識自己的本性，即「性善」，進而瞭解「天」的意思，掌握「天」給人們安排好的「命運」。「盡心」也就是孟子所謂的「思誠」。在孟子看來「誠者，天之道也」[21]，「誠」是天的根本法則，而「思誠者，人之道也」[22]，忠實地實踐「誠」是做人的根本法則。「誠」的中心內容是「善」，「思誠」的中心內容也就是要「明乎善」。他說：「不明乎善，不誠其身矣。」[23]所以只要「思誠」或「誠其身」，就可以達到「萬物皆備於我心中。反身而誠，樂莫大焉。」[24]的世界，即世界上萬事萬物都存於我心中，自己做到了躬省自身，那麼沒有比這更快樂的了，這是孟子天賦道德觀念論在認識論上的必然結論。一切不必依賴於客觀存在，而只要主觀上做到「誠」，即「明乎善」，那麼萬事萬物都存於我心中了，同時也就與「天之道」的「誠」完全相符合了。這在孟子看來，也就是具備了一切做人的知識和才能。

孟子十分輕視感性認識，特別強調抽象的神秘的理性認識。他說：

> 耳目之官不思，而蔽於物，物交物，則引之而已矣。心之官則思，思則得之，不思則不得也。此天之所與我者。[25]

這是說，耳目感官沒有思慮作用，所以它接觸外物時會受到外物的蒙蔽，至多也只能給你一點印象。「心」是有思維的，要真正瞭解事物的本性，只有用「心」去思想，否則就得不到，這是天賦予我的能力。因此，在孟子看來，用感官去認識外物的是「小人」，而用

---

21 《孟子》〈離婁上〉。
22 《孟子》〈離婁上〉。
23 《孟子》〈離婁上〉。
24 《孟子》〈盡心上〉。
25 《孟子》〈告子上〉。

「心」去得到事物的本性才是「大人」。他說，大人最偉大的地方，
就在於：

> 正己而物正者也。[26]

也就是說，他能夠通過端正自己的「心」從而使別人也隨之而端
正。感性認識是理性認識的基礎。孟子輕視感性認識，把理性認識與
感性認識絕對對立起來，這樣他所謂的「心」的思想作用，也就成了
一種天賦的、無本無源的理性認識。

子思的「反求諸其身」這點，在孟子身上得到了進一步的發揮，
他曾不止一次地說：

> 行有不得者，皆反求諸己。[27]
> 有人於此，其待我以橫逆，則君子必自反也：「我必不仁也，
> 必無禮也」。[28]
> 反身而誠，樂莫大焉。[29]
> 惻隱之心，人皆有之；羞惡之心，人皆有之；恭敬之心，人皆
> 有之；是非之心，人皆有之。[30]

《禮記》也認為人的本性是善良的，受到物質利益的誘惑才變
惡，禮可以召喚人們的良知，彰明人內心的善德，使人們回歸善性。
從人性、人情入手，因勢利導，用儒家的仁義禮智信、溫良恭儉讓等
道德觀念去教化民眾，使禮的規範轉化為民眾的內在要求，天下就可

26　《孟子》〈盡心上〉。
27　《孟子》〈離婁上〉。
28　《孟子》〈離婁下〉。
29　《孟子》〈盡心上〉。
30　《孟子》〈告子上〉。

以治理好了，統治者也就可以穩坐泰山了。《禮記》主張人們道德實
踐的依據來自於人內在的本性。對於人情，《禮記》〈禮運〉說：

> 何謂人情？喜、怒、哀、懼、愛、惡、欲，七者弗學而能。何
> 謂人義？父慈、子孝、兄良、弟弟、夫義、婦聽、長惠、幼
> 順、君仁、臣忠，十者謂之人義。講信修睦，謂之人利。爭奪
> 相殺，謂之人患。故聖人之所以治人七情，修十義，講信修
> 睦，尚辭讓，去爭奪，舍禮何以治？飲食男女，人之大欲存
> 焉。死亡貧苦，人之大惡存焉。故欲惡者，心之大端也，人藏
> 其心，不可測度也。美惡皆在其心，不見其色也。欲一以窮
> 之，舍禮何以哉？[31]

《禮記》承認人們有自然的性情，有自然的欲望，認為如果放縱
人的性情，就會有「爭奪相殺」的「人患」；如果用禮儀規範人們的
性情，就會有「講信修睦」的「人利」。

> 禮者，因人之情而為之節文，以為民坊者也。[32]

發揚人性中善良的一面，去掉邪惡、貪欲的一面。[33]《禮記》說：

> 是故禮者君之大柄也，所以別嫌明微，儐鬼神，考制度，別仁
> 義，所以治政安君也。故政不正則君位危，君位危則大臣倍、
> 小臣竊。[34]

---

31 《禮記》〈禮運〉。

32 《禮記》〈坊記〉。

33 黃宛峰：〈《禮樂淵藪──《禮記》與中國文化》〉（開封市：河南大學出版社，1997
　　年10月），頁27-28。

34 《禮記》〈禮運〉。

　　孟子主張人性皆善，那麼人人都是平等的嗎？孟子說：

> 堯舜之道，孝弟而已矣。子服堯之服，誦堯之言，行堯之行，
> 是堯而已矣。子服桀之服，誦桀之言，行桀之行，是桀而已
> 矣。[35]

這裡只是說，人人既可以做堯，也可以做桀，並非說人人都和堯舜一樣。孟子並未由此得出眾生平等、人人平等的結論。他提出人人都性善，並非意在強調人人平等，而在於強調性善是人的特點，是人區別於其他動物的本質。[36]

　　孟子由人人皆有善端，不但沒有得出人人平等的結論，反而得出結論說，人與人之間是不平等的，人與人之間應該分等級，分為君子與庶民、大人與小人、聖人與凡人，這區分的標準是看他是留存還是捨去了這些善端。而前者應該治理、教化後者，而後者應該被前者所統治和教化。[37]孟子說：

> 人之有道也，飽食、暖衣、逸居而無教，則近於禽獸。聖人有
> 憂之，使契為司徒，教以人倫：父子有親，君臣有義，夫婦有
> 別，長幼有序，朋友有信。[38]

　　總之，孟子的思想主要來源於性善論，他認為人的本性天生就是善的。正因為孟子認為可以通過客觀環境的變化而變化，所以孟子相

---

35 《孟子》〈告子下〉。

36 黃忠晶等：《中國社會思想研究》（北京市：中共中央黨校出版社，2007年7月），頁102。

37 黃忠晶等：《中國社會思想研究》（北京市：中共中央黨校出版社，2007年7月），頁104。

38 《孟子》〈滕文公上〉。

信人類總是在不斷進步的。孟子政治理論中最大的貢獻是「性善論」，他的政治理論是「仁政」在理想現實中的實踐。

第二節　天人合一論

中國古代哲學家大多數承認人與自然的統一關係，既肯定人與天地的區別，又強調人與天地不可分割的密切聯繫。[39]儒家「天人合一」的含義是什麼？「天」與「人」本來是分開的。「天人合一」是萬物與我一體，即「萬物一齊」、「萬物皆一」，所以就等於說萬物毫無例外都是平等的。「天人合一」是道德在天地之間的意義，即倫理學與本體論的關係問題。[40]

孟子認為，在「盡心」與「知性」的關係上，「盡心」是「知性」的充分條件。就是說，盡心是「天道」的實現。如果不盡心、天道就不會顯出；只要盡心、天道就會通過盡心體現出來。盡心是對道德本心的擴充。但是現實生活中的欲望與誘惑很容易讓人迷失本性。在這種時候就需要「存心」。存心之後再擴充到外部。這是孟子的「存心養性」。存心是保持本性，不失自身的善性。存心的方法是節制欲望，即寡欲。孟子說：

> 養心莫善於寡欲。其為人也寡欲，雖有不存焉者，寡矣；其為人也多欲，雖有存焉者，寡矣。[41]

另外一種是時常自省其身，即自反。孟子說：

---

39 張岱年：《中國倫理思想研究》（南京市：江蘇教育出版社，2005年4月），頁5。

40 張岱年：《中國倫理思想研究》（南京市：江蘇教育出版社，2005年4月），頁9。

41 《孟子》〈盡心下〉。

心之官則思，思則得之，不思則不得也。[42]

這就是「求其放心」。求其放心是修德，但修德的同時也離不開求知。孟子借助道德定義了人與萬物的存在價值。他說：

無惻隱之心，非人也，無羞惡之心；非人也。無辭讓之心，非人也。無是非之心，非人也。[43]

是故誠者，天之道也；思誠者，人之道也。[44]

孟子通過盡心知性知天實現道德，孟子通過道德實踐證明性善與心性的存在性。關於盡心與知性的關係，孟子說：

盡其心者，知其性也。知其性，則知天矣。[45]

「盡」是擴充的意思。擴充的對象是道德本心。怎樣擴充呢？首先要修練自己，提高自身的素質，提升修養，然後再將這種對自身的修練擴展到對外部的認識上。

故君子不可以不修身，思修身，不可以不事親，思事親，不可以不知人，思知人，不可以不知天。[46]

修身是對自身道德的修練。道德價值的體現不在於知，而在於

42　《孟子》〈告子上〉。

43　《孟子》〈公孫丑上〉。

44　《孟子》〈離婁上〉。

45　《孟子》〈盡心上〉。

46　《中庸》。

行。所以人格的道德化必須通過「行」才能得以實現。

「盡心、知性、知天」是性善論與天命觀相結合的產物。

孟子說：

> 存其心，養其性，所以事天也。殀壽不貳，修身以俟之，所以
> 立命也。[47]

孟子是相信天命的。他認為天是世界萬物的主宰，具有不可抗拒
的力量，他說：

> 順天者存，逆天者亡。[48]

人要順應天命，必先認識天命，而要認識天命，不必外求，只要
掌握自己的本心，瞭解自己的本性，就能認識天了。因為心、性都是
上天賦予的，所以盡心就能知性，知性就能知天，心、性與天是統一
的，不可分的。人們保持本心，修養本性，就是侍奉上天，因此人們
不必憂慮壽命的長短，只要誠心誠意地修養心性，等待上天的安排就
足夠了，這就是孟子的天人合一思想。[49]

孟子主張天人相通，認為人性即天性，強調人類要愛護自然之
物。[50]他說：

> 君子之於物也，愛之而弗仁；於民也，仁之而弗親。親親而仁

---

47 《孟子》〈盡心上〉。

48 《孟子》〈離婁上〉。

49 董洪利：《孟子研究》（南京市：江蘇古籍出版社，1997年10月），頁135-136。

50 張偉勝：《傳統人生哲學智慧散論》（杭州市：浙江大學出版社，2006年10月），頁
18。

民，仁民而愛物。[51]

孟子在天人關係上是主張「天人相通」的。和人相通的「天」主要是指意志之天或命運之天。他從意志之天出發，認為君權的傳授不是由君王私意所決定的，而是「天受之」的。在《孟子》〈萬章上〉篇中，記載了一段對話。

> 萬章曰：「堯以天下與舜，有諸？」孟子曰：「否。天子不能以天下與人。」「然則舜有天下也，孰與之？」曰：「天與之。」「天與之者，諄諄然命之乎？」曰：「否，天不言，以行與事示之而已矣。」[52]

這段對話說明孟子所言之「天」，含有意志之天的意思。天下不是由天子個人傳授的，而必須經天的認可才能傳授。按照這層意思去理解，孟子所講的「天」是有意志的。但是，孟子在探討「天」如何表示同意與否時，其實際意義又向「民」（或「人」）的方面轉向，含有新的意義。當萬章進一步詢問：

> 敢問「薦之於天，而天授之；暴之於民，而民受之」，如何？[53]

孟子說了一段十分有意義的話：

> 使之主祭，而百神享之，是天受之；使之主事而事治，百姓安之，是民受之也。天與之，人與之，故曰：天子不能以天下與

---

51 《孟子》〈盡心上〉。
52 《孟子》〈萬章上〉。
53 《孟子》〈萬章上〉。

人。舜相堯二十有八載，非人之所能為也，天也。堯崩，三年
之喪畢，舜避堯之子於南河之南，天下諸侯朝覲者，不之堯之
子，而之舜；訟獄者，不之堯之子，而之舜；謳歌者，不謳歌
堯之子，而謳歌舜，故曰天也。夫然後之中國，踐天子位焉。
而居堯之官，逼堯之子，是篡也，非天與也。〈泰誓〉曰：「天
視自我民視，天聽自我民聽。」此之謂也。[54]

從這段可以看出，孟子講的「天與之」、「天受之」本身都含有「民與
之」、「民受之」的意思在內，這便克服了「天」是有自由意志的觀
念，進而轉化為民意的表現。所以特別引用了《尚書》〈泰誓〉中的：

　　天視自我民視，天聽自我民聽。

來說明天與之就是民與之。孟子雖然在此用的是「天」，但顯然已經
和孔子時代不同了，在「天命」的軀殼中加進了民意的新內容，這是
自春秋以來「重民」思想在天道觀上的反映，是孟子對傳統天命論的
一種修正和發展，並進而為人性善找到了形而上學的依據。孟子除了
承認意志（民意）之天外，同時也承認「道德之天」或「義理之
天」，在中國人學思想史上，第一次以「心性」釋「天」。孟子認為，
由「四端」即「惻隱之心」、「羞惡之心」、「辭讓之心」、「是非之心」
擴而充之成為人之善性，即由「四端」發展為「四德」：仁、義、
禮、智。人之「四端」、「四德」又是從哪裡來的呢？孟子認為來源於
義理之天或道德之天。孟子說：

---

54 《孟子》〈萬章上〉。

　　誠者，天之道也；思誠者，人之道也。[55]

這句話的意思是誠實是天道的道德品質；而追求「誠」，對「誠」這一天道的體認和感悟，則是人道的本質。這裡孟子將「天道」和「人道」通過「誠」聯繫起來了。孟子還將仁義等道德看做是「天爵」。他說：

　　有天爵者，有人爵者。仁義忠信，樂善不倦，此天爵也；公卿大夫，此人爵也。[56]
　　夫仁，天之尊爵也，人之安宅也。[57]

　　孟子的天人論和心性論是合一的，這個合一的模式就是「盡心、知性、知天」的天人合一模式。在孟子看來，仁義禮智等道德原則，既是人性又是天性，人心和天性在本質上相通的。所以，只要人們能盡力地擴充自己先天所固有的「善心」，即可達到認識自己的仁義禮智等本性，同時也就認識了天性。在這裡，天性與心性是合二而一的。孟子的這個觀點，一直不被儒家後學重視，直到宋代理學思想興起之後，才被廣泛重視，成為儒家人學的主流觀點。[58]
　　道德對人們的行動產生了怎樣的影響，以及道德完備的人應具有怎樣的人格一直是儒家的基本課題之一。尤其是在戰國時期，人們關於「心」與「性」的關係與實踐的問題受到學者極大的重視。
　　在戰國時期「心」與「性」的論證是圍繞道德價值的人格性的實

55　《孟子》〈離婁上〉。
56　《孟子》〈告子上〉。
57　《孟子》〈公孫丑上〉。
58　李中華：《人學理論與歷史——中國人學思想史卷》（北京市：北京出版社，2004年6月），頁56-57。

踐而展開的。[59]孟子說：

> 學問之道無他，求其放心而已矣。[60]

孟子認為「心」是學問的基礎、目標。要提升自身的道德修養，首先是要「盡心」和「存心」。孟子說：

> 盡其心者，知其性也。知其性，則知天也。存其心，養其性，所以事天也。[61]
>
> 雖存乎人者，豈無仁義之心哉？其所以放其良心者，亦猶斧斤之於木也，旦旦而伐之，可以為美乎？其日夜之所息，平旦之氣，其好惡與人相近也者幾希，則其旦晝之所為，有梏亡之矣。梏之反覆，則其夜氣不足以存；夜氣不足以存，則其違禽獸不遠矣。[62]

　　孟子所說的「心」，有兩重意義：一是作為思維器官的「心」，因為它是仁義禮智諸德的啟蒙者，所以要「盡」；二是道德意義上的「心」，其實就是仁義禮智本身，所以要「存」，即仔細地保護它而不至於喪失；「知性」，就是要覺查到人的本性是善的，是存在仁義禮智的；「養性」是培養、扶植並擴大這些善性。至於「知天」與「事天」，君子與一般人的區別，就在於能否做到「存心」。[63]存心就是

59　〔韓〕琴章泰：《心與性──茶山的《孟子》解釋》（首爾市：首爾大學出版社，2005年12月），頁2。

60　《孟子》〈告子下〉。

61　《孟子》〈盡心上〉。

62　《孟子》〈告子上〉。

63　郭志坤主編：《孟子答客問》（上海市：上海人民出版社，1999年1月），頁14。

說，保持住本性中固有的善心而不失掉它。孟子說：

> 君子所以異於人者，以其存心。君子以仁存心，以禮存心。[64]

這就是說，君子之所以在道德水準上超出常人，就是因為他能保持住
自己本性中的善心。提高道德修養，不但要「存心」，更要「求其放
心」，將喪失掉的善心收回來。[65]「盡心」便能「知性」，「存心」始能
「養性」，那麼如何看待「性」呢？孟子說：

> 口之於味也，目之於色也，耳之於聲也，鼻之於臭也，四肢之
> 於安佚也，性也，有命焉，君子不謂性也。[66]

人既有口、目、耳、鼻等生理器官，就有對美味、美色、悅耳之
聲與芬芳氣味的喜好。如同手足四肢喜歡舒服一樣，這些都是人的天
生喜好。這些與生俱來的天性，能否得從實現並不由自己決定，不是
每個人都能如願以償的，所以君子認為自然之性不是天性。[67]

孟子所主張的仁義不是他人強加的仁義。仁義的道德心自身有判
斷善惡是非的能力，這是良知與良能的作用。「良知」的概念是在孟
子說明知識是與生俱來的時候提出的：

> 人之所不學而能者，其良能也；所不慮而知者，其良知也。孩
> 提之童，無不知愛其親者；及其長也，無不知敬其兄也。[68]

---

64 《孟子》〈離婁下〉。

65 廖名春：《孟子的智慧》（延吉市：延邊大學出版社，1992年7月），頁82-83。

66 《孟子》〈盡心下〉。

67 郭志坤主編：《孟子答客問》（上海市：上海人民出版社，1999年1月），頁17。

68 《孟子》〈盡心上〉。

「良知」、「良能」這兩個概念,意義上基本相同,都是指人天生具有的愛親敬兄的品行。這些道德方面的知識,是孩童生來就有的,不需思考、學習,是先天就曉得的。「良知」、「良能」不只是聖賢生來就有的,也為每個人所具有。有的人,後來成為不孝不悌的人,是喪失了「良知」與「良能」的緣故。孟子重視「心」在人的認識中所起的作用,那麼,怎樣保持「心」的正常工作呢?孟子認為,最要緊的是「養心」:

養心莫善於寡欲。[69]

耳、目等器官,一與外物接觸,就容易被引向迷途。「養心」最好的辦法,是減少人的物質欲望。人在安靜的夜晚,心平氣和,「心」不會被物欲所影響。人在孩提時與外界事物接觸較少,「心」尚未受到聲色的引誘和污染,「良知」、「良能」未曾遭到物欲的斫傷,基本上是完美無缺的。孟子說:

大人者,不失其赤子之心者也。[70]

保持「赤子之心」,是孟子對「養心」的又一主張。孟子認為,「良知」、「良能」是「心」先天所具有的。如果人受外物干擾,就喪失了「良知」、「良能」,補救的辦法就是趕快把它找回來。

總之,「存心養性事天」是孟子對於性善論的一個先驗性的佐證,因為人的本性是善的,所以才存在「存心」,以保證本性不被外界事物所迷惑,「養性」,即將人的善端繼續修練,「事天」即順應天

---

69 《孟子》〈盡心下〉。
70 《孟子》〈離婁下〉。

命。在孟子看來，只有經過「存心養性事天」後，君子的個人修為才會進益，才能向「內聖」靠攏。

第四章
孟子「內聖外王」思想的總體構架

第一節　義利之辨

一　義利的含義

「義利」是中國的特有思想。討論儒家文化裡的物質利益與道德的觀念，就是「義利」的思想。「義」屬於精神的範疇，「利」屬於物質的範疇，因而義利關係體現著精神與物質的關係。「義」是道理，「利」是功利。「義」也是利的另一種表現。所以「利」是中性的概念。

儒家義利觀是關於道德與功利之間關係的思想和觀點，儒家所指的義，指思想行為符合封建道德準則，利，指功利、事功、利欲、財用，既包括物質利益，也包括生活條件和要求。[1]

人都有追求欲望的本性，但人不能放任自己的欲望，需要有所約束，因此強調義利之辨，用義利之辨來約束人的欲望。人們評定好惡的理由與利有直接的關係。如果人與人之間只有金錢，功利上的聯繫的話，那麼人類的精神家園將是一片荒蕪。假使百姓間都會因為物質利益的問題而出現矛盾，面對更大的欲望，則會出現更大的矛盾。因此儒家提出義利之辨，是為了調和義利之間的關係，從政治上說，就是為了避免因為利益而產生的政治衝突，從道德修養上說，是為了使人民「存天理、去人欲」，用義來克制利，以期實現天下大同。義利

1　曹德本：《儒家治國方略》（長春市：吉林大學出版社，1994年），頁164-165。

之辨是與儒家的仁政觀緊密相連的，是為了清除社會的積弊，整頓社
會秩序，因此，義利觀成為儒家治國方略的基本內容之一。義利觀源
於西周之際，春秋時期已成為學者普遍探討的問題。

二　重義輕利

　　一個人和一個國家和諧與否，關鍵是看其在處理個人與他人、個
人與群體之間利益關係時的態度和做法。利益是一個相對的概念，在
不同的情況下關於利益的定義是不同的。即，在某些情況下對某些人
而言的利益，而相對某些人來講則不是。隨著時代的變化，利益也在
發生變化。那麼超越時空的利益是什麼？

　　孟子思想以人的道德為基礎，在此前提下不斷完善而形成的道德
理想。孟子為了正確認識「人」的本質以及「人」的價值觀，並且以
此來實現儒家的社會願望，提出了一種與當時社會價值取向最為接近
的「道」：

> 王何必曰利？亦有仁義而已矣。[2]
> 太史公曰：利誠亂之始也！夫子罕言利者，常防其原也。故曰
> 「放於利而行，多怨」。自天子至於庶人，好利之弊何以異
> 哉！[3]

這是孟子對於仁義的一次闡述，他和孔子一樣，肯定人的欲望，但是
反對人們見利而忘義。孟子曾這樣描述仁與義的關係「仁，人心也；
義，人路也。」[4]也就是說，仁是人類與生俱來的品質，而義則是人

2　《孟子》〈梁惠王上〉。
3　《史記》〈孟子荀卿列傳〉。
4　《孟子》〈告子上〉。

存活在世界上的手段。

> 人皆有所不忍，達之於其所忍，仁也；人皆有所不為，達之於
> 其所為，義也。[5]

這裡更進一步的闡述了「仁」和「義」的關係，說明了義是指導人類
活動的準繩。孟子曾就義與利的關係發表過這樣的感歎：

> 王曰：「何以利吾國？」大夫曰：「何以利吾家？」士庶人曰：
> 「何以利吾身？」上下交征利，而國危矣。[6]

說明他對於一味言利是極其反感的，因為他主張的是用仁義去指導人
類的行動，而不是用利來左右人與人之間的關係。

> 非其義也，非其道也，一介不以與人，一介不以取諸人。[7]

也說明了他的這一觀點，即君子應以義行事，而不能見利忘義。所謂
君子愛財，取之有道，這個「道」也就是指孟子所說的「義」。
　　孟子承認物質生活是禮義道德的前提。他說：

> 明君制民之產，必使仰足以事父母，俯足以畜妻子，樂歲終身
> 飽，凶年免於死亡。然後驅而之善，故民之從之也輕。今也制
> 民之產，仰不足以事父母，俯不足以畜妻子，樂歲終身苦，凶
> 年不免於死亡。此惟救死而恐不贍，奚暇治禮義哉？[8]

5　《孟子》〈盡心下〉。
6　《孟子》〈梁惠王上〉。
7　《孟子》〈萬章上〉。
8　《孟子》〈梁惠王上〉。

但是孟子更強調對於物質生活的節制。

　　對於當時地主階級激進派和代表小生產者利益的墨翟等把實際功利放在第一位，而使「義」和「禮」等道德規範服從於實際功利的思想，孟子則表示反對。孟子認為統治者根本不應當講「利」，更不應當「利」放在第一位。他說：

　　　上下交征利，而國危矣。[9]

意思是如果人人都去追求「利」，那就會損害整個統治階級的利益。所以，他說必須把「仁」和「義」放在第一位，也就是說要從思想意識上使臣民們都自願地為最高統治者效力。孟子所說的「仁」和「義」並沒有等級差別，但是在實踐「仁」、「義」上親疏遠近的差別。孟子說：

　　　親親而仁民，仁民而愛物。[10]
　　　仁之實，事親是也；義之實，從兄是也。[11]

這是說「仁」和「義」的本質是「事親」和「從兄」。從這點出發，孟子又說：

　　　未有仁而遺其親者也，未有義而後其君者也。[12]

但是在「仁」和「義」實踐上則存在親疏遠近的差別。需要強調的

9　《孟子》〈梁惠王上〉。
10　《孟子》〈盡心上〉。
11　《孟子》〈離婁上〉。
12　《孟子》〈梁惠王上〉。

是，孟子所說的仁愛與墨子的兼愛存在著一定的差異。

　　「重義輕利」對「內聖外王」思想的影響是什麼？儒家宣導以自我修養為中心的價值觀念。本著「人性本善」的基準，通過自身修養而完善人格，直到完美。與此同時，也在社會上宣導一種以「和睦相處」的「大同社會」。所以，「重義輕利」是衡量「內聖」的一個標準，也是「外王」的基本道德要求。

　　「義利思想」按其特點劃分有兩種：一種是以道德為主追求正義的「精神世界的義」，另一種是以現實為主解決問題的「實際狀況的義」。如果一味追求「精神世界的義」，不免本末倒置，脫離實際。但只重視「實際狀況的義」，難免見利忘義。義利之辨是儒家思想的一個基本範疇，在封建社會中，或恆遵祖訓，或針對時代變化，提出了各種思想觀點，有的主張重義輕利，義以導利，有的主張二者並行不悖，有的反對空談義理而主張功利。「義利」觀念是自我認同的問題。「義利之辨」是自我肯定與自我否定的對立的矛盾狀態。在孟子性善論立場上有義無利是自我肯定，有利無義則是徹底的自我否定。

三　義利統一

　　在現實生活中，人們應該過什麼樣的生活，什麼樣的人生是最有價值的，「義」與「利」相互判斷的標準和根據是什麼，這都屬於「義利思想」的範疇。[13]「義利思想」是著手於解決問題的思想，而非空間抽象的理論。義利的範疇是廣泛的且對立統一的。人與人之間的信義與利益。社會道德秩序的道義與價值，捨生取義與殺身成仁。國際間的信義與互惠，和而不同與求同存異。

13　〔韓〕吳錫源：《現代人的儒教閱讀》（首爾市：亞世亞文化社，2005年11月），頁254-255。

縱觀儒家治國方略的義利觀，可以看出，儒家義利之辨是治國治民的重要內容，一方面承認人的欲望，物質利益，另一方面，主張義以導利，義利統一，其中有的主張重義而賤利，有的主張以功利見道義，在以農為主的國情氛圍內，重均平，重義以引導民眾的利欲之心，對社會的安定會起到一定的積極作用，當時代變化了，商品經濟發展了，甚至國家處於危亡之際，重實事實功的功利主張不乏是一種進步主張。[14]

見利思義的真正主體不僅包含內在的自我意識，亦包括外在的與我共義互利的共存意識。對於內在自我意識的調和，其導向因素是「正義」和「正道」，而終極目的是消除與此對立的邪道，即「非正義」與「非正道」。在「非正義」與「非正道」並存的現實情況下，就要充分利用「見利思義」的批判功能，這種批判應是一種積極的，自我的。就像孟子所說的「羞惡之心」[15]，以此為主出發點，在價值取向中不斷選擇「正義」、「正道」，從而實現自我理念上與「正」的趨同。與此同時，自身的修身養性也使社會風氣整體上升，這對於個人與社會而言是互利的。而精神價值與物質價值的判定是義利實踐的先決問題，應當將「義」與「利」結合起來。物質是精神的保證，追求物質利益是天經地義的事，只要有度，就可謂合乎情理。反而，精神利益是儒家思想所追求的內容，是人格，是道義，更是氣節。義與利辯證統一，實現「義」與「利」的調和是義利思想實踐的最終目標。

---

14 曹德本：《儒家治國方略》（長春市：吉林大學出版社，1994年），頁178。

15 《孟子》〈公孫丑上〉。

第二節　王霸之辨

一　王霸的含義

何謂王霸？最早王霸兩字不含褒貶之義，亦無明顯對立。在孔子那裡，「道之以政，齊之以刑」[16]是一種政治，「道之以德，齊之以禮」[17]也是一種政治。而後的儒家按照自己的政治觀點賦予以具體含義。王道，是指君主以仁義治理天下，以德政安撫臣民的統治方法。霸權是非文明政治的表現。霸道政治不僅使其外部的百姓行惡，也會引起其體制內部官僚制成員之間的不合。

> 君子和而不同，小人同而不和。[18]

完全表現了這一點，這段文字把霸權政治的運作者──小人的行狀和君子作了對比。霸道主義者擅長統率軍隊；王道主義則善於引導百姓尊敬應當尊敬的對象。[19]

> 衛靈公問陳於孔子。孔子對曰：「俎豆之事，則嘗聞之矣；軍旅之事，未之學也。」明日遂行。[20]

戰國時期，針對群雄割據，各國混戰的局面，孟子則明確地把治

---

16 《論語》〈為政〉。

17 《論語》〈為政〉。

18 《論語》〈子路〉。

19 〔韓〕李文永著，宣德五等譯：《《論語》、《孟子》和行政學》（北京市：東方出版社，2000年12月），頁337。

20 《論語》〈衛靈公〉。

國王天下區分為「王道」和「霸道」。[21]「以德行仁」就是「王道」，「以力假仁」就是「霸道」。[22]孟子認為，不是通過「武力」，而是通過「仁政」教化來達到平天下的目的。孟子提出：

> 以力假仁者霸，霸必有大國。以德行仁者王，王不待大：湯以七十里，文王以百里。以力服人者，非心服也，力不贍也。以德服人者，中心悅而誠服也，如七十子之服孔子也。[23]
> 保民而王，莫之能禦也。[24]
> 不仁而得國者，有之矣；不仁而得天下者，未之有也。[25]

孟子主張霸者不會統一天下。「王道」，實際上就是孟子的政治理想。[26]王道，是大家都認同的價值。而「平天下」，是要平定天下，天下太平。君子的最終目標是「平天下」。二者雖叫法不同，但目的相同，一言以蔽之，就是「平」。若要平天下，則百姓的支援和擁護是必不可少的條件，而得到民心的最好辦法莫過於推行仁政，造福百姓。而王道政治體現的是以德治國的思想。王道政治「本乎人情」，也即孟子的「推愛」說：

> 老吾老，以及人之老；幼吾幼，以及人之幼。[27]

---

21 蔡方鹿、舒大剛編：《儒家德治思想探討》（北京市：線裝書局，2003年），頁346。

22 參見萬江紅：《中國歷代社會思想》（北京市：社會科學文獻出版社，2005年5月），頁84。

23 《孟子》〈公孫丑上〉。

24 《孟子》〈梁惠王上〉。

25 《孟子》〈盡心下〉。

26 楊寬：《戰國史》（上海市：上海人民出版社，2003年4月），頁495-496。

27 《孟子》〈梁惠王上〉。

　　總之，王道認為可以通過修養達到至善，實現政治與倫理的合一；霸權主義指出人和人之間的關係是一種衝突的關係，這種關係是由人總是優先考慮自己的利益而決定的；霸權主義反對把道德置於人際關係上的重要地位，將政治與倫理分離開來。

二　王道政治

　　雖然周王朝用它的權威來制約諸侯國的自有意志，但它無法制止諸侯國的霸權鬥爭。當時諸侯國最關心的還是本國的安全與領土擴張。孟子曾有過一次對於霸權的闡述，他說：

　　孟子曰：「五霸者，三王之罪人也；今之諸侯，五霸之罪人也；今之大夫，今之諸侯之罪人也。天子適諸侯曰巡狩，諸侯朝於天子曰述職。春省耕而補不足，秋省斂而助不給。入其疆，土地辟，田野治，養老尊賢，俊傑在位，則有慶，慶以地。入其疆，土地荒蕪，遺老失賢，掊克在位，則有讓。一不朝，則貶其爵；再不朝，則削其地；三不朝，則六師移之。是故天子討而不伐，諸侯伐而不討。五霸者，摟諸侯以伐諸侯者也，故曰：五霸者，三王之罪人也。五霸，桓公為盛。葵丘之會，諸侯束牲載書而不歃血。初命曰：『誅不孝，無易樹子，無以妾為妻。』再命曰：『尊賢育才，以彰有德。』三命曰：『敬老慈幼，無忘賓旅。』四命曰：『士無世官，官事無攝，取士必得，無專殺大夫。』五命曰：『無曲防，無遏糴，無有封而不告。』曰：『凡我同盟之人，既盟之後，言歸於好。』今之諸侯皆犯此五禁，故曰：今之諸侯，五霸之罪人也。長君之惡，其罪小，逢君之惡，其罪大。今之大夫皆逢君之惡，故

日：今之大夫，今之諸侯之罪人也。」[28]

由此觀之，孟子對於霸道是非常厭惡的，因為這是與他所推崇的王道悖道而行的。但在當時，各諸侯王只對可在短時間內收到成效的霸道充滿興趣，而沒有人願意施行王道。即使是這樣，孟子依然堅守他的信念，不因無人重用而改為鼓吹霸道，這是難能可貴的一點，也表明了孟子對於社會現狀的清醒認識。他清楚的知道光依靠霸道無法解決諸侯國的紛爭，更無法讓百姓安居樂業。因此他推崇王道，並在此基礎上提出內聖外王的政治思想，認為這才是能使天下長治久安的方法。

王霸之辨是孟子政治思想的核心，也是孟子思想與其他諸子最明顯的分歧所在。在「以力假仁」的基礎上，孟子進一步提出了「春秋無義戰」的觀點，他說：「春秋無義戰。彼善於此，則有之矣。征者，上伐下也，敵國不相征也。」[29]在孔子的道德體系裡，「禮樂征伐自天子出」[30]這才是合乎正統的王道，而敵國之間為了土地和國力所進行的征伐，則都是不正義的戰爭，是霸道。進一步說，霸道和王道戰爭的根本區別在於發動戰爭的目的是否「仁義」，孟子就此曾說：

有人曰：「我善為陳，我善為戰。」大罪也。國君好仁，天下無敵焉。南面而征，北狄怨；東面而征，西夷怨。曰：「奚為後我？」武王之伐殷也，革車三百兩，虎賁三千人。王曰：「無畏！寧爾也，非敵百姓也。」若崩厥角稽首。征之為言正也，各欲正己也，焉用戰？[31]

28　《孟子》〈告子下〉。

29　《孟子》〈盡心下〉。

30　《論語》〈季氏〉。

31　《孟子》〈盡心下〉。

在這裡孟子充分的闡述了他理想中的王道政治。也就是用仁政來統一天下，由於國君的仁德，天下的百姓都願意歸順於他，以致於當國君征討南面的國家的時候，北方的國家就會怨恨為何沒有先解救自己；當國君向東面的國家發起戰爭的時候，西面國家的人民就會想，為什麼把我們放在他們的後面？只有這樣，讓天下的百姓都心悅誠服的歸順，才是真正的「定於一」[32]，才能夠平定天下，四海歸心。

王霸之辨也是孟子「內聖外王」的重要問題，即只有有德行的君主，才能感化人民，外王天下，而光靠武力，是無法得到長治久安的。但孟子所處的時代，是一個靠霸權決定諸侯國地位的年代，沒有君主願意花費時間教化民眾，修練自我。我們可以認為，戰國時期是一個有霸無王的年代。孟子在痛苦的面對百姓的民不聊生後，構造出了完整的王道政治，希望可以兼濟天下，但卻沒有人願意施行他的政治理想。因此，在經歷了種種失敗後，孟子回鄉著書立說，在其中有他對於王道的完整闡述，卻並未過多提及霸道。但凡是提到的部分，都言辭犀利，一針見血。

「王道」的基本精神就是以德服人，贏得民心。所謂「得道」就是得人心。「德」、「王道」是超越國界走向人類普遍價值的表現。推「恩」於百姓，可以說是仁政的基本原則。[33]「仁政」體現在內政外交兩大方面。在內政方面，一要制民恆產，推行井田制；二要尊賢使能，俊傑在位；三要省刑罰，薄稅斂。在外交方面，以道義服天下，反對掠奪戰爭：

　　仁人無敵於天下。[34]

---

32 《孟子》〈梁惠王上〉。

33 萬江紅：《中國歷代社會思想》（北京市：社會科學文獻出版社，2005年5月），頁 84。

34 《孟子》〈盡心下〉。

　　孟子的王道觀是對孔子「為政以德」思想的豐富與發展。[35]孟子
讚揚堯的功績，表達了王道主義的一個基本主張。孟子說：

> 當堯之時，天下猶未平，洪水橫流，氾濫於天下，草木暢茂，
> 禽獸繁殖，五穀不登，禽獸逼人，獸蹄鳥跡之道交於中國。堯
> 獨憂之，舉舜而敷治焉。舜使益掌火，益烈山澤而焚之，禽獸
> 逃匿。禹疏九河，瀹濟、漯而注諸海，決汝、漢，排淮、泗，
> 而注之江，然後中國可得而食也。[36]

　　古代中國是一個農業國家，自然災害影響特別嚴重。王道政治的
一項重要內容，是要盡可能地減少自然災害對百姓生活的影響，堯、
舜、禹受到了人們讚頌，是因為他們的努力免除了自然災害對民眾生
活的干擾。到後來檢驗歷朝歷代君主的政績，一個重要標準，就是看
自然災害是不是治理得好，對百姓生活影響是不是嚴重，這種傳統的
確是有淵源的。[37]在一個農業社會裡，水土問題成為統治者治國安邦
的一件大事。[38]水是人類孕育的搖籃，是人類賴以生存的最重要的物
質資源。自從在中國的廣袤領土上出現人類開始，治水就與治國緊緊
聯繫在一起。中國古代最受尊敬的「三聖」之一的禹，就是因為治理
好了水患，所以深得民心，得舜帝禪位，「禹於是遂即天子位，南面
朝天下，國號曰夏后，姓姒氏。」[39]中國古代對禹的評價甚高。劉定
公至潁，對趙孟說：

> 美哉禹功！明德遠矣，微禹吾其魚乎？吾與子弁冕端委，以治

---

35 程潮：《儒家內聖外王道通論》（長沙市：湖南人民出版社，2005年5月），頁251。

36 《孟子》〈滕文公上〉。

37 楊澤波：《孟子與中國文化》（貴陽市：貴州人民出版社，2000年10月），頁72。

38 程潮：《儒家內聖外王之道通論》（長沙市：湖南人民出版社，2005年5月），頁82。

39 《史記》〈夏本紀〉。

民臨諸侯，禹之力也。[40]

堯雖賢，興事業不成，得禹而九州寧。[41]

禹疏九河……然後中國可得食也。[42]

　　自然洪水是不斷出現的客觀規律，所以應繼續推行水治事業。水治是中國古代治國中最重要的一環，甚至於許多文人都曾經參與過治水並取得了不錯的成績。比如大詩人白居易，就曾：

築堤捍錢塘湖泄其水，溉田千頃。[43]

　　再比如唐宋八大家之一的蘇軾：

費工二十萬，大力加以疏浚，清除湖中所有葑草。[44]

　　建成了古今聞名的蘇公堤。正是歷代皇帝的共同努力，使得中國的水利治理取得了很大的成就。北魏時酈道元曾著《水經注》，系統地記載了以河道水系為主的綜合性地理知識。到了現代，有了古代的理論基礎和現代化的技術，水治已不再是治理國家的重點。在搭建好了物質生活基礎後，對於精神文明的要求就隨之而來。於是，治國的重點轉移到了構建和諧的社會上面。國家領導人的任務不僅是保證人民的衣食住行，而是還要滿足人民的精神需求，給人民民族歸屬感，增強國家的凝聚力。

---

40 《左傳》〈昭西元年〉。

41 《史記》〈匈奴列傳〉。

42 《孟子》〈滕文公上〉。

43 《白居易集》卷68，〈錢唐湖石記〉。

44 《宋史》〈蘇軾傳〉。

如何實施王道？孟子站在性善論的立場，認為如果君主帶著惻隱
之心從政的話，必然會實現王道政治。孟子時代，當權派已換成了封
建地主階級，孟子要行王道，不管當權是誰，只要能推行他的政治主
張，他都願意支持他。孟子主張給勞動者以土地，承認了封建的生產
關係，已經站在了封建地主的立場上，而不再維護奴隸制。[45]孟子說：

> 如有不嗜殺人者，則天下之民皆引領而望之矣。誠如是也，民
> 歸之，由水之就下，沛然孰能禦之？[46]
> 春秋無義戰。……敵國不相征也。[47]
> 國君好仁，天下無敵……[48]

是根據仁實行王道政治者。孟子認為，天下是實現王道政治的地方。
按孟子的說法：

> 湯始征，自葛載，十一征而無敵於天下。東面而征，西夷怨；
> 南面而征，北狄怨；曰：『奚為後我？』民之望之，若大旱之
> 望雨也。歸市者弗止，芸者不變，誅其君，弔其民，如時雨
> 降。民大悅。《書》曰：『徯我後，後來其無罰！』[49]
> 齊宣王問曰：「齊桓、晉文之事，可得聞乎？」孟子對曰：「仲
> 尼之徒，無道恆、文之事者，是以後世無傳焉，臣未之聞也。
> 無以，則王乎？」[50]

---

45 任繼愈主編：《中國哲學史》（北京市：人民出版社，1999年9月），頁143。
46 《孟子》〈梁惠王上〉。
47 《孟子》〈盡心下〉。
48 《孟子》〈離婁上〉。
49 《孟子》〈滕文公下〉。
50 《孟子》〈梁惠王上〉。

　　齊桓公和晉文公是春秋時期數一數二的霸主，他們依靠軍事力量強迫諸侯國服從自己。孟子不願談齊桓晉文之事，實際就是對暴力政治的不屑。孟子所謂的「以德服民」，就是實行「仁政」。孟子說：

　　　　三代之得天下也，以仁；其失天下也，以不仁。國之所以廢興存亡者亦然。[51]

　　孟子提出「王道」是先王的仁政之道，是堯舜的禪讓、禹的治水、湯王與武王的革命、文王的王道政治。「霸道」則是「春秋五霸」之道。王道擁有權威，而霸權擁有霸道權力。權威是合法性、正當性、自下而上的被認同的權力。孟子區分霸道與王道的標準是什麼？孟子說：

　　　　域民不以封疆之界，固國不以山溪之險，威天下不以兵革之利。得道者多助，失道者寡助。[52]

說明了鞏固天下靠的不是疆域的界限、地勢的險峻、或先進的軍事，而是「道」，這個「道」，就是人心，屬於「軟實力」。[53]發展「軟實力」已經被放到和提高物質發達水準一樣的高度上。而這個「道」，也即民心所向，就是區分霸道與王道的標準。孟子說：

　　　　霸者之民，驩虞如也；王者之民，皞皞如也。[54]

---

51 《孟子》〈離婁上〉。
52 《孟子》〈公孫丑下〉。
53 朴柄久：〈《禮記》的和諧世界思想〉，《國際政治科學》2008年第3期，頁63。
54 《孟子》〈盡心上〉。

　　雖然孟子主張君主應實行王道政治，但王道政治也是承認君主占在權力頂峰地位的政治。這也說明孟子不是革命主義者，而是改革主義者。王道政治相信人性善的本質是防止衝突和戰爭最好方法。因此，王道主義者十分重視和平，尤其是在戰爭時期。但霸道主義卻認為，在分析人們心理時，應把人們的利益考慮進去，和平只對戰爭中的既得利益者有利，而非對所有人都有利。王道主義與霸權主義二者之間形成了一種政治張力，使得「現實政治」有了無形的約束力量，不至於隨心所欲，為所欲為。「理想政治」與「現實政治」抗衡，必須有一個載體，這個載體不是別人，正是士人這個群體。作為「理想政治」載體的群體又可分為兩類，一類是在朝者，一類是在野者。二者的分歧決定了他們對於「修身齊家治國平天下」的不同看法。儒家對人倫道德性的擴充的看法是一個重要的主題。它影響的不僅是個人的人生，而且擴大到政治和社會等基本精神領域。所以孔子主張「為政以德」，孟子主張「以德行仁」是王道政治的真正的表現。

　　孟子主張通過實行「王道」和「仁政」來完成統一事業，反對戰爭，反對開墾荒地，反對擴大領土，反對充實府庫。他說：

　　善戰者服上刑，連諸侯者次之，辟草萊、任土地者次之。[55]

　　那麼，孟子如何分析平天下與霸權的關係？孟子基本上否定了霸權，相當於承認了國家間必然存在的實力差異。但孟子卻反對國家間存有過大的差距。為什麼孟子同時主張事大、事小呢？如果承認國家之間的差距，就可能發展成為霸道外交。即國家之間的差距導致為了富國強兵所引發的競爭，所以孟子主張通過王道政治一統天下。孟子主張無論大國還是小國都應該追求平等的關係。孟子認為，能做到這

---

55 《孟子》〈離婁上〉。

樣的領導者是「仁者」——即如果沒有「仁」的德行的話，在外交上
不會出現互相尊敬的關係的。孟子認為，小國尊敬大國是只有「智
者」才能做到的。「仁」、「智」兩種精神是創建良好的外交關係的基
礎。

> 齊宣王問曰：「交鄰國有道乎？」孟子對曰：「有。惟仁者為能
> 以大事小，是故湯事葛，文王事昆夷。惟智者為能以小事大，
> 故大王事獯鬻，勾踐事吳。以大事小者，樂天者也；以小事大
> 者，畏天者也。樂天者保天下，畏天者保其國。《詩》云：『畏
> 天之威，于時保之。」[56]

《禮記》如何分析平天下與霸權的關係？《禮記》也否定了霸
權，但是承認民心的向背與政權的關係。這也就是權力轉移理論。

> 牧之野，武王之大事也。既事而退，柴於上帝，祈於社，設奠
> 於牧室，遂率天下諸侯執豆籩，逡奔走。追王大王亶父，王季
> 歷，文王昌，不以卑臨尊也。[57]
> 聖人南面而聽天下，所且先者五，民不與焉。一曰治親，二曰
> 報功，三曰舉賢，四曰使能，五曰存愛。五者一得於天下，民
> 無不足，無不贍者。[58]

《禮記》認為，實現平天下的最重要的基本條件是得民心。[59]

---

56 《孟子》〈梁惠王下〉。
57 《禮記》〈大傳〉。
58 《禮記》〈大傳〉。
59 朴柄久：〈《禮記》的和諧世界思想〉，《國際政治科學》2008年第3期，頁68-69。

道得眾則得國，失眾則失國。[60]

《禮記》的天下觀從「德性」出發，實現「和諧」。《禮記》的天下概念是普遍性的概念，所有人都可以促進它的發展。「明明德於天下」意味著天下概念的普遍性。它的天下並不是一個國家的實際政治力量，而是能實現各自德性的場所。它說：

自天子以至於庶人，壹是皆以修身為本。[61]

這意味著從國家統治者到庶人應該都在「德性」的根本基礎之上走「和諧」、「大同」的道路。《禮記》說：

……以天下為一家，以中國為一人者，……。[62]

社會關係變成一種具有家庭色彩的感情聯繫。人們嚮往天下一家：

四海之內皆兄弟。[63]

　　總之，「天下」概念是統治者支配的世界秩序以及與他們有外交往來的國家的秩序。儘管人們常常談及天下無道的無政府狀態，並有人把無政府看作秩序的反面，但是，與平天下相對立的是天下無道，而不是天下的無政府。戰國時期，整個天下處於天下無道的無政府狀態。平天下是有價值向度的，為了實現平天下的價值與目標，諸侯國

---

60 《禮記》〈大學〉。
61 《禮記》〈大學〉。
62 《禮記》〈禮運〉。
63 《論語》〈顏淵〉。

在構建、變革天下秩序的過程中，必然要面對和解決一系列天下問題。《禮記》的「天下觀」不只是個人修養的問題。它的「平天下」是中國古代最高的道德標準，「平」是指天下調和。

第三節　修身、治國、平天下

一　修身

（一）修身是基礎

　　戰國時期的歷史性格、社會結構、人民意識形態的形成都不是由於單一的因素決定的，而是幾個因素一起構成的。「人」、「文化」、「社會制度」三個方面影響到孟子「內聖外王」思想。其中，孟子最重視人性，尤其是君主的人格。君主應該具有怎樣的道德操守，這也是「內聖外王」所闡述的內容之一。

　　如果要分析戰國時期的政治文化的話，首先應該分析、研究政治菁英的思維、諸侯王的德政治意識。決策是政治的核心過程，而決策者個人的價值觀在很大程度上左右了決策的性質。同時，決策者個人的成長背景、個性、知識能力都會影響決策者做出的決策。這就是孟子為何強調君主要修身的原因，因為只有不斷的修練自己，才會做出正確的決策，才能夠外王天下。而孟子所提出的性善論則是說每個人與生俱來的本性都是善良的，但是會因社會、家庭的影響而失去善心。為了保持自己的善心，就需要不斷的修身。並且，修身並不是個人人格的完成，而是通過修身去與社會融合，通過自身的修練來造福社會，這就是儒家所講的「入世」。

　　從人格修養上看，儒家認為只有具有完善的道德人格的人，才能夠統領天下「以德服人」。「德治」是內在的力量。在此基礎上的外王

天下，實際上也實現了個人價值的最大化，將個人價值的作用範圍提升到了全社會，造福百姓。從政治理想看，儒家提倡：

> 修己治人。[64]

只有不斷地修練、完善自身，才能以禮以德感化天下，教化百姓，以德治國。這直接體現了「仁」與「聖」的統一，也即道德與政治的統一。

孔子說：

> 苟正其身矣，於從政乎何有？不能正其身，如正人何？[65]

政治目標的實現，必自修身正己開始。在孔子看來，個體通過修身，使其自身的行為：

> 七十而從心所欲，不踰矩。[66]

本身就是為和諧政治秩序的建立做出了貢獻。更重要的是，還為他人和社會樹立了道德楷模，引導他人從善，所以說修身其實就是從政。相反，如果統治者不能修身正己，道德腐敗，卻想使別人照自己的意志行事，民眾是不會服從的，其政治目標也不可能實現。即所謂：

---

64 《禮記》〈大學〉。
65 《論語》〈子路〉。
66 《論語》〈為政〉。

其身正，不令而行；其身不正，雖令不從。[67]

反過來說，個體的道德修養，也不能僅以獨善其身為目的，而是要承擔對他人和社會的責任，以平治天下為己任。

子路問君子。子曰：「修己以敬。」曰：「如斯而已乎？」曰：「修己以安人。」曰：「如斯而已乎？」曰：「修己以安百姓。修己以安百姓，堯舜其猶病諸！」[68]

在學問上，孟子強調「為己之學」，在修養方面重視「克己復禮」的態度，在政治上提倡「修己治人」的倫理框架。不管在哪一方面，首要強調的，都是要「反求諸己」，先要修練好自身的德行，才能說服他人。

儒家把個體的主體力量看作實踐理論的基本。雖然儒家的最高價值是「天」，但是這「天」並不是信仰的對象。孟子主張的性善論是人們都具有性善的可能性。但是人的一生中總是受到環境的影響，而失去了性之善。所以人們都需要不斷的修養。戰國時期諸侯王和老百姓之間沒有相互信賴、交換價值。老百姓對諸侯王缺少忠誠，而諸侯王也沒有強烈的道德義務感，他們只按照眼前的利益行動。

「修身」是具有完善道德的君子的第一層次的實踐；「治國」，即治理國家，求得國泰民安，這是具有完善道德的君子的第二層次的實踐；「平天下」，即天下，這是具有完善道德的君子的最高層次的和諧實踐。[69]

---

67 《論語》〈子路〉。

68 《論語》〈憲問〉。

69 參見楊立武：《和諧天下——儒學與現代公關》（成都市：四川人民出版社，1995年），頁18。

　　戰國時期，整個天下的動盪，使得孟子有機會論證修身與平天下
的關係。隨著統治階級對修身價值的越來越深入的認識，提升君主自
身的修養便成為了君主每日必做的事情，而君主的修養與其治國安邦
的能力之間的關係也越來越為人所重視。孔子強調克己復禮，孟子強
調守己，老子強調舍己為民，莊子強調至人無己。雖然表達的各有不
同，但都強調了修身對於提高自身德行的必要性。

　　孟子主張，學習、提高修養之後再參與國家政治。修己、安人、
安百姓是個體道德修養的過程，同時也是為政的過程。孟子說：

> 君仁，莫不仁；君義，莫不義；君正，莫不正。一正君而國定
> 矣。[70]

　　孟子主張統治者的政治目標不能實現時，要反身求諸於己，從自
身道德修身上找原因：

> 愛人不親，反其仁；治人不治，反其智；禮人不答，反其敬。
> 行有不得者，皆反求諸己，其身正，而天下歸之。[71]

　　在戰國動盪的環境下，各國國君的能力及品格就成為了一國強大
與否的關鍵因素。國強民強。比如說，齊國晏嬰為相執政時期，由於
君主能力平平，雖有晏嬰，卻也只能勉強維持以前的國力而已。一般
來說，有英主才有良臣。戰國時期，各國人民流動比較自由，君主的
能力是能否留住人才的關鍵。齊國的管仲、孫臏等大量明臣賢相都是
「外國人」，皆因齊主的賢明而留在齊國，為齊國的強盛做出了巨大
的貢獻。人才是國家的棟樑，而君主的能力和品格又是決定人才去留

---

70 《孟子》〈離婁上〉。
71 《孟子》〈離婁上〉。

的關鍵，所以，君主的能力和品格才是一國強大與否的關鍵因素。

君主「修身」與春秋戰國時期各國的變法是有其內在聯繫的。各國的變法離不開君主的支持，假若君主不「修身」，那他就不會看到變法對於一國發展的好處，而是排斥變法，因循守舊，這樣，變法無法得到實施，國家也就不能強盛。所以，君主的「修身」與變法的開展是相輔相成的，可以說，君主的「修身」是變法得以開展的前提，或者說，君主的「修身」是開展變法的內因，變法的實施是君主「修身」的表象。

君主的人格與王道之間有什麼關係嗎？封建集權制使得君主擁有無限的權力，國家政策法規乃至官員的錄用都由君主親自批准。因此，在一個國家裡，皇帝的影響幾乎無處不在，皇帝的道德水準在很大程度上左右著朝野的風氣和官員的道德取向。所以說，國家領導人的道德水準和一個國家的穩定直接相關，君主必須對國家的穩定負起責任。君主賢則國家一派昇平，君主無德則國家動亂。無道昏君，會嚴重的耗損國力，使朝野動盪不安，人心惶惶。孟子認為，在君子的修身和平天下之間，存在著一種邏輯關係，即：

天下之本在國，國之本在家，家之本在身。[72]

身為君主，面臨的誘惑不但不比平常人少，相反，他會有更多的更大的欲望，比如發動戰爭以征服其他國家，修建華麗的宮殿，擁有美麗的妻子等等。而若要滿足他的欲望，小則影響一個家庭的幸福，大則會干擾世界和諧。人的欲望是沒有止境的，而修身能讓君主從道義上明辨是非，節制自身的欲望。通過修身完善一個人的人格。一個人的人格直接影響著他待人接物，看待和處理問題的角度和方法。一國之

---

72 《孟子》〈離婁上〉。

君的人格不僅左右著本國的經濟、軍事文化,更影響國際關係。一個沒有很好的修身,人格有缺陷的君主,在外交方面必然是粗暴和沒有遠見的,這樣會嚴重的影響國際和平與穩定;相反,一個人格健全的君主,是會溫和的尋求解決國際爭端的最佳方法的。因為君主的人格與國際和諧息息相關,而修身又是人格形成的關鍵,所以,君主應時時修身,以保證國家及外交關係的和諧穩定。

孟子心目中理想的君主首先要是個君子,並且應該是君子中的佼佼者。孟子所說的君子應當具有完美的道德品格和良好的文化素養。孟子主張君子在修養自身的德行後,順乎天命,安身立命。孟子以為修身是君子安身立命的前提,是君子像堯舜這樣的先賢靠攏所需的先決條件。內聖外王,毫無疑問,若要「外王」,則「內聖」是根本。也就是說,君子要治國、平天下,則修身是根本。「修身」的目的是要造就道德完善的君子。修身並不是佛教禪宗所說的「頓悟」,而是不斷修養的過程。只有不斷的修練、完善自己,才能成為君子,從而平天下。由此,孟子認為君主的必要條件就是修身,只有這樣才能施行德治和仁政,造福天下。孟子認為,君子「修身」是「治國」、「平天下」的必要條件。治國是修身在政治上的延伸。他以為修身是君子安身立命的前提,是君子向堯、舜這樣的先賢靠攏所需的先決條件。

《中庸》的修身之道和孟子相同,也是向內做功夫,並由內向外開出王道政治。《中庸》說:

> 天命之謂性,率性之謂道,修道之謂教。

《中庸》裡道既然是順性的表現,「性」本質上應是善的,修身也就是率性而行。如何才能率性?要之在一個「誠」,《中庸》這種誠不只限於個人,求誠是為了改造社會。

> 知所以修身，則知所以治人。知所以治人，則知所以治天下矣。
>
> 誠者非自成己而已矣，所以成物也。

這種通過個人的格物致知正心誠意的修身功夫，達到齊家治國平天下的政治目的的思想，也稱「內聖外王」之道，即內修以成聖，外治而行王道於天下，這是「內聖外王」、「知行合一」、「推己及人」。「內聖」，是說個體要在道德修習上以聖人為標準，努力達到聖化之境。「外王」，就是說將成就的聖德推而廣之，及於他人和社會，建立理想的王道政治。「外王」是以「內聖」為基礎的歸宿，不能成就王道政治，就說明修身還沒達到「聖」的境界。「內聖」與「外王」在本質上是一致的、同步的。儘管儒家在「為政之本於修身」這一點上是一致的，但在如何修身上卻各有不同。[73]

《大學》認為，「修身」超越時間與空間，是人類普遍價值的體現。它認為，道德理性是通過「內聖」擴大到「外王」，也就是「大同世界」。人性本善，治國者推己之善心，行仁政於天下，百姓推己之善心，與人為善，平天下，天人合德。為什麼統治者還要修身呢？這是因為，人所固有的「善端」，如果不在後天進行保養、發展，就容易「失心」。所以，人需要養心，擴充人的本心。這也就是「修身」。統治者需要通過修身來保持自身的善端，進而「齊家、治國、平天下」。《大學》的「修身、齊家、治國、平天下」是由己及人，以自己為起點。它指出：

> 自天子以至於庶人，壹是皆以修身為本。

---

[73] 邵漢明、劉輝、王永平：《儒家哲學智慧》（長春市：吉林大學出版社，2005年11月），頁14。

它把修身提高到治國之本的地位來認識，修身後才能齊家、治國、平天下。自身修養好，便能以好的榜樣去影響人，提高別人的德行。[74]

　　《大學》裡「修身、齊家、治國、平天下」中，「平天下」的天下，是現在「國」的概念，「治國」的國，是諸侯國的概念，「齊家」的家，是貴族的大型家族。[75]孟子的「平天下」觀念與《大學》的「平天下」觀念有一定的關係。《大學》指出修身、齊家、治國、平天下的邏輯關係。即：

　　　古之欲明明德於天下者，先治其國；欲治其國者，先齊其家；
　　　欲齊其家者，先修其身；欲修其身者，先正其心；欲正其心
　　　者，先誠其意；欲誠其意者，先致其知；致知在格物，物格而
　　　後知至，知至而後意誠，意誠而後心正，心正而後身修，身修
　　　而後家齊，家齊而後國治，國治而後天下平。自天子以至於庶
　　　人，壹是皆以修身為本。其本亂而末治者，否矣。其所厚者
　　　薄，而其所薄者厚，未之有也。此謂知本，此謂知之至也。

它更強調的是統治者的修身，強調他們自身的榜樣力量及影響。統治者自己能夠修身，自己的思想與行為合於道德倫理準則，必然影響到整個社會。

　　「內聖外王」思想是從個人的人生聯繫到社會的政治、經濟問題。其代表性的例子就是《大學》三綱領、八條目的理論體系。明明德、親民、止於至善的三綱領闡明個人、社會和所有的人類理想，而格物、致知、誠意、正心、修身、齊家、治國、平天下說明了一個人從「凡人」成為的「聖人」的先後順序。如果沒有修身，真正的齊

---

74 黃宛峰：《〈禮樂淵藪──《禮記》與中國文化〉》（開封市：河南大學出版社，1997
　　年10月），頁43。

75 熊逸：《孟子他說》（西安市：陝西師範大學出版社，2006年3月），頁19。

家、治國、平天下是不可能實現的。因此《論語》的「本立而道生」的命題，《大學》的「德本財末」，《中庸》的「為政在人」，《孟子》的「仁義」的政治論都闡述了這個道理。[76]

《大學》認為，決定一個國家的對外政策因素中個體因素是最關鍵的。修身不只是領導者的修養問題，而且會影響到對內的安定以及對外的和諧，會擴大到外部世界整體的修養。修身、齊家、治國、平天下，是《大學》關於世界和諧的根本思想。《大學》認為，真正的世界和諧是一種均衡的狀態，即世界秩序的穩定。各國國內政治的穩定是建立在各國領導人較高的道德水準和執政能力基礎上的。和諧是由內而外，由小及大的，內到國內，外到國際，小到家庭，大到世界。只有每個社會層面都處在均衡的狀態下，才能實現真正的和諧。[77]《大學》認為，領導人的道德水準源於「修身」，而齊家、治國、平天下都是以領導人的道德水準為基礎的。《大學》的理念指向道德人格完成的德治和人類共同體。《大學》對人類倫理共同體持樂觀的態度。《大學》提出的修己治人的理念不僅僅是對君主而言，還包括老百姓，修己的力量甚至影響到國際關係，實現大同社會的可能也在乎百姓，君主的道德水準。

朱熹《朱熹語類》認為，從格物到修身，是說為學的順序。按道理講這個順序是正確的，但在實踐中不能太死板，不能第一個條目完成之後，再進行下一個條目。那麼為學的先後是否必然嚴格按此順序去做？朱熹說：

> 本末精粗，雖有先後，然一齊用做去。且如致知、格物而後誠意，不成說自家物未格，知未至，且未要誠意，須待格了，知

---

76 〔韓〕Cho, nam uk：《現代人的儒教閱讀》（首爾市：亞世亞文化社，2005年11月），頁19-22。

77 朴柄久：〈《禮記》的和諧世界思想〉，《國際政治科學》2008年第3期，頁57。

了，卻去誠意。安有此理！聖人亦只說大綱自然底次序是如
此。
豈可說物未能格，意便不用誠？自始至終，意常要誠。[78]

　　國內和諧的基礎是家庭和諧。《大學》明確地提出家庭和諧是國
內和諧的基礎：

欲治其國者，先齊其家。

治國的精神在於「家族」的定立。《大學》認為：

一家仁，一國興仁；一家讓，一國興讓；……《詩》云：『桃
之夭夭，其葉蓁蓁。之子于歸，宜其家人。』宜其家人，而後
可以教國人。

「家庭」是社會的基本單位，政治制度的基礎。《大學》認為，決定
一個國家的對外政策應需要微觀和宏觀層次的聯繫。《大學》的
「修」、「齊」、「治」、「平」是「內聖外王」的系統化。個人與國家、
修養與外王事務的融合是「內聖外王」的體系化。關於「內聖外王」
思想樹立比較完整的理論體系是《大學》，就是說，《大學》的展開方
式是「從內到外」、「個人到社會」、「從小到大」的逐步擴大的「內外
合一」過程。實現「內聖外王」者就成為聖人。《大學》說：

故君子不出家而成教於國。

78　朱熹：《朱子語類》，卷15，〈大學二〉。

　　關於「致知」的「知」，《大學》認為，「知所先後」。「知所先後」是「修身」、「齊家」、「治國」、「平天下」的先後。總之，「格物致知」是通過「誠意」實現「平天下」。修身養性後才能成為君子。至於怎樣修身，怎樣恢復並擴充人固有的善性，孟子把它分為兩種方式：

　　一種是積極的。積極的就是如何「養心」的問題，在於如何使得人們所固有的善性擴充起來而使之達到誠能通神的地步，求得天人的合一。要靠自己持久不懈地修養。要持續地以直道、正義來養「浩然之氣」，不能中止，不能忘記，不能揠苗助長。助長是由外在力量強制所致，而非內心自覺的積累所致。奉行正義的事情，務必出於內在的「浩然之氣」由內心感悟並轉化為實際行動，就可以使人立於天地之間而無所愧怍，這叫：[79]

　　　　至大至剛。[80]

　　另一種是消極的。消極的就在於如何不受外界事物的引誘。這又分兩種方式：首先，清心。如孟子所說：

　　　　我四十不動心。[81]

即人至四十歲，意志堅定，自能掌握住自己的心而不為所動，不致因受社會事物的刺激而有所迷惑。具體而言就是：即使做到齊國的卿相，也不致得意忘形而把自己的「赤子之心」[82]散失。

　　其次，寡欲。「寡欲」的另一面便是「多欲」，如：

79　郭志坤主編：《孟子答客問》（上海市：上海人民出版社，1999年1月），頁98。

80　《孟子》〈公孫丑上〉。

81　《孟子》〈公孫丑上〉。

82　《孟子》〈離婁下〉。

> 萬乘治國，弒其君者，必千乘之家；千乘之國，弒其君者，必
> 百乘之家。[83]

孟子認為，養心最重要的是「寡欲」。「寡欲」的意義在於把為外物所迷惑了的心找回來。他說：

> 養心莫善於寡欲。其為人也寡欲，雖有不存焉者，寡矣。[84]

物欲是對人性善造成損害的主要因素，因此只有寡欲，才能保住本心之善。所謂盡心，就是擴充人心固有之善端，發展出仁義禮智之德。在孟子看來，人心固有能發展出仁義禮智的潛質，但並不意味著每個人都能自然地具有仁義禮智之德，能否真正使潛質成為現實，完全取決於個人的自覺，即：

> 求則得之，舍則失之。[85]

千乘之家與百乘之家對於萬乘之國和千乘之國的劫殺，便是「多欲」。因「多欲」而「弒父與君」，對父親來說便是不仁，對君來說便是不義；不仁不義，便是「赤子之心」的散失。因之，人們應當「養心」，而「養心」又須從這「寡欲」做起。

欲望同樣是人生而有之的，並且正是因為欲望的驅使，人類才得以不斷的發展進步。人們對於優質食物的欲望促使人們去發現、培育更多的農作物，發展農業；人們對於生產效率的需要促使人們去提高工作效率，發展工業；人們對於金錢的需要促使人們去思考賺錢的途

---

83 《孟子》〈梁惠王上〉。

84 《孟子》〈盡心下〉。

85 《孟子》〈告子上〉。

徑，發展了金融業。人人都有對於權利的欲望，這種欲望促使人們不斷的奪取更大的權力，並不惜為此發動戰爭。人類的欲望是無限的，節制欲望的最好辦法就是「修身」，通過修身來培養自身正確的價值觀道德觀，從而減少欲望對自身的影響，保持「心」的平靜。孟子說其利己心是受外部環境影響形成的。雖然利己心是社會環境造成的，但是利己心並不是自然產生的，而是在人們生活中產生的，與人的性情有關。孟子說：

> 養心莫善於寡欲。其為人也寡欲，雖有不存焉者，寡矣；其為人也多欲，雖有存焉者，寡矣。[86]

儒家講的「人道」，就是所謂的「人倫之道」。儒家的「王道」是政治層面的理想與要求，「人道」則是社會範圍裡的理想與規則。按照儒家的想法，實現大同理想的途徑，在於人人都能克制個人的私欲，盡力按照自己的身份、名分去做該做的事、說該說的話，「父慈、子孝、兄友、弟恭、夫義、婦聽、長惠、幼順、君信、臣忠」，尊卑、親疏皆有序，貴賤、上下都不爭。這種和諧秩序的創造，一方面靠政者行「王道教化」，另一方面則寄希望於個人的「修身」。人人皆修其身，則人人皆可為堯舜，人間至治就指日可待。[87]

總之，孔子把理想的人規定為君子，孟子在論述性善時言必稱堯舜[88]，說人人皆可為堯舜。這句話可理解為「人人皆可為聖人」，以致後世儒家的教育目標都以「希聖」、「為聖」為其重點。[89]修身的重要性也就在於此了。

86　《孟子》〈盡心下〉。

87　紀寶成主編：《中國古代治國要論》（北京市：中國人民大學出版社，2004年），頁22-23。

88　《孟子》〈滕文公上〉。

89　〔韓〕崔根德：《韓國儒學研究》（北京市：學苑出版社，2003年6月），頁24。

(二) 四端

孟子「性善論」的具體表現形式是他的「四端」，即仁義禮智。「四端」說明人的「善端」是人所固有的本性。孟子認為人的本性包括仁義禮智，這仁義禮智是與物接觸才能產生的情操。因為四端即仁義禮智是由四德得出而存在於外部的，在現實的經驗世界裡判斷人性善惡的要素，是孟子修養的精髓。人們的認識能力是天生而來的，但是為了認識更多的東西，只有通過具體的經驗才能獲得。孟子說：

> 人之所不學而能者，其良知也；所不慮而知者，其良知也。[90]
> 凡有四端於我者，知皆擴而充之矣，若火之始然，泉之始達。
> 苟能充之，足以保四海；苟不充之，不足以事父母。[91]

四端不是後天培養的，而是人們與生俱來的自然的感情。四端是人的本性，是應對外物表現出的感情，可以從兩個側面來考慮它。一個是性善的論證根據，另外一個修養對於完備人格的影響。

首先，從性善的論證根據來看，人的精神結構是由心的本質而得到的「性」和受到心的控制而產生的「情」組成的。就是說四端是情的一部分，即純粹的感情，四端是只有人才擁有的，是人的固有性，是認識本性的端緒。

其次，從修養對於完備人格的影響，四端告訴我們應該做什麼，不應該做什麼。所以我們才會不斷地修練自身，努力擴充心而提高自身的修養和德性。君子修身，就是自覺地去擴充內心固有的善端。因為自我反省和自我追求，使本身所固有的善端發展出了仁義禮智四德。有了仁義禮智四德，就能夠轉化出道德政治。因為：

---

90 《孟子》〈盡心上〉。
91 《孟子》〈公孫丑上〉。

> 仁之實，事親是也；……[92]

事親又被稱為「孝」。

> 義之實，從兄是也；……[93]

從兄又被稱為「悌」。「孝悌」又是政治之本，

> 堯舜之道，孝弟而已矣。[94]

仁義道德行為是只有人才擁有的特質，是人與動物最大的區別。孟子所說的幾希就是道德。仁義道德是人禽之辨，王霸之辨的根據。關於人禽之辨，孟子說：

> 人之所以異於禽獸者幾希，庶民去之，君子存之。舜明於庶物，察於人倫，由仁義行，非行仁義也。[95]

孟子根據人「心」的自覺性樹立道德標準。反之，告子否定「義」的內在性。告子認為，只有仁是內在的，義是外在的。即仁內義外。

> 告子曰：「食色，性也；仁，內也，非外也；義，外也，非內也。」孟子曰：「何以謂仁內義外也？」曰：「彼長而我長之，

---

92 《孟子》〈離婁上〉。
93 《孟子》〈離婁上〉。
94 《孟子》〈告子下〉。
95 《孟子》〈離婁下〉。

非有長於我也；猶彼白而我白之，從其白於外也，故謂之外
也。」曰：「異於白馬之白也，無以異於白人之白也；不識長
馬之長也，無以異於長人之長與？且謂長者義乎？長之者義
乎？」曰：「吾弟則愛之，秦人之弟則不愛也，是以我為悅者
也，故謂之內。長楚人之長，亦長吾之長，是以長為悅者也，
故謂之外也。」曰：「耆秦人之炙，無以異於耆吾炙。夫物則
亦有然者也。然則耆炙亦有外與？」[96]

孟子認為，仁義是自發產生的。所以孟子提出道德義務論。他說：

王子墊問曰：「士何事？」孟子曰：「尚志。」曰：「何謂尚
志？」曰：「仁義而已矣。殺一無罪，非仁也；非其有而取
之，非義也。居惡在？仁是也；路惡在？義是也。居仁由義，
大人之事備矣。」[97]

仁義不是外在的標準，而是自身內在的道德規範。所以孟子說：

由仁義行，非行仁義也。[98]
心之所同然者何也？謂理也，義也。聖人先得我心之所同然
耳，故理義之悅我心，猶芻豢之悅我口。[99]

　　孟子發現人們道德實踐的依據來自於人內在的本性。要證明人本
性中追求善而實踐善的內在欲望是先天的，就要先承認人先天就存有

96　《孟子》〈告子上〉。
97　《孟子》〈盡心上〉。
98　《孟子》〈離婁下〉。
99　《孟子》〈告子上〉。

善的意志。孟子認為善的意志是自然的。道德行為受到「道德理性」
的約束。道德理性體現了人類的普遍價值。「仁」就是道德理性。「良
知」是道德理性的能力。「四端之心」是道德理性的表現。「仁」超越
時間與空間，是人類普遍價值的體現。他認為，道德理性是通過「內
聖」擴大到「外王」的。這也就是「天人合一」、「大同世界」。所有
的行為主體所能達到的最高境界就是道德理性。孟子說：

> 無惻隱之心，非人也；無羞惡之心，非人也；無辭讓之心，非
> 人也；無是非之心，非人也。[100]

這就是說，孟子認為，道德是「人」的特性。人如果失去這一特性，
那他就與動物無異了。道德是制衡利益的工具。道德是個人、個體的
規範，而倫理是群體性的規範。倫理是調整、制衡人與人間的關係
的，即應有的、如何看待客體的價值。孟子說：

> 苟為後義而先利，不奪不饜。未有仁而遺其親者也，未有義而
> 後其君者也。[101]

「理」和「義」是人所共有的。孟子說：

> 惻隱之心，仁之端也；羞惡之心，義之端也；辭讓之心，禮之
> 端也；是非之心，智之端也……凡有四端於我者，知皆……若
> 火之始然，泉之始達。[102]

100　《孟子》〈公孫丑上〉。
101　《孟子》〈梁惠王上〉。
102　《孟子》〈公孫丑上〉。

仁、義、禮、智是人生而有之的，是天生而非後天習得的。孟子說：

> 仁義禮智，非由外鑠我也，我固有之也，弗思耳矣。[103]
> 仁義禮智根於心。[104]
> 天下之言性也，則故而已矣。故者以利為本。[105]

人們應該按照自身仁與義的本性去進行活動，孟子的仁義是本性，同時也是倫理的行為規範。仁義是對倫理行為自然的、先天的、內在的約束。孟子說：

> 人之所不學而能者，其良知也。所不慮而知者，其良知也。[106]

對四端之心的擴充也就是對仁心的擴充。

> 凡有四端於我者，知皆擴而充之矣，若火之始然，泉之始達。苟能充之，足以保四海；苟不充之，不足以事父母。[107]

四端是人的本性，是人對外部事物所表現的感情，是人生而有之的感情，也是禮的內在的來源。四端之說可以有效地佐證性善論。孟子認為，人的精神結構是受人的本性影響而形成的。也就是說四端體現的是人類本質的東西，是人類最純粹的情感，四端之說認為人的四端來源自人本身，也直接作用和約束著個人的行為舉止。正因為有了四

---

103 《孟子》〈告子上〉。
104 《孟子》〈盡心上〉。
105 《孟子》〈離婁下〉。
106 《孟子》〈盡心上〉。
107 《孟子》〈公孫丑上〉。

端，人們才知道哪些事情是對的，哪些是錯誤的；什麼是該做的，什麼是不該做的。但四端只是人類原始的情感，面對複雜的社會，需要不斷地擴充自己，提升自己，同時還要不失本性。即在擴充「心」的同時也要「養心」。孟子說：

> 盡其心者，知其性也。知其性，則知天矣。[108]

這表現了孟子由知人的「內在性」而推向「天」之「超越性」。照孟子看，人人都有「惻隱之心」、「羞惡之心」、「辭讓之心」、「是非之心」，此四端為人之共具的，發揮它就可以得到仁、義、禮、智等人之本性，這是「天」所賦予的，而「天」是至高無上的，故為超越性的。保存四端是君子與小人的根本區別。孟子說：

> 君子所以異於人者，以其存心也，君子以仁存心，以禮存心。[109]

（三）禮

中國古代是一個等級社會，由高高在上的天子到最低層的平民和奴隸，社會被劃分為自上而下的不同等級。「禮」所強調的是社會秩序。「禮」所要維護的是上下貴賤的等級差。[110]殷周以來的儀禮，無論從祭祀對象、祭祀時間與空間，以及祭祀秩序、祭品、儀節等等方面來看，都是在追求建立一種有上下，有差別、等級，有次第的差序格局。《禮記》說：

---

108 《孟子》〈盡心上〉。
109 《孟子》〈離婁下〉。
110 何平：《中國傳統政治思維探源》（天津市：天津人民出版社，2003年7月），頁124。

> 天子祭天地，諸侯祭社稷，大夫祭五祀。[111]

這種表現於外在儀禮上的規則，其實是為了整頓人間的秩序。「儀禮」的意義不僅僅是儀式中隱含的倫理制度，而且一些看上去很純粹的觀念形態的東西也與儀式有關。[112]

通過「禮」，社會整合的功能越來越完善。人們所設想的「禮」是對道德與義務在一個體系內所進行的總結。「禮」的表現方式在每個國家都不一樣，但一定的共同之處。「禮」在日常生活中應該被執行。「禮」離我們並不遠，凡事應從我開始，只有自我努力與自我實踐的合一才可實現「禮」；「禮」不是在他人的強迫下形成的禮儀，而是通過自律意志與不斷的反思才形成的。

「禮」是中國自古就有的法則，是交往、交際的感情方法的規範化。禮所要維護的是人與人、人與社會群體之間的秩序問題。禮並不是一個虛無縹緲的社會秩序，我們的所思所想、一舉一動都在禮的範疇之內。所以我們應該在生活中去體驗禮的作用，這樣才能將禮融入我們的生活，《禮記》認為：

> 夫禮者，自卑而尊人。[113]

「禮」的秩序起源要回溯到周朝的宗法制，其核心是「家族制度」。天下是大家族，而家族是小天下。周朝的時候，封建制度下「典章」制度和「禮」很發達。這是由於構成親戚關係的大家庭不能依靠強迫的刑罰，只能用「禮」來控制。「禮」是規定了周天子和諸侯之間的主從關係，維持階級之間的上下秩序的規範，而進一步發展

---

111 《禮記》〈王制〉。
112 葛兆光：《中國思想史》（上海市：復旦大學出版社，2001年2月），頁92-93。
113 《禮記》〈曲禮上〉。

成為家庭和個人的行為的實踐規則。符合「天」的絕對秩序是「禮的秩序」。

孔子根據《周禮》試圖調整君臣、上下間的權利和義務。但是天下無道的春秋時代實際上是諸侯的「禮樂征伐」時期，而不是天子的「禮樂征伐」。對孔子而言，超越身份地位的行為是破壞天下秩序的「主犯」。[114]

> 孔子謂季氏，「八佾舞於庭，是可忍也，孰不可忍也？」三家者以〈雍〉徹。子曰：「相維辟公，天子穆穆」，奚取於三家之堂？[115]
>
> 子疾病，子路請禱。子曰：「有諸？」子路對曰：「有之。〈誄〉曰：『禱爾於上下神祇。』」子曰：「丘之禱久矣。」[116]

季氏、三家、子路的行為在一個側面破壞社會的經濟基礎的同時，也破壞了老百姓的生活。鑒於這樣的情況，孔子認為通過經濟發展提高老百姓的生活水準，是重新回復天下秩序體系的最有效的方法。

> 管仲相桓公，霸諸侯，一匡天下。民到於今受其賜。微管仲，吾其被髮左衽矣。[117]

經濟基礎與物質是文化創造的基本、根本條件。但物質水準的提高會刺激人的欲望，出現腐敗現象。為了防止腐敗，禮強調物質與精

---

114 參見白壽彝總主編：《中國通史》第3卷，上古時代（下冊）（上海市：上海人民出版社，1994年6月），頁881。

115 《論語》〈八佾〉。

116 《論語》〈述而〉。

117 《論語》〈憲問〉。

神的平衡，追求一種公平的達成。禮所要保證的是，在滿足了基礎的
物質需求的情況下，精神層面的追求。對公平和人性的追求是本質的
追求。在滿足了物質需求的條件下，更應注重精神的需求。

在儒家看來，當時社會失範的根本原因是人心不古，拋棄了西周
初「敬德保民」的傳統，導致了社會制度的崩潰，要恢復正常的社會
秩序，就必須重提「敬德保民」的思想，重建禮樂制度。於是他們就
秉承西周初的文武周公之道，提出了自己的政治主張。儒家政治思想
主要包括：以德為政；為政要從修身做起；民為邦本，得民心者得天
下；選賢任能，使能者在其位。在孔子看來，統治者如果能真正地做
到以道德去引導和教化民眾，那麼治國就是非常容易的事了。孔子說：

為政以德，譬如北辰，居其所而眾星共之。[118]

經過長期的道德引導和教化，社會秩序就會達到完美的和諧。

現實存在的惡如何消除，其具體的方法是很重要的。孔子主張實
行禮首先應除去自己的私欲，禮是通過克己與不斷修養實現的，禮是
用於抑制私欲的。他說：

克己復禮為仁。[119]

孔子關於「禮」的理解，與「內聖外王」有關。「仁」等內聖的
外部表現是外王「禮」。「禮」、「仁」一定和「內聖外王」思想有關。
孔子所強調的「禮」、「仁」作為儒家理論的核心內容，是儒家所共認
的，但在禮與仁孰為第一性的問題上，卻有所歧異，其代表者為孟

---

118 《論語》〈為政〉。
119 《論語》〈顏淵〉。

子、荀子，孟子側重於仁，荀子側重於禮。但二者有一共同之點，即都是從人性角度來申述其學說的。[120]

在孔子時代，儒者不僅懂得外在的種種規則，而且更加重視其表現出來的思想和觀念，以及這些思想觀念對於社會秩序的意義。

> 非禮勿視，非禮勿聽，非禮勿言，非禮勿動。[121]

這樣為的是培養一種遵循儀節的自覺習慣。[122]禮不僅是一種形式，更是一種精神。「禮」普遍上講是指一個人應遵守的道理，但在儒家中其意義比這深廣得多，如：

> 禮也者，理也。[123]
> 禮者，天地之序也。[124]
> 上好禮，則民莫敢不敬；上好義，則民莫敢不服；上好信，則民莫敢不用情。夫如是，則四方之民襁負其子而至矣，焉用稼？[125]

「禮」就是順應人情而制訂的節制的標準，以此作為人們的規範。他的看法比較客觀，認為人的欲望不可泯滅，君主必須用禮儀去誘導，使人性中的「善德」戰勝「欲惡」：

---

120 何平：《中國傳統政治思維探源》（天津市：天津人民出版社，2003年7月），頁126。

121 《論語》〈顏淵〉。

122 葛兆光：《中國思想史》（上海市：復旦大學出版社，2001年2月），頁93。

123 《禮記》〈仲尼燕居〉。

124 《禮記》〈樂記〉。

125 《論語》〈子路〉。

故禮達而分定。故人皆愛其死而患其生。故用人之知去其詐，
用人之勇去其怒，用人之仁去其貪。[126]

「禮」自然是人事的儀則，但它卻是效仿天地自然之法則，其目的是
形成整個社會井然有序的差序結構。

君君、臣臣、父父、子子。[127]
是故夫禮，必本於大一，分而為天地，轉而為陰陽，變而為四
時，列而為鬼神，其降曰命，其官於天也。[128]
禮也者，合於天時，設於地財，順於鬼神，合於人心，理萬物
者也。[129]

這些都是先人將「禮」作為家庭、社會、國家的根本的證據。「禮」
是男女、父子、君臣的等級觀念，它是以設立行為的基準、必要的是
非觀念為基礎的。孟子說：

教以人倫：父子有親，君臣有義，夫婦有別，長幼有序，朋友
有信。[130]

「禮」是社會習俗的集合體，而且是文王、周公等聖君賢相制訂
的制度。君主的首要任務是要獲得執政的正統性。儒家作為統治階級
治理天下的工具之一，其主要功能就是將君主制正統化。而儒家所強
調的「禮」，更多的是為了將等級制度合理化，即人被劃分為不同階

---

126 《禮記》〈禮運〉。
127 《論語》〈顏淵〉。
128 《禮記》〈禮運〉。
129 《禮記》〈禮器〉。
130 《孟子》〈滕文公上〉。

級，以及不同階級間所要遵循的制度的合理性。儒家的「禮」的思想是統治者用於維護政權、教化百姓服從等級制的工具。儒家所提倡的「禮」是人們在封建制度下作為相互交往的指南的禮儀，是必須要遵守的禮儀。但是，「禮」只有通過仁才能顯示其自身的價值。假如禮的實行者並不是發自內心的實行禮的話，「禮」就會形同虛設，沒有任何的意義。只有在仁的基礎上所實行的禮才是有意義的。所以孔子非常重視禮與仁之間的關係。他曾說：

> 人而不仁，如禮何？人而不仁，如樂何？[131]

但如果只有真誠的心，卻沒有正確的方法的話，那同樣可能造成不好的結果。所以禮需要形式與本質共存。

孟子之所以把人在一定的社會物質生活條件中才可能產生的道德觀念，說成是先天就有的、與生俱來的，把被美化了的特定時期和特定階級的人性說成是共同的人性，目的有二：一是為封建地主階級的道德倫理觀念提供理論依據，二是為仁政提供理論依據。社會秩序的標準是父子有親、夫婦有別、長幼有序、朋友有信的五倫，遵守與是否追求「和」。孟子說：

> 親親，仁也；敬長，義也。[132]
> 未有仁而遺其親者也，未有義而後其君者也。[133]
> 仁之實，事親是也；義之實，從兄是也；智之實，知斯二者弗去是也；禮之實，節文斯二者是也；……[134]

---

131 《論語》〈八佾〉。
132 《孟子》〈盡心上〉。
133 《孟子》〈梁惠王上〉。
134 《孟子》〈離婁上〉。

這些話是孟子用仁、義、禮、智四德對封建社會人與人關係的闡述。
在他看來，仁義道德觀念不是空泛的，而是君臣、父子、兄弟等封建
人倫關係的行為規範，只要人人都按照仁義的觀念處理與他人的關
係，那麼國家就會強盛而達到理想的社會。因此他說：

> 為人臣者懷仁義以事其君，為人子者懷仁義以事其父，為人弟
> 者懷仁義以事其兄，是君臣、父子、兄弟去利，懷仁義以相接
> 也，然而不王者，未之有也。[135]

孟子主張統治者的政治目標不能實現時，要反身求諸於己，從自
身道德修養上找原因：

> 愛人不親，反其仁；治人不治，反其智；禮人不答，反其敬。
> 行有不得者，皆反求諸己，其身正，而天下歸之。[136]

仁義之心在每個人內心都存在，但由於受到各種不好的影響，再
加上平時不注意保持，這種良心就逐漸喪失了，這就距禽獸不遠了。
所以必須要「求其放心」，把喪失掉的良心收回來。孟子說：

> 仁，人心也；義，人路也。舍其路而弗由，放其心而不知求，
> 哀哉！人有雞犬放，則知求之；有放心而不知求。學問之道無
> 他，求其放心而已矣。[137]
> 萬物皆備於我矣。反身而誠，樂莫大焉。強恕而行，求仁莫近
> 焉。[138]

---

135 《孟子》〈告子下〉。
136 《孟子》〈離婁上〉。
137 《孟子》〈告子上〉。
138 《孟子》〈盡心上〉。

雞、犬丟了，人們知道去將牠們找回來；仁義喪失了，就更應該去「求」，去將它找回來。如何「存心」，「求其放心」呢？孟子又提出了「思誠」、「自反」的方法。「內省」即合外於內，在與物的雙向交流中通過對天道的體悟融通物我，用敬持誠。孟子說：

> 博學而詳說之，將以反說約也。[139]

對別人的事進行干涉是無禮的，作自己的事是最重要的。

　　總之，儒家強調人能弘道而非道弘人，把人看成是天道上下其流的仲介者和轉化者，追求的是既能「深造以道」[140]又能獨得我心的內外圓融。這種「反身自誠」的內省功夫是具體條件之下人與道的相互認證，而不是兀自枯坐的冥思長想。「正心誠意」是對這種認知方式的基本要求。

二　治國

（一）仁政

　　政治是一種社會價值追求，是人們價值的創造，也是一種規範性的道德。為了追求真正的價值人們進行政治鬥爭。政治有兩面性，即一方面政治被看作敬畏的東西，另一方面被看待羨慕的對象。中國儒家學說對於政治的闡釋，寄託著其對於仁義禮智信的道德追求，如孔子曰：

139　《孟子》〈離婁下〉。
140　《孟子》〈離婁下〉。

> 政者，正也。子帥以正，孰敢不正？[141]

這裡的「正」，就是儒家的道德規範，治者的思想行為符合這些規範，天下當治。[142]

「仁政」，是孟子政治、經濟、社會上的實踐思想。孟子的「仁政」思想完全是針對當時社會所存在的時代病症和統治者不顧人民死活的社會現實的批判思想。[143]「仁政」與價值的分配有關。儒家認為，「天」體現在「仁政」之中，董仲舒說：

> 天，仁也。[144]

即「天」賦予「仁政」神聖的合法性。

仁政觀是儒家治國方略的基本觀點之一，仁政是指儒家將仁德行於國家政事，實行以仁德治國的政治思想主張，在儒家政治思想中，仁政、德治、禮治都屬於仁政觀的範疇體系。[145]

「仁政」是「仁」在政治上的表現。「仁」也是一種自我犧牲精神，「殺身成仁」。「君君、臣臣、父父、子子」也是發揮自己的責任精神的「仁」。

孔子對「仁」學說提出了系統的闡述，孟子把孔子的「仁」學發展為系統的「仁政」理論。「仁政」就是仁德的政治，以德治國施行。「仁政」學說也稱為「王道」政治。孟子認為，「仁政」是立國之本，是得天下、保天下之道。他總結經驗教訓說：

---

141 《論語》〈顏淵〉。
142 王浦劬主編：《政治學基礎》（北京市：北京大學出版社，1995年2月），頁2-3。
143 萬江紅：《中國歷代社會思想》（北京市：社會科學文獻出版社，2005年5月），頁81。
144 《春秋繁露》〈王道通三〉。
145 曹德本：《儒家治國方略》（長春市：吉林大學出版社，1994年7月），頁114。

> 三代（夏、商、周）之得天下也，以仁；其失天下也，以不
> 仁，國之所以廢興存亡者亦然。天子不仁，不保四海；諸侯不
> 仁，不保社稷；卿大夫不仁，不保宗廟；士庶人不仁，不保四
> 體。[146]

「土地」是「制民之產」問題，「人民」是解決生計問題，「政
事」就是實行仁政。[147]孟子說：

> 諸侯之寶三：土地，人民，政事。[148]

孟子由性善論出發的仁學，其重心在於君子的道德履踐。而仁道
實踐又分為兩條路經，其一是仁道的外在的社會實現；其二是內在的
性修歷程。前者以親親之道的社會化為目的，後者以「盡心知天」為
目的；前者由倫理而之於政治，後者由心性而之於本體；而人倫與天
倫的合一而止於至善才是孟子的最高理想。由孟子仁道的實踐路線可
見中國文化的「天地──父母」原型對其思維的控攝作用。[149]

孟子為什麼強調「仁政」？進入封建社會後，有些統治者對勞動
人民所起的重要作用認識不足，有的仍然用對待奴隸的手段對待農
民，因此不斷激起農民的反抗。孟子那時看到封建貴族和農民之間的
矛盾，並提出用「仁政」緩和階級矛盾。他相信敵對的階級之間可用
「同情」心來消除矛盾。他不肯徹底與周道親親的宗法制度決裂，因
而把對抗性的兩個階級硬說成家人父子一樣的關係，認為國家只是家

---

146 《孟子》〈離婁上〉。
147 趙吉惠：《中國傳統文化導論》（南京市：江蘇教育出版社，2007年3月），頁114。
148 《孟子》〈盡心下〉。
149 何平：《中國傳統政治思維探源》（天津市：天津人民出版社，2003年7月），頁
　　84。

族的擴大。[150]

　　孟子認為，為了維持權力君主應實行「仁政」，即在穩定的經濟
生活基礎上推行君主專制統治。君主有強大的權力，強大權力的行使
需要更高的責任，所以「仁政」是「責任政治」的表現。而且，仁政
思想是「以德為本」的具體的表現。

　　孟子的王霸之辨、人禽之辨、義利之辨都是從性善論和仁義伸延
出來的概念。[151]孟子所說的仁義並沒有差等，但是在實踐仁義上親疏
遠近的差別：

　　　　親親而仁民，仁民而愛物。[152]

　　孟子把「仁」與「義」連在一起。孟子為了實現以仁政為主的理
想國家，把他的政治思想向各個諸侯王推行。孟子認為，實現平天下
的基礎是「仁政」，國土面積不特別大的國家只要實行仁政也可無敵
於天下，也能實現平天下。所以，平天下並不是以武力或者權力意志
來解決的，而是通過仁政而使百姓自然地歸從。「仁政」是國家存在
的理由、根據、民本主義的表現。孟子的仁政觀，在政治上還主張採
用「以德服人」的辦法，這也是針對當時地主階級激進派用「嚴刑峻
法」打擊奴隸主反動勢力，而提出的一條改良主義的政治路線。孟子
想用「仁義」的說教來感化奴隸主貴族，使他們轉變到地主階級這邊
來，這當然完全是他的主觀願望。孟子說：

　　　　以力服人者，非心服也，力不贍也。以德服人者，中心悅而誠

---

150 任繼愈主編：《中國哲學史》（北京市：人民出版社，1999年9月），頁147。

151 〔韓〕Hwang, Gap-Yeon：《孔孟哲學的發展》（坡州市：瑞光社，1998年9月），頁
　　31。

152 《孟子》〈盡心上〉。

服也。[153]

這是說，用「力」不能使人心服，只有用「德」才能使人「心悅誠服」。這是公開地反對暴力，主張仁義說教的感化政策。而他所謂的「以德行仁者王」[154]的「王道」、「仁政」，實際上是要繼承保持住由奴隸主貴族轉化過來的封建貴族的原有特權。所以，他說「為政」要「不得罪於巨室。」[155]

　　孟子提出「先王之道」是希望用「仁政」來矯正當時的政治，他認為春秋戰國時期的政治是歷史的倒退。孟子認為社會歷史的變化發展是一種循環。他說：

　　　　天下之生久矣，一治一亂。[156]

這種往復循環，大約五百年是一個週期。五百年必然有「聖王」出現，開創太平盛世。在這期間也會必然會產生輔佐「聖王」的顯赫人物，所謂：

　　　　五百年必有王者興，其間必有名世者。[157]

　　孟子充滿信心地說：

　　　　當今之世，舍我其誰也？[158]

153　《孟子》〈公孫丑上〉。
154　《孟子》〈公孫丑上〉。
155　《孟子》〈離婁上〉。
156　《孟子》〈滕文公下〉。
157　《孟子》〈公孫丑下〉。
158　《孟子》〈公孫丑下〉。

好像他就是當時的「名世者」了。在孟子來看，治國的道理，古今沒
有兩樣。他說：

> 舜生於諸馮，遷於負夏，卒於鳴條，東夷之人也。文王生於歧
> 周，卒於畢郢，西夷之人也。地之相去也，千有餘里；世之相
> 後也，千有餘歲。得志行乎中國，若合符節。先聖後聖，其揆
> 一也。[159]

孟子認為戰國時期實現「先王之道」有很好的條件，他說：

> 王者之不作，未有疏於此時者也；民之憔悴於虐政，未有甚於
> 此時者也。饑者易為食，渴者易為飲。[160]

孟子富國強兵的方法是「仁政」，梁惠王說：

> 「晉國，天下莫強焉，叟之所知也。及寡人之身，東敗於齊，
> 長子死焉；西喪地於秦七百里；南辱於楚。寡人恥之，願比死
> 者一洒之，如之何則可？」孟子對曰：「地方百里而可以王。
> 王如施仁政於民，省刑罰，薄稅斂，深耕易耨；壯者以暇日修
> 其孝悌忠信，入以事其父兄，出以事其長上，可使制梃以撻
> 秦、楚之堅甲利兵矣。彼奪其民時，使不得耕耨，以養其父
> 母，父母凍餓，兄弟妻子離散。彼陷溺其民，王往而征之，夫
> 誰與王敵？故曰：『仁者無敵。』王請勿疑。」[161]

---

159 《孟子》〈離婁下〉。
160 《孟子》〈公孫丑上〉。
161 《孟子》〈梁惠王上〉。

　　「政在取民」與「民貴君輕」，是孟子仁政論的重要內容。仁者，是人們的最後目標。

　　齊桓公和晉文公是「春秋五霸」之中的人物，他們依靠軍事實力強迫各諸侯國服從自己，稱霸中國。孟子不願談齊桓晉文之事，實際就是對暴力政治的不屑。孟子所謂的「以德服民」，就是實行「仁政」。孟子說：

> 域民不以封疆之界，固國不以山溪之險，威天下不以兵革之利。[162]

即在處理國與國關係時不以武力相威脅，要「以德服人」[163]

　　孟子面對楊朱的個人主義與墨家的兼愛主義，試圖通過道德實踐去建立一個親親仁民愛物與天地萬物一體的道德理想世界。孟子用親親、愛民與愛物去說明孔子的「恕」。親親是對父母，兄弟，子女，夫婦的態度。仁心本無差異，但是在實踐仁心時卻有先後與本末之分。這是仁愛與兼愛的不同。從親親到仁民，再從仁民到愛物，直到最終實現與天地萬物的一體化。四海一家，天下為公，大同世界這些都是仁義精神的體現。孟子說：

> 萬物皆備於我矣，反身而誠，樂莫大焉，強恕而行，求仁莫近焉。[164]

親親，仁民，愛物是與外部和諧相處的具體的表現。

　　孟子追求「德治主義」，所從他認為治者與被治者之間政治上的

162　《孟子》〈公孫丑下〉。

163　《孟子》〈公孫丑下〉。

164　《孟子》〈盡心上〉。

矛盾發生的原因是君主不德所致。依照孟子的說法，如果實行仁政，民心自然歸順君主。

　　孟子秉承孔子開創的傳統，將科學技術之類的東西看做是實現「仁政」和「王道」政治理想的一種手段和工具。儘管孟子是重義輕利的，但他並不否認「利」存在的價值和作用，而要求的是應該正確地使用「義」和「利」。在科學技術的問題上，他認為科學技術的價值就在於實用，是實現「仁政」和「王道」的一種手段和工具，在孟子看來，仁政始終是第一位的，即使再高明的技術也只能是第二位的，技術的價值在於它能為仁政服務。有一個叫白圭的人從單純的技術角度向孟子誇耀自己的高超的治水術（水利工程技術），孟子便從治水要貫徹仁道的立場出發批判了白圭違反仁道的以鄰為壑的治水術，對大禹以仁道為本的治水術進行了頌揚：

> 禹之治水，水之道也，是故禹以四海為壑。今吾子以鄰國為壑。水逆行，謂之洚水。洚水者，洪水也，仁人之所惡也。吾子過矣。[165]

在此基礎上，孟子進一步提出了評判科學技術價值的社會道德標準，要求人們必須考慮運用技術可能造成的社會後果，孟子說：

> 矢人豈不仁於函人哉？矢人惟恐不傷人，函人惟恐傷人。巫匠亦然。故術不可不慎也。孔子曰：「里仁為美；擇不處仁，焉得智？夫仁，天之尊爵也，人之安宅也。莫之禦而不仁，是不智也。」[166]

---

165 《孟子》〈告子下〉。
166 《孟子》〈公孫丑上〉。

孟子提出的評判科技價值的道德性標準其實也就是一個實用性的標準，因為在他看來，只有仁政和王道政治才是最大的實事。孟子並沒有完全放棄科技評判的學理性標準。[167]

歷史上華夏族本是農耕民族，依靠農業經濟來生存發展。中國歷史是農耕民族與遊牧民族間不斷的交往歷史。農耕民族不能隨便離開根據地。春秋戰國時期推行「重農抑商」的目的是一邊保護農民免受商人高利貸的壓迫，另一邊維持國家的統治。農業國家的財富主要來自土地。因此，國家經濟政策都是以土地為主的。經濟方面的主要變化是農業技術的進步、商業的發展、大城市的產生和人口增長。戰國時期鐵製農具的普及在經濟史上有很重要的意義。由於鐵製農具的出現使深耕細作成為可能，這使得生產力得到了極大提高。戰國時鐵製工具大量使用後，荒地大量開墾，生產力得到提高。戰國時期的社會繁榮與農業增產有著密不可分的關係。孟子在攻擊當時主張開墾土地的大臣時說：

> 今之事君者皆曰：「我能為君辟土地，充府庫。」今之所謂良臣，古之所謂民賊也。[168]

孟子認為，發展生產主要在於調動勞動者對生產的積極性，分給他們土地、房屋，「省刑罰，薄稅斂」，十一二稅，而不必採取開墾土地的辦法。孟子主張改良，反對暴力改革。[169]孟子對當時新興地主階級的改革家商鞅主張積極開墾土地、鼓勵私人佔有土地、招徠勞動力

---

167 張立文主編，彭永捷副主編：《聖經──儒學與中國文化》（北京市：人民出版社，2005年10月），頁198-199。

168 《孟子》〈告子下〉。

169 任繼愈主編：《中國哲學史》第一冊（北京市：人民出版社，1999年9月），頁142。

等變革措施都表示反對。孟子認為,這樣就會造成互相爭奪,出現
「私肥於公」的情況,以致最後會損害這些由奴隸主貴族轉化過來的
封建貴族的利益的。所以,他主張用他自己設想的「仁政」措施,通
過「井田制」的形式來推行封建制度。孟子設想的「井田制」就是國
家把土地分給各級官僚地主,即所謂「分田制綠」[170]。然後,由地主
把土地出租給農民耕種。具體的說,就是:

> 方里而井,井九百畝。[171]

孟子一方面希望用這種土地制度來限制由軍功、墾荒等上升而來
的新興地主階級擴大土地的佔有;另一方面又企圖用這種剝削方式來
束縛農民,把農民牢牢地鎖在土地上,供封建領主剝削。這就是「井
田制」的實質。新興地主階級在當時通過土地自由買賣,開墾荒地和
實行實物地租的剝削等方式,不斷擴大私產,這是在推翻奴隸制後,
封建經濟得以蓬勃發展的必然現象,是有利於封建制度的鞏固與發展
的。而孟子要限制新興地主階級暴發戶的經濟發展,反對開闢荒地、
反對實物地租、主張勞役地租等,這顯然是一種保守、落後的思想。
孟子還把他這種通過政經界,「八家皆私百畝,同養公田」[172]的主
張,稱之為「制民財產」,意思是要分配給農民固定的土地,使他們
「死徙無出鄉」[173]。孟子認為:

> 無恆產者無恆心。[174]

---

170 《孟子》〈滕文公上〉。
171 《孟子》〈滕文公上〉。
172 《孟子》〈滕文公上〉。
173 《孟子》〈滕文公上〉。
174 《孟子》〈滕文公上〉。

也就是說，必須把勞動人民束縛在土地上，否則勞動人民就可能逃亡和起義反抗。孟子把這種「制民之產」的「仁政」描繪成是一種最美好、最理想的社會制度。[175]

　　總之，政治發展意味著解決政治問題的能力的提高，而且政治問題解決方法並不是用暴力、非正統方法。戰國時期統一天下成為諸侯王的歷史使命。諸侯王注重成長，而孟子主張經濟增長與政治增長是相互均衡發展。儘管孟子主張經濟增長與政治發展的相互均衡發展，但是實際上諸侯王認為經濟增長是發展變化的前提條件。戰國時期的政治發展和變化是結構上的「不均衡」。社會結構和政治權威結構之間差距的縮小會形成穩定的政治。光有強制力不能維持權力的正統性。政治發展是在尊重對方意見的基礎上才形成的。

（二）民本

　　春秋戰國時期知識份子最關心的問題是道德、民生問題。戰國時期孟子通過「內聖外王」試圖把武力轉換到道德。「民生」是解決百姓的經濟問題。孟子強調在以統治階級的道德意識治理國家之外，也注意保障人民的物質生活，二者兼顧，才是使人民心服的重要條件。孟子說：

> 明君制民之產，必使仰足以事父母。[176]

　　孟子「政在得民」[177]的思想，是針對當時大量人口流失提出的，

---

175 北京大學哲學系中國哲學史研究室編：《中國哲學史》上冊（北京市：中華書局，1980年7月），頁81-83。

176 《孟子》〈梁惠王上〉。

177 《孟子》〈梁惠王下〉。

企圖解決「鄰國之民不加少,寡人之民不加多」[178]的勞動力危機問題。

　　要想得到天下是有方法的——能得到天下的人民,就能得到天下。要想得到天下的人民,也是有方法的——能得到他們的支持,就能得到人民。要想得到人民的支持,也是有方法的——不去實施人民所討厭的政策法令等,這就行了。[179]

　　　　萬章問曰:「人有言:『至於禹而德衰,不傳於賢,而傳於子』有諸?」孟子曰:「否,不然也。天與賢,則與賢;天與子,則與子。昔者,舜薦禹於天,十有七年,舜崩;三年之喪畢,禹避舜之子於陽城,天下之民從之,若堯崩之後,不從堯之子而從舜也。禹薦益於天,七年,禹崩;三年之喪畢,益避禹之子於箕山之陰。朝覲訟獄者,不之益,而之啟,曰:『吾君之子也。』謳歌者不謳歌益,而謳歌啟,曰:『吾君之子也。』」[180]

　　孟子的政治主張的核心是仁政論。仁政論在經濟方面的內容是「井田制」。在井田制度下:

　　　　死徙無出鄉。鄉田同井,出入相友,守望相助,疾病相扶持,則百姓親睦。方里而井,井九百畝,其中為公田。八家皆私百畝,同養公田。公事畢,然後敢治私事,所以別野人也。[181]

這說明耕種時要優先保證公田的生產,先耕好公田,再能耕私田。[182]

---

178 《孟子》〈梁惠王下〉。
179 參見東方橋:《孟子現代讀》(上海市:上海書店出版社,2003年4月),頁97。
180 《孟子》〈萬章上〉。
181 《孟子》〈滕文公上〉。
182 顧德融、朱順龍:《春秋史》(上海市:上海人民出版社,2001年),頁222。

　　統治者要以仁愛之心對待民眾，不能肆意欺壓民眾。經濟不穩定就會造成社會問題。一切政治活動都是以經濟為基礎的。不首先解決民眾的基本生存需要，而侈談愛民，就只能流於空談。孟子特別強調百姓的「恆心」、「恆產」問題。「恆心」是心理上的一種道德堅持，「恆產」是經濟上價值的收入。他說：

　　　　民之為道也，有恆產者有恆心，無恆產者無恆心。[183]

並進而由「恆產」描寫出一幅理想的圖景。他主張在「黎民不饑不寒」[184]的條件下，進行「孝悌」的教化，以家庭的長幼有序來促使社會秩序的穩定。同時，這也是孟子所嚮往的「以德服人」的「先王之道」的理想。孟子反對所謂「暴君汙吏必慢其經界」[185]，即「為田開阡陌封疆」[186]。滕文公派他的臣子畢戰詢問井田制的情況。孟子提出了「正經界」的主張，並把這說成是實行仁政的首要任務。他說：

　　　　夫仁政，必自經界始。[187]

這種主張的主要目的是要使貴族保存封土，維持世祿，所謂：

　　　　經界既正，分田制祿可坐而定也。[188]

　　不與民爭利。對於如何利民，孟子提出以下原則：

183　《孟子》〈滕文公上〉。
184　《孟子》〈梁惠王上〉。
185　《孟子》〈滕文公上〉。
186　《史記》〈商君列傳〉。
187　《孟子》〈滕文公上〉。
188　《孟子》〈滕文公上〉。

首先，對民要實行先富而後教的政策。滕文公親自向孟子請教治理國家的事情。孟子說：

> 民事不可緩也。[189]

他認為人民有了固定產業收入，才能有好的個人的思想道德，進而穩定社會秩序。而人民的生活得到保障後，還必須對之進行「人倫」的教化。孟子說：

> 人倫明於上，小民親於下。[190]

其次，要省刑罰。孟子反對君主對庶民進行殘酷鎮壓，主張「省刑罰，薄稅斂，深耕易耨。壯者以暇日修其孝悌忠信，人以事其父兄，出以事其長上。」[191]孟子說：

> 如有不嗜殺人者，則天下之民皆引領而望之矣。誠如是也，民歸之，由水之就下，沛然誰能禦之？[192]

殘酷刑罰是民之所惡的，所以仁君應該儘量少用。如果能做到不嗜殺人，天下民心就會歸於己，得天下就會水到渠成。

再次，要薄賦斂，反對對民眾進行過度盤剝。孟子說：

> 尊賢使能，俊傑在位，則天下之士皆悅，而願立於其朝矣；市

---

189 《孟子》〈滕文公上〉。
190 《孟子》〈滕文公上〉。
191 《孟子》〈梁惠王上〉。
192 《孟子》〈梁惠王上〉。

廛而不征，法而不廛，則天下之商皆悅，而願藏於其市矣；關
譏而不征，則天下之旅皆悅，而願出其路矣；耕者助而不稅，
則天下之農皆悅，而願耕於其野矣；廛無夫里之布，則天下之
民皆悅，而願為之氓矣⋯⋯。如此，則無敵於天下⋯⋯。然而
不王者，未之有也。[193]

在保護民生經濟方面，孟子更看重君子的道德性。孟子激烈地批評了
君主的橫徵暴斂。他說：

庖有肥肉，廄有肥馬，民有饑色，野有餓莩，此率獸而食人
也，獸相食，且人惡之；為民父母，行政不免於率獸而食人，
惡在其為民父母也？[194]

孟子認為：

明君制民之產。[195]

如何實現產量的增長？首先，應著眼於增加人口的數量。

子適衛，冉有僕。子曰：「庶矣哉！」冉有曰：「既庶矣，又何
加焉？」曰：「富之。」曰：「既富矣，又何加焉？」曰：「教
之。」[196]

193 《孟子》〈公孫丑上〉。
194 《孟子》〈梁惠王上〉。
195 《孟子》〈梁惠王上〉。
196 《論語》〈子路〉。

那麼，君主如何增加本國的人口數量？其關鍵不在於君主的強大的統治，而在於君主自身的德性。其次，要土地的明確的經界：

> 夫仁政，必自經界始。經界不正，井地不均，穀祿不平，是
> 故暴君汙吏，必慢其經界，經界既正，分田制祿，可坐而定
> 也。[197]

再次，保障農時：

> 使民以時。[198]

君主應該保障百姓的生計。孟子認為，有德行的君主可以改變當時的社會狀態。孟子見梁襄王：

> ……問曰：「天下惡乎定？」吾對曰：「定於一。」「孰能一
> 之？」對曰：「不嗜殺人者能一之。」[199]

孟子認為，一個國家的森林資源不是只屬於君主一個人的，而是屬於全國人民的。孟子認為君主應重視老百姓並將他們平等對待，「與民同樂。」[200]

孟子說：

> 民為貴，社稷次之，君為輕。[201]

---

197 《孟子》〈滕文公上〉。
198 《論語》〈學而〉。
199 《孟子》〈梁惠王上〉。
200 《孟子》〈梁惠王上〉。
201 《孟子》〈盡心下〉。

孟子提出的「民為貴」的政治觀念，和他的性善論有必然的聯繫。性
善論是「民貴」思想的理論基礎。孟子宣稱：

> 人人有貴於己者，弗思耳。[202]

這人人都有的「貴於己」者，就在於人的善性。[203]
　　孟子認為，老百姓的生活狀態關係著國家的生死存亡。通過對農
業生產進行獎勵提高人民的生活水準和國家的國力。孟子認為，王道
政治的核心是確立道德和經濟建設。其中確立道德是根本，但是其先
決條件是經濟建設。因為經濟是維持生命的基本條件。

> 不違農時，穀不可勝食也；數罟不入洿池，魚鱉不可勝食也；
> 斧斤以時入山林，材木不可勝用也。穀與魚鱉不可勝食，材木
> 不可勝用，是使民養生喪死無憾也，養生喪死無憾，王道之始
> 也。[204]
> 五畝之宅，樹之以桑，五十者可以衣帛矣；雞豚狗彘之畜，無
> 失其時，七十者可以食肉矣；百畝之田，勿奪其時，數口之家
> 可以無饑矣。[205]

從以上這段話我們看到孟子鼓勵對農業、牧畜業、天然資源的利用與
保護。他又說：

> 無恆產而有恆心者，惟士為能。若民，則無恆產，因無恆心。

---

202 《孟子》〈告子上〉。
203 張岱年：《中國倫理思想研究》（南京市：江蘇教育出版社，2005年4月），頁69。
204 《孟子》〈梁惠王上〉。
205 《孟子》〈梁惠王上〉。

> 苟無恆心，放辟邪侈，無不為已。及陷於罪，然後從而刑之，
> 是罔民也。焉有仁人在位，罔民而可為也？是故明君制民之
> 產，必使仰足以事父母，俯足以畜妻子，樂歲終身飽，凶年免
> 於死亡。然後驅而之善，故民之從之也輕。今也制民之產，仰
> 不足以事父母，俯不足以畜妻子，樂歲終身苦，凶年不免於死
> 亡。此惟救死而恐不贍，奚暇治禮義哉？[206]

依孟子看來，獎勵基層產業可以穩定老百姓的生活，老百姓穩定
的生活可以使國家的實力得到增強。不僅是孟子，就連法家、兵家也
同樣地關心重農政策，但是他們在政策上各有側重。在經濟政策上孟
子與法家的差異在於賦稅制度。在賦稅制度上孟子主張對野人階層依
據井田制納稅勞役地貸「助」，對國人徵收生產量中賦稅十分之一的
「賦」。孟子說：

> 請野九一而助，國中什一使自賦。卿以下必有圭田，圭田五十
> 畝，餘夫二十五畝。……方里而井，井九百畝，其中為公田。
> 八家皆私百畝，同養公田。公事畢，然後敢治私事，所以別野
> 人也。此其大略也。[207]

戰國時期土地私有化的巨大變動。各國君主的權力在戰國時期前
所未有地增強，究其根源是與土地私有化進程中社會結構變動有著直
接的關係。土地私有化在各國普及，在戰國時期對於社會局面的安定
也有直接影響。孟子曾謂：

---

206 《孟子》〈梁惠王上〉。
207 《孟子》〈滕文公上〉。

> 無恆產而有恆心者，惟士為能；若民，則無恆產，因無恆
> 心。[208]

春秋戰國時期的爭奪霸權是有關經濟「初稅畝」、「相地而衰
征」，這是社會生產力的增加導致政治影響力的擴大。

> 孝公既用衛鞅，鞅欲變法，恐天下議己。衛鞅曰：「疑行無
> 名，疑事無功。且夫有高人之行者，固見非於世；有獨知之慮
> 者，必見敖於民。愚者闇於成事，知者見於未萌。民不可與慮
> 始，而可與樂成。論至德者不和於俗，成大功者不謀於眾。是
> 以聖人苟可以彊國，不法其故；苟可以利民，不循其禮。」孝
> 公曰：「善。」甘龍曰：「不然。聖人不易民而教，知者不變法
> 而治。因民而教，不勞而成功，緣法而治者，吏習而民安
> 之。」衛鞅曰：「⋯⋯常人安於故俗，學者溺於所聞。以此兩
> 者居官守法可也，非所與論於法之外也。三代不同禮而王，五
> 伯不同法而霸。智者作法，愚者制焉；賢者更禮，不肖者拘
> 焉。」杜摯曰：「利不百，不變法；功不十，不易器。法古無
> 過，循禮無邪。」衛鞅曰：「治世不一道，便國不法古。故湯
> 武不循古而王，夏殷不易禮而亡。反古者不可非，而循禮者不
> 足多。」[209]

孟子反對「初稅畝」土地所有制。孟子通過農業生產的擴大使社
會財富總量得到增加。但是法家從富國的現實目標上出發，通過重農
政策追求稅收的增大。孟子與法家農業政策的差異主要體現在開發荒
地問題上。在重農政策上李悝、商鞅等法家主張大規模開發荒地，建

---

208 《孟子》〈梁惠王上〉。
209 《史記》〈商君列傳〉。

造灌溉設施，但是孟子反對開發荒地。

　　孟子主張通過重農政策保障民生經濟安定，在商業政策上廢除關稅，積極鼓勵商人的自由往來。

> 市，廛而不征，法而不廛，則天下之商皆悅而願藏於其市矣；關，譏而不征，則天下之旅皆悅而願出於其路矣。[210]

司馬遷後來這樣描述漢統一以後商人的自由往來和商品流通的情景：

> 漢興，海內為一，開關梁，弛山澤之禁，是以富商大賈周流天下，交易之物莫不通得其所欲。[211]

這是孟子理想中撤廢關稅後的景象。這種商品經濟的自由流通只有通過政治秩序的一元化才能實現。那麼，孟子主張的關稅廢除具有現實意義嗎？可行嗎？宋大夫戴盈之這樣和孟子討論關稅撤廢：

> 什一，去關市之征，今茲未能，請輕之，以待來年，然後已，何如？[212]

但是孟子反對大夫戴盈之的意見。孟子說：

> 是非君子之道。[213]

---

210 《孟子》〈公孫丑上〉。
211 《史記》〈貨殖列傳〉。
212 《孟子》〈滕文公下〉。
213 《孟子》〈滕文公下〉。

孟子責怪宋大夫戴盈之，這意味著關稅廢除已成為當時亟需解決的問題。孟子認為，關稅廢除是實現仁政的關鍵。孟子試圖通過廢除關稅來改善流通秩序，復興商業經濟。正因商業交往的頻繁，所以各國結盟時也將商旅方面的內容訂入盟約之中，如葵丘之會的盟約中就規定：

> 無忘賓旅。[214]
> 無過糴。[215]

孟子並不反對君主享樂，但他認為君主要與民同樂者。孟子說：

> 樂民之樂者，民亦樂其樂；憂民之憂者，民亦憂有憂。樂以天下，憂以天下，然而不王者，未之有也。[216]
> 古之人與民偕樂，故能樂也。〈湯誓〉曰：「時日害喪，予及女偕亡。」民欲與之偕亡，雖有臺池鳥獸，豈能獨樂哉？[217]

統治者應該考慮到人民的疾苦，不能能獨行其樂。只有這樣，才能得到天下。[218]

總之，從經國濟民的角度來看，政治與經濟有著必然的聯繫。保守與改革也是為瞭解決人民的經濟民生問題。道德確立、經濟建設是政治發展的兩大基本點。雖然在兩個基本點中道德確立是根本，但是經濟建設是先於道德確立的。因為經濟一旦破壞，生活就沒有保障，

---

214 《孟子》〈告子下〉。
215 《孟子》〈告子下〉。
216 《孟子》〈梁惠王下〉。
217 《孟子》〈梁惠王上〉。
218 參見〔韓〕李承煥：《孔子思想的繼承 I》（首爾市：open books，1995年4月），頁199-206。

道德確立也就無從談起了。經濟安定不僅關係到人民的生存，而且是
決定國家命運的關鍵，但是比經濟增長更重要的價值是道德的價值。

三　平天下

　　孟子的目標是在人性的基礎上「平天下」。即依靠人性平天下。
一旦失去了倫理與政治的平衡作用機制，則「天下無道」。[219]中原地
區的小國願意中立，但是不能維持中立。小國不僅不得不支持強國，
而受到新的壓迫的時候又不得不改變盟國。對小國來講，最不幸的事
是處在強國之間的小國，強國之間發生戰爭的時候，小國的領土變成
為大國衝突的戰場。[220]滕國是一個很小的國家，介於齊楚兩個大國之
間，作為一國之君，必然要考慮如何處理和齊楚兩國關係的問題，使
滕國在大國中間中維持生存。滕國處在「安全困境」中。到底是侍奉
齊國，還是侍奉楚國？怎樣才能免於災禍？滕文公就此兩次向孟子
請教。

　　　　滕文公問曰：「滕，小國也，間於齊、楚。事齊乎？事楚
　　　　乎？」
　　　　孟子對曰：「是謀非吾所能及也。無已，則有一焉：鑿斯池
　　　　也，築斯城也，與民守之，效死而民弗去，則是可為也。」
　　　　滕文公問曰：「齊人將築薛，吾甚恐，如之何則可？」
　　　　孟子對曰：「昔者大王居邠，狄人侵之，去之岐山之下居焉。
　　　　非擇而取之，不得已也。苟為善，後世子孫必有王者矣。君子

219　任劍濤：《倫理王國的構造》（北京市：中國社會科學出版社，2005年1月），頁
　　　49。
220　〔韓〕Creel,H.G. 李成珪譯：《孔子——人間與神話》（首爾市：知識產業社，
　　　2003年4月），頁37。

創業垂統，為可繼也。若夫成功，則天也。君如彼何哉？彊為
善而已矣。」[221]

「事大」、「事小」是仁義外交的表現。

「文王事昆夷」、「大王事獯鬻」、「勾踐事吳」[222]等典故闡述華夏
國家國力不夠強盛時，亦可靈活處理與強大異族國家的關係，以藉此
擺脫一時的困境。他的這一思想既是對歷史經驗的總結，也給當時的
諸侯國在多民族地區如何圓通融合地處理民族關係提出了新的思路。
在談到小國如何在大國的擠壓下求生存時，孟子說：

如惡之，莫如貴德而尊士。賢者在位，能者在職，國家閒暇，
及是時明其政刑，雖大國必畏之矣。[223]

燕國是齊國的近鄰，居齊國北面，兩國有邊界相連，齊國有個叫
沈同的大臣私下問孟子，可不可以伐燕。孟子說，可以，因為子噲不
能把燕國交給他人，子之也不能從子噲手裡接受燕國。後來，齊國真
的去討伐了燕國。孟子說：

取之而燕民悅，則取之。……取之而燕民不悅，則勿取。[224]

孟子並不絕對反對戰爭，對仁義之師的戰爭是持贊同態度的。既
然燕王讓權的做法不對，百姓受了苦，那麼就應當用正義的力量校正
這種錯誤，這種正義的力量在孟子叫做「天吏」。齊國政治在當時不

---

221 《孟子》〈梁惠王下〉。
222 《孟子》〈梁惠王下〉。
223 《孟子》〈公孫丑上〉。
224 《孟子》〈梁惠王下〉。

比燕國好多少，不能擔當「天吏」的使命，以齊伐燕當然就是不可取的了。[225]

　　從整個儒家哲學體系來看，提倡的都是「仁」、「義」，對於外交關係，更是講究以和為貴，協和萬邦，執行和平的外交政策。《論語》曾說：

　　　　禮之用，和為貴。[226]

《左傳》中也曾寫道：

　　　　親仁善鄰，國之寶也。[227]

作為儒家思想的集大成者，孟子也向宋牼講述過他的外交思想，即仁義是和平的前提，他說：

　　　　先生以利說秦楚之王，秦楚之王悅於利，以罷三軍之師，是三軍之士樂罷而悅於利也。為人臣者懷利以事其君，為人子者懷利以事其父，為人弟者懷利以事其兄，是君臣、父子、兄弟終去仁義，懷利以相接，然而不亡者，未之有也。先生以仁義說秦楚之王，秦楚之王悅於仁義，而罷三軍之師，是三軍之士樂罷而悅於仁義也。為人臣者懷仁義以事其君，為人子者懷仁義以事其父，為人弟者懷仁義以事其兄，是君臣、父子、兄弟去利，懷仁義以相接也，然而不王者，未之有也。何必曰利？[228]

---

225 楊澤波：《孟子與中國文化》（貴陽市：貴州人民出版社，2000年10月），頁24-25。
226 《論語》〈學而〉。
227 《左傳》〈隱公六年〉。
228 《孟子》〈告子下〉。

也就是說，依靠利益關係只能解決一時的問題，但是如果以仁義為前提贏得和平，卻能在相對長的時間內保持穩定。這樣的思想在當時的社會環境下是具有非常積極的意義的，即使放到今天，也是有它的現實價值的。這體現了孟子對於和諧社會，和平外交政策的構想。在和齊宣王的交談中，孟子也談到了和鄰國交往的哲學：

> 齊宣王問曰：「交鄰國有道乎？」孟子對曰：「有。惟仁者為能以大事小，是故湯事葛，文王事昆夷。惟智者為能以小事大，故大王事獯鬻，勾踐事吳。以大事小者，樂天者也；以小事大者，畏天者也。樂天者保天下，畏天者保其國。《詩》云：『畏天之威，于時保之。』」[229]

君主欲稱雄平天下，需要鄰國的支援，孟子說：

> 欲辟土地，朝秦、楚，莅中國，而撫四夷也。[230]

孟子主張只有仁君才能以大國來說服小國，比如湯王說服過小小的葛國。只有明智的君王才能以小國去說服大國，比如大王說服過獯鬻，勾踐說服過吳國。大國說服小國，那是樂天派；小國說服大國，那是畏天派。樂天派可以安天下，畏天派可以保國家。[231]孟子主張只有寬厚慈愛的仁者才能做到以大事小。當初商湯王對於葛伯，周文王對於昆夷，就是以大事小的典範。另一種是以小事大，也就是小國採善處理與大國的關係。大國往往以強凌弱，是比較難侍候。只有頭腦機敏的智者才能以小事大。在孟子看來，不論是大國還是小國，無論是運

---

229 《孟子》〈梁惠王下〉。

230 《孟子》〈梁惠王上〉。

231 熊逸：《孟子他說》（西安市：陝西師範大學出版社，2006年3月），頁163。

用智慧還是用仁義之道，和平共處才是終極目標。他的這種觀點，也是現代社會大多數國家應用的外交政策，更是我們一直提倡的「和平共處」、「和而不同」的思想根源。[232]

農耕民族和邊疆少數遊牧民族之間的衝突與融合推動了中國歷史、文化的發展。「天下」就是「中國」、「四海」，古時多指中國範圍的全部土地——全國。[233]

> 維秦王兼有天下，立名為皇帝。[234]

如果把「天下」觀念僅僅侷限在人與人的「人之關係」的話，「天下」就是指人們生活的世界。戰國時期一般通用的「天下」概念是統治者支配的世界秩序以及與他們有外交往來的國家的秩序，所以這不僅是哲學和政治領域的概念，而且是將分散的國家進行統一的政治課題。[235]

《禮記》的「天下」觀是世界「大同」的思想。即：

> 大道之行也，天下為公，選賢與能，講信修睦，故人不獨親其親，不獨子其子；使老有所終，壯有所用，幼有所長，矜寡孤獨廢疾者皆有所養；男有分，女有歸。貨，惡其棄於地也，不必藏於己。力，惡其不出於身也，不必為己。是故謀閉而不興，盜竊亂賊而不作。故戶外而不閉，是謂大同。[236]

---

232 蔡方鹿、舒大剛編：《儒家德治思想探討》（北京市：線裝書局，2003年），頁352。

233 《辭海》，語詞分冊（下）（上海市：上海辭書出版社，1977年1月），頁1312。

234 《史記》〈秦始皇本紀〉。

235 〔韓〕金哲運：《儒家看平天下的世界》（首爾市：哲學與現實社，2001年），頁53-54。

236 《禮記》〈禮運〉。

　　人們有兩種情緒：所有欲、所與欲。儒家「大同」的終極目標是：

　　　　四海之內皆兄弟也。[237]

　　《禮記》說：

　　　　《詩》云：「其儀不忒，正是四國。」[238]

這就是說，為了領導四方各國需要修身。孟子的「內聖外王」之說，旨在找尋聖主，一平天下。平天下，平的自然不只包括華夏大地，同時也包括「夷族」所佔有的土地。這樣，要「內聖外王」，就必然要「尊王攘夷」。諸侯國承擔「尊王攘夷」的中原秩序的任務。諸侯國之間存在著共同利益觀念。「尊王攘夷」中原秩序規則的功能包括諸侯國為了創造或者維持確保規則得到尊重的條件而可能採取的所有措施。孟子並不提倡用武力方式進行「華夷統一」。

　　孟子認為「天下」是所有的政治秩序的源泉。「天」的意志實現的地方。他把「天」看作設定天下秩序的最高根據，從這裡引導統治「天下」的正當性。[239]

　　　　樂天者保天下，畏天者保其國。[240]
　　　　如此，則無敵於天下。無敵於天下者天吏也。然而不王者，未之有也。[241]

237　《論語》〈顏淵〉。
238　《禮記》〈大學〉。
239　金哲運：《儒家看平天下的世界》（首爾市：哲學與現實社，2001年），頁58。
240　《孟子》〈梁惠王下〉。
241　《孟子》〈公孫丑上〉。

> 有天民者，達可行於天下而後行之者也[242]

所以，孟子認為天子統治天下是代替「天」統治，而不是依照天子自身的意志行使。他認為得天下是決定於「仁」，失天下是決定於「不仁」。他認為，「天下」是「仁政」應當被實現的場所。孟子的「內聖外王」的理想世界是「大同」。儒家「大同」的終極目標是：

> 四海之內皆兄弟也。[243]

中國的「天下」是包括一切民族的共同性概念。孟子的「天下」是包括「身」、「家」、「國」。[244]孟子說：

> 天下國家。天下之本在國。國之本在家。家之本在身。[245]
> 天下固畏齊之彊也。[246]

孟子主張天下統一。孟子說：

> 「天下惡乎定？」吾對曰：「定於一。」「孰能一之？」對曰：「不嗜殺人者能一之。」「孰能與之？」對曰：「天下莫不與也。」[247]

「定於一」意味著從修身延伸到天下統一的內聖外王。

---

242 《孟子》〈盡心上〉。

243 《論語》〈顏淵〉。

244 金哲運：《儒家看平天下的世界》（首爾市：哲學與現實社，2001年），頁59-60。

245 《孟子》〈離婁上〉。

246 《孟子》〈梁惠王下〉。

247 《孟子》〈梁惠王上〉。

古之人得志，澤加於民；不得志，修身見於世。窮則獨善其身，達則兼善天下。[248]

君主不應該代表特定階級、地域。超越階級、地域利益就是「平天下」。孟子所主張的由性善，仁政及推己及人而達成的政治，便是華夷一統。平天下並不是以武力或者權力意志可以解決的。孟子「內聖外王」思想的理想境界也是華夷統一，即：「以天下為一家，以中國為一人。」[249]的理想社會。所有種族、國家、文化、思想的大融合，這就是「天下一家」。天下一家是王道政治的最高境界。天下一家是一種道德社會的最高形態，每個人都內修為聖，都以追隨堯舜等先賢為最大的理想和目標。這時的社會，人們不分彼此，相親相愛，各安其分，社會安定，人民幸福。[250]華夏一統思想促進了民族的融合，有利於民族的整合。天人一體，聖王一體是華夷一統的哲學基礎。這就有機地將王權、王道、聖人等結合起來，有效地支持了王權。並將帝王推向了絕對的權威。同時，這種思想也制約著君主，讓其必須實行王道，謹於尊天，慎於養人，以德治國。

但是，孟子的民族觀顯然也有他的侷限性。孟子認為，區分「華」與「夷」最主要的標準是有沒有文化，所以他提倡應該通過「文化」去教化「四夷」。孟子說：

吾聞用夏變夷者，未聞變於夷者也。陳良，楚產也，悅周公、仲尼之道，北學於中國。北方之學者，未能或之先也。彼所謂豪傑之士也。[251]

---

248 《孟子》〈盡心上〉。

249 《禮記》〈禮運〉。

250 張分田：《中國帝王觀念──社會普遍意識中的「尊君──罪君」文化範式》（北京市：中國人民大學出版社，2004年3月），頁143。

251 《孟子》〈滕文公上〉。

在孟子的眼裡，四夷民族的文化比華夏文化落後，所以只能進行由夷而夏的單向文化輸出，具有不可逆性，這是一種文化一元性和文化傳播單向性的思想，它否定了文化的互動性和文化交流的客觀必要性。[252]文化是一個民族的精神、認同感。「民族文化」是一個民族的認同性、根本、生活方式。但一個國家要促進世界和諧，就得接受世界的多樣性，堅持和而不同，而不僅僅是宣揚自己的文化。

---

252 曾文芳：《夏商周民族思想與政策研究》（北京市：人民出版社，2008年6月），頁212。

第五章
丁若鏞借鑑孟子「內聖外王」思想的基本內涵

第一節　丁若鏞「內聖外王」思想的產生背景

一　丁若鏞「內生外王」思想形成的社會基礎

　　朝鮮政治體系是一種封閉政治體系。朝鮮王朝的兩班階層構成貴族階級。朝鮮政治體系的最大難題是政治理想與實際情況的不一致，即政治規範與實際的差距。這差距造成了政治不信和政治不穩定。朝鮮的傳統政治秩序是通過君主專制進行統治，這君主專制是以中央集權、儒家正統為主的。朝鮮王朝的「士大夫」[1]階級是服從君主的，就是說他們是為君主服務的，而不是為百姓服務的。朝鮮政治體制內部統治階級層成員的大部分是貴族和知識份子。為了維護特權地位，兩班（文班、武班）階級強調「三綱」倫理，使個人忠誠於國家、王室，一般的老百姓與統治階級之間的差距很大。朝鮮時代兩班統治階級壟斷社會資源。他們為了維護統治特權，形成和老百姓之間主從關係，這使得兩班和老百姓之間沒有感情聯繫。朝鮮兩班社會重視道理論、名分論，與重視現實政治和經濟的立場互相對立，所以使他們在解決現實問題上有一定的侷限性。

1　筆者注：韓國歷史上「儒生」發展到「士」，「士」發展到「士大夫」。朝鮮儒生是實踐性的「士」、人格充滿的人。「士」沒有固定的職位，而「士大夫」一方面是知識份子，另一方面擁有權勢。

　　朝鮮王朝以士大夫為中心的威權政治文化比較嚴格。威權主義是什麼？威權主義強調支配與權力，統治階級與被統治階級的關係是支配和服從的關係是威權主義的典型特點。威權主義適用於政治關係與社會關係，就是「治者──被治者關係」。威權主義政治文化的特點是領導人對決策權的壟斷，威權主義的領導人喜歡絕對的服從與敬意，這造成治者與被治者關係的「異化」。傳統儒家文化的主從關係損害了平等主義的規則。儒家文化的上下位階級秩序觀是韓國威權主義政治文化的最典型性的表現。丁若鏞（（1762-1836），字美鏞，號俟菴，堂號與猶堂）在「威權主義」和「義理」的矛盾上樹立了模範的「士大夫」風格。

　　十六世紀後期以來在已經出現的社會動盪、田地的減少、明清交替的國際秩序的變化的情況下，朝鮮王朝支配層的分裂、無能、權威的喪失進一步造成朱子學的統治意識形態的消失。

　　十七世紀以來朝鮮社會內部的社會、經濟條件的重要變化加劇了朝鮮中期解體的危機狀況。丁若鏞的憂患意識形成根據是當時朝鮮後期的三政（軍政、民政、還穀）紊亂，由於勢道政治王權衰落，人民生活的困苦等等。這樣對現實問題苦惱轉換政治危機。面臨著社會經濟危機人們都顯出他們的人性本質。面臨朝鮮後期的政治規範危機，為暸解決內憂外患丁若鏞主張強化君權。

　　進入十九世紀後，朝鮮商品貨幣經濟的進一步發展，激發了封建統治者的致富欲望。一方面，他們為了爭權奪利，組成了朋黨，爾虞我詐，互相殘殺，加深了統治階級內部的矛盾；另一方面，掌握大權的官吏，濫用職權，橫徵暴斂，貪得無厭，為了獲得貨幣而賣官賣職。用錢買官，當上「錢監司」、「錢郡守」，為了撈回本錢和發財致富，必會用各種手段搜刮百姓，把百姓推入苦難的深淵，導致階級矛盾的尖銳化。因此，丁若鏞決心揭露朝政的腐敗，立志改革朝政。然而，由於朝廷對文化高壓統治，他本人又身處貶謫生活之中，於是他

效法明清考據實學家的求是精神，採取借古論今的方式，通過對儒家
經典的考證，批判現實制度的不合理性，以期達到託古而改制的目
的。[2]

二　丁若鏞「內聖外王」思想形成的文化條件

十八世紀的朝鮮發生了實學運動，帶動了國學與文藝的繁榮，並
引進了西方的文化與科學技術。朝鮮後期發生的社會經濟文化方面的
變化極大的衝擊了朱子學的正統地位，而陽明學則開始逐步為人們所
接受。陽明學是具有實踐性的儒學體系，正因其實用性，所以能夠適
應朝鮮社會的變化。而實學則在此期間為暸解決社會矛盾提出了切實
的方案。

在朝鮮，西學一開始大凡是通過朝鮮朝使臣從中國傳過去的。至
「北學派」實學時，西學、西教即天主教思想傳入半島已成規模。一
七七六年，十五歲的丁若鏞隨父來到漢城，與「經世致用」的實學家
星湖李溪的重孫李家煥相識，並傾心於星湖實學。通過讀星湖著作，
茶山開始暸解西學。與此同時，丁若鏞也從李家煥、李承薰等受到天
主教的影響。在與天主教徒的接觸中，茶山有機會直接接觸了西方的
技術科學思想。在丁若鏞的實學裡，星湖學是其本，同時借用了西學
技術科學思想。丁若鏞學習西學「頗傾其心」，年輕的他為西方的科
學及其技術思想所打動，難能可貴的是，丁若鏞區分了「西教」與
「西書」，多矢志於西學，而對天主教則有較多取捨和存疑之想。他
看到了西方文化中的合理因素，恰可以糾偏東國陋儒執於虛玄，而使
家國民生積貧積弱的弊病，實是星湖實學之同調。

2　葛榮晉主編：《中國實學思想史》（北京市：首都師範大學出版社，1994年），頁
413。

　　丁若鏞也從文明發展的大趨勢，對東西方文明會通互補不可逆之點有所論述。他說：

> 西洋之書出於東國者，為數百餘年，史庫玉堂之舊藏，亦皆有之，不啻幾十編帙。年前特命收取購來之，非今斯今，卽此可知。故相忠文公李頤命文集，亦有與西洋人蘇霖戴往復求見其法書。其言以為對越復性，初似與吾儒無異，不可與黃老之清淨、瞿曇之寂滅同日而論。[3]

　　就是說西方書籍早在朝鮮半島有存，思想文化具有內在的親和力，和合是其然，且從內容上講，其社會思想亦「與吾儒無異」，其技術科學正合我之實學‧合原儒孔孟之道，「不可與黃老之清淨、瞿曇之寂滅」，亦即陋儒之學「同日而論」。

　　丁若鏞在世時，沒有議論西學西教的環境‧他在《自撰墓誌銘壙中本》裡自述說：「辛亥以來，邦禁嚴，遂絕意。」他入教以後，不久便脫離了出來。當時西學西教皆為邦禁，「乙卯夏，蘇州人周文謨來，邦內洶洶出捕」。在這種情況下，他無法闡明對西學幽深的思考，也無法辯論西學與西教。作為他的思想體系的重要組成部分，他的西方文化觀和關於東西文化和社會發展的思想，只能在其「未立文字」之中，只能從其對星湖思想的繼承、對西學西教的親合選擇、建水原華城的機械技藝、種痘術的研究與發明、乃至臨終慨歎窮苦農民為什麼不知反抗、造反的民主、民生思想中去綜合體悟。[4]

3　丁若鏞：《與猶堂全書》第1集第15卷，《詩文集》〈墓誌銘〉〈貞軒墓誌銘〉。

4　黃心川：《東方著名哲學家評傳（韓國卷）》（濟南市：山東人民出版社，2000年），頁569-573。

三　丁若鏞「內聖外王」思想形成的思想淵源

　　要定丁若鏞的思想特點，他是實踐性的理論家。丁若鏞借鑑孟子「內聖外王」思想是一種憂患意識的表現。因為孟子與丁若鏞都是處在政治巨變的時期，所以兩人都有政治危機意識。因為在當時社會危機達到頂峰，所以丁若鏞在現實基礎上對儒家思想進行了再認識。朝鮮王朝經過兩次戰亂面臨著未曾有的危機。丁若鏞的經學著述以「六經四書」為中心擴大到小學、修養論、禮學、經世論。這就說丁若鏞的經學與經世論不能斷絕。所以要瞭解丁若鏞應該出發瞭解經學開始。丁若鏞反對朱子主張的《大學》的內容的「錯簡說」，而直接接受《古本大學》。他認為「明明德是明人倫，親民是親小民」，所以反對程子、朱子將「親民」改為「新民」。朱子分析《大學》的基本結構時認為其組成結構為「三綱領（明明德、新民、止於至善）」與「八條目（格物、致知、誠意、正心、修身、齊家、治國、平天下）」，[5]但丁若鏞在《與猶堂全書》〈大學公議〉中說：

> 一綱三目，認之為天成地定，原是大夢也。……大學條例，則綱曰明德，目曰孝悌慈而已。

　　丁若鏞的經學體系是《詩經》→《書經》→《禮經》→《樂經》→《易經》→《春秋》→《論語》→《孟子》→《中庸》→《大學》。[6]對於丁若鏞經學的體系，丁若鏞曾說：

> 六經四書，以之修己，一表二書，以之為天下國家，所以備本

5　〔韓〕琴章泰：《茶山實學探究》（首爾市：小學社，2001年4月），頁22-23。

6　〔韓〕琴章泰：《茶山實學探究》（首爾市：小學社，2001年4月），頁12-14。

末也。[7]

　　丁若鏞經學思想的形成受到以下三個方面的影響：第一、受到華夷論、崇明排清義理論影響的「道學──朱子學」，因為從十七世紀就開始維護和鞏固朝鮮王朝政治體制，所以逐漸喪失了社會變化的適應能力。第二、朝鮮時代後期朝鮮的內部知識份子開始批判朱子的經學。其代表人物是尹鑴（1617-1680）、朴世堂（1629-1703）。第三、從外部湧入的新思潮，比如十六世紀開始流行的陽明學和十七世紀開始進入朝鮮的西學都把矛頭指向了朱子學。

　　丁若鏞解釋《孟子》時也提出了從心性論、道德論、修養論開始延伸到經世論的這一框架。孟子「內聖外王」思想是心性論、道德論、修養論、經世論在整體上的互相聯繫。丁若鏞的心性論、道德論、修養論並不是各自獨立，而是互相關聯的。心性論以道德論、修養論為基礎，以實現社會大同的方法為媒介與經世論相聯繫。修養論是個人的人格實現，經世論是社會價值的體現。[8]丁若鏞一生的學問思考是以「心性論」與「經世論」為軸心的。

　　丁若鏞在《孟子要義》上注重經學解釋，所以對實踐性的外王方面對並沒有過多注解。但是他提出了改革現實的方案，希望君主敦促制度、法律、行政方面的改革。丁若鏞在孟子等正統儒家思想的基礎上解釋經學，但在現實中卻提出了以法律來統治國家的思想，即在借鑑孟子思想的同時也吸收了荀子的思想。這就是丁若鏞與孟子不同的「內聖外王」思想，即丁若鏞的「內聖」體現的是「儒學」的思想，而「外王」則綜合了法家的思想，並不贊成儒家的唯心主義。

7　丁若鏞：《與猶堂全書》第1集第16卷，《詩文集》《自撰墓誌銘（集中本）》，頁18。

8　〔韓〕琴章泰：《心與性──茶山的《孟子》解釋》（首爾市：首爾大學出版社，2005年12月），頁101。

第二節　丁若鏞借鑑孟子「內聖」思想

　　對於《孟子》一書的研究，丁若鏞的主要著述有《孟子講義》、《孟子策》、《孟子要義》、《自撰墓誌銘（集中本）》、《詩文集》。丁若鏞的《詩文集》中「對策」、「書」、「贈言」、「原」、「論」、「辨」、「記」、「陶山私淑論」等章節上載有對於孟子的研究。丁若鏞早期有關孟子的著述是《十三經策》上有關孟子的部分，即《孟子講義》和《孟子策》。其中《孟子講義》是最具代表性的。一八一四年，丁若鏞五十三歲時在康津完成的《孟子要義》是從《孟子》的全體經文二六〇章中選擇一五二章後對各個章節進行的注釋。《孟子要義》是朝鮮後期經學著述中的重要組成部分。

　　丁若鏞二十九歲的時候，朝鮮王朝國王正祖命令使抄啟文臣關於《孟子》的內容七個提問。《孟子講義》是以當時具體的提問和回答為主構成的。其具體的內容是：第一、關於經文「仁之實，事親是也；義之實，從兄是也」[9]的「實」的意思。即關於「仁」、「義」的「實」的意思。第二、關於同姓之間百代不應該結婚的禮和堯把至親的舜做女婿之間的隔離理解問題。第三、關於經文「一鄉之善士，斯友一鄉之善士，……」[10]的解釋。第四、「本然、氣質之性」[11]的概念問題。第五、「食色」與「禮」[12]的重要判定問題。第六、關於朱熹認為「知行」屬於「格物」，「盡心」屬於「知至」[13]的理解問題。第七、關於「仁之於父子也，……」[14]朱熹的解釋問題。[15]

9　朱熹：《四書章句集注》〈孟子集注〉〈離婁上〉。

10　朱熹：《四書章句集注》〈孟子集注〉〈萬章下〉。

11　朱熹：《四書章句集注》〈孟子集注〉〈告子上〉。

12　朱熹：《四書章句集注》〈孟子集注〉〈告子下〉。

13　朱熹：《四書章句集注》〈孟子集注〉〈盡心上〉。

14　朱熹：《四書章句集注》〈孟子集注〉〈盡心下〉。

15　〔韓〕鄭一均：《茶山四書經學研究》（首爾市：一志社，1999年），頁151-153。

　　丁若鏞在《孟子要義》中沒有涉及「民本」、「義理」、「王霸」，
而主要考察孟子的「心性」、「井田制」。丁若鏞在《孟子要義》上提
出的最代表性的思考是關於「性」概念的原意，「四德」、「善」、
「惡」概念的含義，「井田制」與「王道政治」的關係。丁若鏞的後
期有關《孟子》的著述記載於《自撰墓誌銘》中。其內容分為九個部
分：萬乘之國與千乘之國間的分田制祿的現況[16]；「不嗜殺人」[17]的意
思；夏朝與殷朝實行的井田法的實質[18]；「無是，餒也」的解釋；「性」
的概念；「本然之性」概念的來源與含意；「萬物皆備於我」[19]的意思；
論「性」時只涉及「理」，不涉及「氣」的程伊川的立場[20]；關於「氣
質」的「清、濁」與「善、惡」之間的關係。[21]

一　心性論

（一）以「心神一元論」與「心神二元論」並用為基礎

　　孟子活動的戰國時期，諸子百家各不相同的思維方式成為後人對
「心」、「性」問題進行爭論時的理論依據。[22]宋明理學不僅是朱子
學，連陽明學都是「心學」。宋明理學主張「心」跟世界萬物一起構
成陰陽五行的「氣」、「理」是人們應遵守的道德規則。從宋朝起，宋
明理學家在批判的吸取了佛學思想的基礎上，重新推崇了儒家的「內
聖外王」之學。宋代以後孟子的地位提高了，那個時代許多儒家思想

16　朱熹：《四書章句集注》〈孟子集注〉〈梁惠王上〉。

17　朱熹：《四書章句集注》〈孟子集注〉〈梁惠王上〉。

18　朱熹：《四書章句集注》〈孟子集注〉〈滕文公上〉。

19　朱熹：《四書章句集注》〈孟子集注〉〈盡心上〉。

20　朱熹：《四書章句集注》〈孟子集注〉〈告子上〉。

21　〔韓〕鄭一均：《茶山四書經學研究》（首爾市：一志社，1999年），頁170-171。

22　〔韓〕琴章泰：《心與性——茶山的《孟子》解釋》（首爾市：首爾大學出版社，
　　2005年12月），頁108。

家相信性善論。這時的「內聖外王」較之漢唐時期，更加重視「內聖」，而忽視了「外王」，偏離了儒家將政治思想與道家修養相結合的初衷。儒家正式在儒學意義上採用「內聖外王」這一術語是從宋代開始的。北宋程顥和他同時代學者邵雍的學說被稱作「內聖外王之學」。《宋史》〈邵雍傳〉：

> 河南程顥，初待其父識雍，議論終日，退而歎曰：「堯夫內聖
> 外王之學也」。

　　關於「心學」宋明理學試圖實現自然學、道德學的一體化。而丁若鏞反對心學、自然學、道德學一體化。丁若鏞否定宋明理學「理氣心性論」。他反對仁義禮智先於個體實踐而存於人的本性裡。他主張仁義禮智是只有通過後天活動能獲得的。[23]丁若鏞說：

> 仁義禮智之名，成於行事之後，故愛人而後謂之仁，愛人之
> 先，仁之名未立也，善我而後謂之善，意我之先，義之名未立
> 也。賓主拜之揖而後，禮之名立焉，事物辨明而後，智之名立
> 焉，豈有仁義禮智四顆，磊磊落落，如桃仁杏仁，伏於人心之
> 中者乎。顏淵問仁，子曰，克己復禮為仁。明仁之為物，成於
> 人功，非賦生之初，天造一顆仁塊，插於人心也，克己復禮之
> 時，豈不費許多人力乎。[24]

　　為了瞭解丁若鏞對孟子「心性論」的解釋，首先要分別解釋

---

23 〔韓〕崔真德：《茶山的思想與其現代意思》（城南市：韓國精神文化研究院，1998年1月），頁253。

24 丁若鏞：《與猶堂全書》第2集第5卷，《孟子要義》〈人皆有不忍人之心〉，卷1，頁21。

「心」、「性」的概念。丁若鏞在解釋孟子的「心」的概念時，批判了程朱性理學對於「心」、「性」的注解。其一、否定「本然之性」的概念。第二、主張關於「氣質之性」概念的闡述是毫無意義的。第三、否定「人物性同論」，因為丁若鏞認為只有人才具有「道義之性」，所以反對「天人一元論」。他說：

> 人之性，只是一部人性，犬牛之性，只是一部禽獸性，蓋人性者，合道義氣質二者，而為一性者也，禽獸性者，純是氣質之性而已。……人性即人性，犬牛之性，即禽獸性，至論本然之性，人之合道義氣質，而為一性者，是本然也，禽獸之單有氣質之性，亦本然也，何必與氣質對言之乎？[25]
> 氣質之性，明明人物同得，而先儒謂之各殊，道義之性，明明吾人獨得，而先儒謂之同得，……。[26]

丁若鏞認為「心」存在於人的行事中，而這行事是從孝、悌、慈的實踐開始進而擴大到治國平天下。他說：

> 先聖之治心繕性，每在於行事，行事不外於人倫，故實心事父，則誠正以成孝，實心事長，則誠正以成弟，實心事幼，則誠正以成慈。誠正以齊家，誠正以治國，誠正以平天下，誠正每依於行事，誠正每附於人倫，徒意無可誠之理，徒心無可正之術，除行事去人倫，而求心之止於至善，非先聖之本法也。存天理遏人慾，其機其會，在於人與人之相接……人與人之相

---

25 丁若鏞：《與猶堂全書》第2集第6卷，《孟子要義》〈告子曰生之謂性犬牛人之性〉，卷2，頁18、19。

26 丁若鏞：《與猶堂全書》第2集第6卷，《孟子要義》〈告子曰生之謂性犬牛人之性〉，卷2，頁20。

接，非即人倫乎，人倫之所自盡，非即至善乎。若不據人倫，單取此意，求所以誠之，單取此心，求所以正之，則滉漾恍惚，沒摸沒捉，其不歸於坐禪之病者鮮矣。[27]

　　大體好惡的「嗜好」即是「性」，「性」在人生來的時候被賦予了本善，基本上擁有好德惡惡的嗜好。小體則是破壞「性」的嗜好的「人心」。在現實中，人內心的「道心」與「人心」之間經常發生矛盾。
　　丁若鏞認可性善論、性惡論，「大體」上的「道心」、「小體」上的「人心」。但丁若鏞明確主張應該以道心牽制人心。他說：

非禮欲視，故曰非禮勿視，非禮欲聽，故曰非勿聽，非禮欲言，故曰非禮勿言，非禮欲動，故曰非禮勿動，初若不欲，何謂之勿，欲也者，人心欲之也。勿也者，道心勿之也。彼欲此勿，兩相交戰，勿者克之，則謂之克己。[28]

　　丁若鏞反對仁義禮智是天理，他認為這是在人本性上內在的先驗主義。丁若鏞認為《孟子》經文中「性」的概念不是形而上者的「理」，而是心的嗜好。
　　丁若鏞認為人是「大體（神）」與「小體（形）」的妙合的一體。[29]他說：

神形妙合，乃成為人。[30]

---

27 丁若鏞：《與猶堂全書》第2集第1卷，《大學公議》，卷1，頁12、13。
28 丁若鏞：《與猶堂全書》第2集第11卷，《論語古今注》〈顏淵第十二〉，卷6，頁2。
29 〔韓〕琴章泰：《心與性——茶山的《孟子》解釋》（首爾市：首爾大學出版社，2005年12月），頁4-12。
30 丁若鏞：《與猶堂全書》第2集第5卷，《孟子要義》〈滕文公為世子孟子言必稱堯舜〉，卷1，頁31。

「大體」是受之於天的沒有形體的本體,「小體」是生來的時候從父母那裡得到的有形的身體。他說:

> 大體者,無形之靈明也;小體者,有形之軀殼也。[31]

丁若鏞認為因為「性」是本善,所以「大體」基本上通過「好德惡惡」的傾向,即「嗜好」體現出來。他說:

> 性之樂善恥惡,旣真確矣。[32]
> 惟性純善,餘不然也。[33]
> 性好受於天,故有善無惡,豈可一例論乎。[34]

「大體」通過「性」的嗜好體現出的是「道心」,「小體」違背「善」的嗜好,體現出的是「人心」。順從「大體」就體現了「性」,並且是順應了「道心」。服從「小體」就是「人心道心」。丁若鏞說:

> 從其大體者,率性者也;從其小體者,循欲者也。道心常欲養大,而人心常欲養小。[35]

---

31 丁若鏞:《與猶堂全書》第2集第6卷,《孟子要義》〈人之於身也兼所愛體有貴賤有小大〉,卷2,頁29。

32 丁若鏞:《與猶堂全書》第2集第5卷,《孟子要義》〈滕文公為世子孟子言必稱堯舜〉,卷1,頁34。

33 丁若鏞:《與猶堂全書》第2集第5卷,《孟子要義》〈滕文公為世子孟子言必稱堯舜〉,卷1,頁35。

34 丁若鏞:《與猶堂全書》第2集第6卷,《孟子要義》〈公都子曰告子曰性無善無不善〉,卷2,頁21。

35 丁若鏞:《與猶堂全書》第2集第6卷,《孟子要義》〈公都子問或從其大體或從其小體〉,卷2,頁29。

所以，如果道心克制了人心的話，其行為也就成為了「善」，反之則
是「惡」。他說：

> 樂天知命，則培養道心矣；克己復禮，則制伏人心矣。此，善
> 惡之判也。[36]

丁若鏞認為人擁有「大體」與「小體」的兩個「體」以及「道
心」與「人心」的兩個「心」。「大體」是「靈明的本體」、「神」、「性
靈」。「小體」是「形氣」、「氣質」、「形」、「形軀」。他說：

> 我有二體，亦有二心，道心克人心，則大體克小體也。[37]

丁若鏞所指的「心」即是孟子所說的「大體」。[38]他說：

> 心者，吾人大體之借名也。[39]

孟子說：

> 從其大體為大人，從其小體為小人。[40]

「大體」是人們生來的時候就被上天賦予的，雖然沒有形體，但靈

---

36 丁若鏞：《與猶堂全書》第2集第6卷，《孟子要義》〈公都子問或從其大體或從其小
　　體〉，卷2，頁29。

37 丁若鏞：《與猶堂全書》第2集第12卷，《論語古今注》〈顏淵第十二〉，卷6，頁1。

38 〔韓〕琴章泰：《心與性——茶山的《孟子》解釋》（首爾市：首爾大學出版社，
　　2005年12月），頁17-18。

39 丁若鏞：《與猶堂全書》第2集第6卷，《孟子要義》〈盡其心者知性〉，卷2，頁38。

40 《孟子》〈告子上〉。

明、純粹。「大體」是存在於「小體」中的，但沒有混為一體。丁若鏞說：

> 神則無形，亦尚無名。[41]
> 道心克人心，則大體克小體也。[42]

關於孟子所說的「大體」與「小體」，丁若鏞強調：

> 從其大體者，率性者也，從其小體者，循欲者也，道心常欲養大，而人心常欲養小，樂天知命，則培養道心矣，克己復禮，則制伏人心矣，此善惡之判也。[43]

丁若鏞認為「人心」與「道心」的衝突，「氣質之欲」與「道義之欲」兩種欲望相互對立的現實，是人類的特點。他還將「氣質之欲」與「道義之欲」和「人心」與「道心」相對對應。他說：

> 人恆有二志，相反而並發者，有餽而將非義也，則欲受而兼欲不受焉，有患而將成仁也，則欲避而兼欲不避焉，夫欲受與欲避者，是氣質之欲也，其欲不受而不避者，是道義之欲也，……人心者，氣質之所發也，道心者，道義之所發也。[44]

---

41 丁若鏞：《與猶堂全書》第2集第6卷，《孟子要義》〈滕文公為世子孟子言必稱堯舜〉，卷1，頁31。

42 丁若鏞：《與猶堂全書》第2集第12卷，《論語古今注·顏淵第十二》，卷6，頁1。

43 丁若鏞：《與猶堂全書》第2集第6卷，《孟子要義》〈公都子問或從其大體或從其小體〉，卷2，頁29。

44 丁若鏞：《與猶堂全書》第2集第6卷，《孟子要義》〈告子曰生之謂性犬牛人之性〉，卷2，頁18、19、20。

「欲」的另一特點是產生於人心，同時會從眼睛中顯示出來。孟子說：

> 眸子不能掩其惡，胸中正，則眸子瞭焉，胸中不正，則眸子眊焉。[45]

丁若鏞也說：

> 處心純政者，其目安靜有神，黑白分明，其傷於物欲者，躁擾不定，神不內守，看來無清淨意思。[46]

因為丁若鏞認為人是神形妙合的，所以他認為人心理上的欲望是會通過眼睛表現出來的。孟子說：

> 豈惟口服有饑渴之害？人心亦皆有害。[47]

從這句話中我們可以看出孟子強調修養。孟子強調：

> 仁之勝不仁也，猶水勝火。[48]

丁若鏞主張：

45　《孟子》〈離婁上〉。
46　丁若鏞：《與猶堂全書》第2集第5卷，《孟子要義》〈存乎人者莫良乎眸子〉，卷1，頁52。
47　《孟子》〈盡心上〉。
48　《孟子》〈告子上〉。

仁非天理，乃是人德。[49]

丁若鏞認為經過對人欲的克制能實現「仁」。他強調不斷的修心。他說：

> 存心有古今之異。古之所謂存心者將亡而保之也。今之所謂存心者。心有工而不忘也……凡所謂存心者皆存幾希之謂也……幾希者道心也。道心猶有存者則人也。道心無攸存者則禽獸也。道心全存而不亡則聖人也。[50]

丁若鏞認為是「心」的判斷決定了「大體」與「小體」的選擇。「心」追從「大體」是「率性」，而「心」服從「小體」是「循欲」。[51] 他說：

> 人恆有二志，相反而一時併發者，此乃人鬼之關善惡之幾，人心道心之交戰。義勝欲勝之判決，人能於是乎猛省而力克之則近道矣。[52]

關於「心」的性格丁若鏞主張「心神一元論」、「心神二元論」。首先，丁若鏞站在「心神一元論」立場上反對「大體」與「小

---

49 丁若鏞：《與猶堂全書》第2集第6卷，《孟子要義》〈仁之勝不仁也猶水勝火〉，卷2，頁30。

50 丁若鏞：《與猶堂全書》第2集第6卷，《孟子要義》〈君子所以異於人者以其存心〉，卷2，頁3。

51 〔韓〕琴章泰：《心與性——茶山的《孟子》解釋》（首爾市：首爾大學出版社，2005年12月），頁18。

52 丁若鏞：《與猶堂全書》第2集第6卷，《孟子要義》〈無為其所不為無欲其所不欲〉，卷2，頁41。

體」的對立。[53]他主張「神」與「形」結合而成人，人是「神」與「形」這兩個因素相結成的存在。他說：

> 神形妙合，乃成為人。[54]

丁若鏞認為在人身沒有形體的存在是「神」、「心」、「魂」。他說：

> 心為血府，為妙合之樞紐，故借名曰心（心本無髒字與肝肺同），死而離形，乃名曰魂，孟子謂之大體，佛家謂之法身，其在文字，無專名也。[55]

「神」字是從「鬼神」抽出來的。他說：

> 神則無形，亦尚無名，以其無形，故借名曰神（借鬼神之神）。[56]

其次，站在「心神二元論」的立場上丁若鏞認為「性」與「欲」並不是同一，而是相反的概念。[57]丁若鏞把人性分為道德的「道義的性」與人欲的「氣質的性」。他將前者賦予精神價值，而認為後者與

---

53 〔韓〕金炯孝：《茶山的思想與其現代意思》（城南市：韓國精神文化研究院，1998年1月），頁25。

54 丁若鏞：《與猶堂全書》第2集第5卷，《孟子要義》〈滕文公為世子孟子言必稱堯舜〉，卷1，頁31。

55 丁若鏞：《與猶堂全書》第2集第5卷，《孟子要義》〈滕文公為世子孟子言必稱堯舜〉，卷1，頁31、32。

56 丁若鏞：《與猶堂全書》第2集第5卷，《孟子要義》〈滕文公為世子孟子言必稱堯舜〉，卷1，頁31。

57 〔韓〕金炯孝：《茶山的思想與其現代意味》（城南市：韓國精神文化研究院，1998年1月），頁36。

禽獸相關。他認為嗜好可以從具體的經驗上得到的。他引用《孟子》
〈告子上〉的：

> 口之於味也，有同耆焉，耳之於聲也，有同聽焉，目之於色
> 也，有同美焉。[58]

對口、目、耳、鼻四肢的感覺欲望嗜好，他說：

> 性字原是嗜好之意，故世人皆以嗜好為性，孟子獨曰若是性
> 也，則人必均得，今既得之有命，則其非性可知也。[59]

所以丁若鏞認為如果人們不注重修心的話，那很快就會與禽獸無異。
他說：

> 今論人性，人恆有二志相反而並發者，有饒而將非義也，則欲
> 受而兼欲不受焉。有患而將成仁也，則欲避而兼欲不避焉，夫
> 欲受與欲避者，是氣質之欲也，其欲不受而不避者，是道義之
> 欲也，犬與牛也，投之以食欲食焉而已，憂之以刃欲避焉而
> 已。可見其單有氣質之性也，且人之於善惡，皆能自作以其能
> 自主張也，禽獸之於善惡，不能自作以其為不得不然也。[60]

丁若鏞提出「心神二元論」是基於他對現實人生的觀察。他認為
人在心理上受到欲望的驅使，為追求利欲而在心理上進行鬥爭。與孟

---

58 《孟子》〈告子上〉。

59 丁若鏞：《與猶堂全書》第2集第6卷，《孟子要義》〈口之於味目之於色〉，卷2，頁
50。

60 丁若鏞：《與猶堂全書》第2集第6卷，《孟子要義》〈告子曰生之謂性犬牛人之性〉，
卷2，頁18。

子不同的是，丁若鏞不否認人有追求欲望的本能。

　　總之，比之「心神一元論」，「心神二元論」是丁若鏞更為關注的理論。丁若鏞贊同孟子提出的「大體」和「小體」的概念。所不同的是，孟子認為人性本善，是社會上的「惡」在腐蝕人善良的本心，因此他講求「養心」，通過學習使心保持原有的純淨。但丁若鏞承認人生而有追求利益的欲望，這是「人心」，是事實存在的，而不是後天形成的，因此他重視「修心」，認為後天的修練是為了使「道心」可以牽制「人心」，而後讓人具有道德性。由此我們可以看出，雖然丁若鏞與孟子都重視「修身」的重要性，但他們的出發點是不同的。這不同的出發點也可以說明，相比孟子，丁若鏞的思想更具有現實性和實用性，這是他的實學思想與孟子的儒家思想所不同的地方。丁若鏞尊重孟子的理論，但在其基礎上，又加入了自己對於現實社會、人性的思考，更為厚重與現實。

（二）性嗜好說

　　儒家傳統上先確認「心」，後探索人們的本質和根據的「性」。「性」是孟子思想的核心概念。孟子「性」的內容是仁義禮智。正統儒家學者如朱熹的「性」的理解是「性即理」，而丁若鏞對「性」的認識是他提出的「性嗜好」，獨樹一幟的理論。丁若鏞主要在《孟子要義》上闡釋他所理解的「性」。他說：

　　　　心者，吾人大體之借名也。性者，心之所嗜好也，虛氣知覺，亦恐欠分曉。[61]

　　關於「性」的概念，丁若鏞提出了與程朱性理學完全不同的見

61　丁若鏞：《與猶堂全書》第2集第6卷，《孟子要義》〈盡其心者知其性〉，卷2，頁38。

解。程子說:

> 「性即理也。理則堯舜至於塗人一也,才稟於氣,氣有清濁,
> 稟其清者為賢,稟其濁者為愚。……」愚按:程子此說才字,
> 與孟子本文小異,蓋孟子專指其發於性者言之,故以為才無不
> 善;程子兼指其稟於氣者言之,則人之才,固有昏、明、強、
> 弱之不同矣,張子所謂氣質之性是也。二說雖殊,各有所當。
> 然以事理考之,程子為密。蓋氣質所稟,雖有不善,而不害性
> 之本善;性雖本善,而不可以無省察矯揉之功,學者所當深玩
> 也。[62]
> 人之有形有色,無不各有自然之理,所謂天地也。……程子
> 曰:「……蓋人得天地之正氣而生,與萬物不同,既為人,須
> 盡得人理然後稱其名。眾人有之而不知,賢人踐之而未盡,能
> 充其形,惟聖人也」。[63]

但丁若鏞說:

> 性理家每以性為理,故集注謂:「人物之性,同得天地之理,
> 為性」此所謂本然之性也,本然之性,無有大小尊卑之差等,
> 特因所稟形質,有清有濁,有偏有正,故理寓於氣,不得不隨
> 而不同。[64]

朱熹說:

---

62 朱熹:《四書章句集注》〈孟子集注〉〈告子上〉。
63 朱熹:《四書章句集注》〈孟子集注〉〈盡心上〉。
64 丁若鏞:《與猶堂全書》第2集第5卷,《孟子要義》〈人之所以異於禽獸者幾希〉,卷
   1,頁58。

性者，人所稟於天以生之理也。……程子曰：「性即理
也。……[65]」

性者，人物所得以生之理也。[66]

性者，人生所稟之天理也。[67]

性即天理，未有不善者也。[68]

性則心之所具之。[69]

人、物之性，同得天地之理以為性；同得天地之氣以為形。其
不同者，獨人於其間得形氣之正，而能有以全其性，為少異
耳。雖曰：「少異」，然人、物之所以分，實在於此。[70]

朱熹認為「性即理」，「形而上者」。他說：

性，形而上者也；氣，形而下者也。[71]

張子曰：「形而後，有氣質之性，……」……程子兼指其稟於
氣者言之，則人之才，固有昏明強弱之不同矣，張子所謂氣質
之性，是也。[72]

丁若鏞說：

宋元諸先生，皆以四端為本然之性，而又以本然之性為人物之

65　朱熹：《四書章句集注》〈孟子集注〉〈滕文公上〉。
66　朱熹：《四書章句集注》〈孟子集注〉〈離婁上〉。
67　朱熹：《四書章句集注》〈孟子集注〉〈告子上〉。
68　朱熹：《四書章句集注》〈孟子集注〉〈告子上〉。
69　朱熹：《四書章句集注》〈孟子集注〉〈盡心上〉。
70　朱熹：《四書章句集注》〈孟子集注〉〈離婁下〉。
71　朱熹：《四書章句集注》〈孟子集注〉〈告子上〉。
72　朱熹：《四書章句集注》〈孟子集注〉〈告子上〉。

所同得，故不欲云:「禽獸無此心」此古今學術不同處。[73]

在孟子的思想裡對於「人性」有樂觀與悲觀的兩個側面。孟子說:

人之所以異於禽獸者幾希。[74]
人皆可以為堯舜。[75]

丁若鏞認為，在有形的世界裡所有存在的形體中有貴賤、美惡的等級，在「性」上也有等級之分，並且在一個人身上只存有一種性。他說:

孟子以犬牛人之性，別其同異，與告子力戰。今乃以人性獸性，渾而一之，可乎?[76]

丁若鏞認為「善」不是人們內在的道德性依據。丁若鏞站在經驗的立場上理解「人」，所以他提出的解決現實問題的方法是具體的。丁若鏞強調「性」是沒有感情，也沒有實體的，所以說「理」不會是產生「性」的根源，即他否定「性即理」。丁若鏞認為在性裡存在理、義，但性並不是理。丁若鏞的「理」概念與性理學的「理」不一樣。[77]他說:

---

73 丁若鏞:《與猶堂全書》第2集第5卷，《孟子要義》〈人皆有不忍人之心〉，卷1，頁21。

74 《孟子》〈離婁下〉。

75 《孟子》〈告子下〉。

76 丁若鏞:《與猶堂全書》第2集第5卷，《孟子要義》〈大人者不失其赤子心〉，卷1，頁59。

77 〔韓〕琴章泰:《心與性——茶山的《孟子》解釋》（首爾市:首爾大學出版社，2005年12月），頁49。

理者，本是玉石之脈理，治玉者，察其脈理，故遂複假借，以
治為理，……治理者，莫如獄故獄官謂之理，……曷嘗以無形
者為理，有質者為氣，天命之性為理，七情之發為氣乎，……
皆脈理、治理、法理之假借為文者，直以性為理，有古據乎。[78]

孟子說：

心之所同然者何也，謂理也，義也。[79]

關於「理」，丁若鏞認為：

夫理者何物，理無愛憎，理無喜怒，空空漠漠，無名無體，而
謂吾人稟於此而受性，亦難乎其為道矣。[80]
天地萬物之理，各在萬物身上，安得皆備於我？犬有犬之理，
牛有牛之理。此明明我之所無者，安得強為大談曰皆備於我
乎？[81]

這是說「理在物上」，不備於我。犬牛各物自有其理。這裡的「理」
講的是事物的規定性、規律性。「理」是個性與共性的統一，不存在
脫離個性存在的絕對的「理」。「我」只是「我」，萬物之理不能「皆
備於我」。這是丁若鏞對孟子的「萬物皆備於我」思想的一種糾偏。[82]

---

78 丁若鏞：《與猶堂全書》第2集第6卷，《孟子要義·富歲子弟多賴鎚麰麥易牙》卷2，
　　頁25。

79 《孟子》〈告子上〉。

80 丁若鏞：《與猶堂全書》第2集第6卷，《孟子要義》〈盡其心者知其性〉，卷2，頁38。

81 丁若鏞：《與猶堂全書》第2集第6卷，《孟子要義》〈萬物皆備於我強恕而行求仁莫
　　近〉，卷2，頁39。

82 黃心川：《東方著名哲學家評傳（韓國卷）》（濟南市：山東人民出版社，2000年），

對於孟子所說的「萬物皆備於我矣。」[83]丁若鏞認為天地萬物的「理」存在於各物之上，因此不能皆備於我。

　　丁若鏞批判宋明理學把人的性、禽獸的性、草木的性都看作是「理」，而提出了「性嗜好說」。丁若鏞批判「性則理」的思辨哲學。丁若鏞強調「人性」與「禽獸性」有明確的區別。有關人善與惡的問題，丁若鏞強調人「主體的權能」。他說：

> 今論人性，人恆有二志相反而並發者。……且人之於善惡，皆能自作，以其能自主張也。禽獸之於善惡，不能自作，以其為不得不然也。[84]

丁若鏞批判程朱理學「心、性、天」的形而上的「理」。他說：

> 直以性為理，有古據乎？[85]

　　丁若鏞認為，「性」是孟子所說的「大體」中的心的嗜好。他說：

> 性非吾人大體之全名也，余謂性者主於嗜好而言。[86]

丁若鏞承認「性」是天賦予的。丁若鏞認為性與欲望其本身不是惡，

頁566-567。葛榮晉主編：《中國實學思想史》，下卷（北京市：首都師範大學出版社，1994年），頁364。

83　《孟子》〈盡心上〉。

84　丁若鏞：《與猶堂全書》第2集第6卷，《孟子要義》〈告子曰生之謂性犬牛人之性〉，卷2，頁18。

85　丁若鏞：《與猶堂全書》第2集第6卷，《孟子要義・富歲子弟多賴縱麥易牙》，卷2，頁25。

86　丁若鏞：《與猶堂全書》第2集第5卷，《孟子要義》〈滕文公為世子孟子言必稱堯舜〉，卷1，頁32。

無節制的追求欲望產生惡。就是說丁若鏞的性是生而備的，並且也會
受到後天經驗的影響。他把孟子提出的「欲（所欲）」、「樂（所
樂）」、「性（所性）」作為嗜好的三個階段，將「嗜好」看作是最高的
境界。孟子說：

> 廣土眾民，君子欲之，所樂不存焉，中天下而立，定四海之
> 民，君子樂之，所性不存焉。[87]

丁若鏞說：

> 欲樂性三字，孟子分作三層，最淺者欲也，其次樂也，其最深
> 而遂為本人之癡好者性也，君子所性，猶言君子所嗜好也，但
> 嗜好猶淺，而性則自然之名也，若云性非嗜好之類，則所性二
> 字，不能成文，欲樂性三字，既為同類，則性者嗜好也。[88]

丁若鏞認為「欲」、「樂」、「性」是無差異的，他說：

> 情動由乎人，故可善可惡，性好受於天，故有善無惡，豈可一
> 例論乎。[89]

丁若鏞在性概念上注重「故」與「利」。他說：

> 欲知人物之性，而不以順利為本，必欲穿鑿牽強，如告子之

---

87 《孟子》〈盡心上〉。

88 丁若鏞：《與猶堂全書》第2集第6卷，《孟子要義》〈廣土眾民君子欲之睟面盎背〉，
　卷2，頁42。

89 丁若鏞：《與猶堂全書》第2集第6卷，《孟子要義》〈公都子曰告子曰性無善無不
　善〉，卷2，頁21。

為，則君子惡之，欲知人物之性者，但執已然之跡，以驗其差
與不差，則斯可以論性矣。[90]

丁若鏞在人性與物性問題上認為「以順利為本」是合理性的，
「執已然之跡，以驗其差與不差」是要求經驗觀察和證據的。丁若鏞
在辨析孟子所說的「犬之性、牛之性、人之性」[91]是本然之性還是氣
質之性時說：

人之性，只是一部人性；犬牛之性，只是一部禽獸性，蓋人性
者，合道義氣質二者，而為一性者也。禽獸性者，純是氣質之
性而已。[92]

關於「本然、氣質之性」丁若鏞否定程朱理學的「氣質決定
論」，即人的善惡是由他所固有的氣質決定的。他認為雖然人性包括
「道義」與「氣質」的兩面，但是禽獸性（犬之性、牛之性）是只包
含「氣質」之性的。[93]丁若鏞的「性」觀念由兩個部分構成，即「性
嗜好說」與「人物不可同性說」。孟子主張人與禽獸的差異在於「幾
希」的存與去。孟子說：

人之所以異禽獸者幾希，庶民去之，君子存之。[94]

---

90 丁若鏞：《與猶堂全書》第2集第6卷，《孟子要義》〈天下之言性也千歲之日至〉，卷
　2，頁2。
91 《孟子》〈告子上〉。
92 丁若鏞：《與猶堂全書》第2集第6卷，《孟子要義》〈告子曰生之謂性犬牛人之性〉，
　卷2，頁18。
93 〔韓〕琴章泰：《心與性──茶山的《孟子》解釋》（首爾市：首爾大學出版社，
　2005年12月），頁58。
94 《孟子》〈離婁下〉。

但是丁若鏞主張：

> 審如是也，人之所以異禽獸者，不在於性靈，庶民去形氣，君
> 子存形氣，豈孟子之本旨乎？形氣者體質也，與生俱生，死而
> 後腐焉，庶民獨安得去之乎？[95]

丁若鏞主張人與萬物的差異不在於形氣，而在於性靈。丁若鏞反
對程朱性理學所闡述的「性」概念，也反對在「本然之性」上程朱性
理學提出的「人物性同論」。丁若鏞認為：

> 氣質之性，明明人物同得，而先儒謂之各殊，道義之性，明明
> 吾人獨得，而先儒謂之同得。[96]
> 孟子以犬牛人之性，別其同異，與告子力戰。今乃以人性獸
> 性，混而一之，可乎？[97]

荀子認為，社會混亂是因為人們的利己的欲望而產生的。荀子說：

> 人之性惡，其善者偽也。今人之性，生而有好利焉，順是，故
> 爭奪生而辭讓亡焉。……生而有耳目之欲，有好聲色焉，順
> 是，故淫亂生而禮義文理亡焉。然則從人之性，順人之情，必
> 出於爭奪，合於犯分亂理，而歸於暴。故必將有師法之化，禮

---

95 丁若鏞：《與猶堂全書》第2集第5卷，《孟子要義》〈人之所以異於禽獸者幾希〉，卷
1，頁58、59。

96 丁若鏞：《與猶堂全書》第2集第6卷，《孟子要義》〈告子曰生之謂性犬牛人之性〉，
卷2，頁20。

97 丁若鏞：《與猶堂全書》第2集第5卷，《孟子要義》〈人之所以異於禽獸者幾希〉，卷
1，頁59。

義之道，然後出於辭讓，合於文理，而歸於治。[98]

丁若鏞接受了荀子的對人性的不信任與人性的脆弱。丁若鏞認可荀子的「性四等級說」，即：

荀子曰：「水火有氣而無生，草木有生而無知，禽獸有知而無義，人有氣有生有知有義」。[99]

丁若鏞將「性」劃分為兩個部分，他認為「性」包含人心的嗜好、道心的嗜好。他認為孟子所說的「動心忍性」[100]的「性」是人心的嗜好，孟子提出的「性善」的性是道心的嗜好。他說：

召誥曰節性惟日其邁，⋯⋯孟子曰動心忍性，此所云性者，人心之嗜好也，⋯⋯子思曰率性，孟子曰性善，⋯⋯道心之嗜好也，雖其所主不同，其以嗜好為性則同。[101]

孟子認為所有的人都能成為善人，主張回復本心。孟子說：

仁，人心也，義，人路也。舍其路而弗由，放其心而不知求，哀哉！[102]

98　《荀子》〈性惡〉。

99　丁若鏞：《與猶堂全書》第2集第6卷，《孟子要義》〈公都子曰告子曰性無善無不善〉，卷2，頁23。

100　《孟子》〈告子下〉。

101　丁若鏞：《與猶堂全書》第2集第5卷，《孟子要義》〈滕文公為世子孟子言必稱堯舜〉，卷1，頁33。

102　《孟子》〈告子上〉。

　　孟子認為，性是人都普遍接受的。那麼什麼是「善」？孟子說：

　　　可欲之謂善。[103]

　　孟子認為欲望是人們都有的純粹的意欲，從純粹欲望出來的行為
是善的。孟子說：

　　　今人乍見孺子將入於井，皆有怵惕惻隱之心，非所以內交於孺
　　　子之父母也，非所以要譽於鄉黨朋友也，非惡其聲而然也。[104]

孟子主張人們道德性的根據在於人們內在的本性。
　　關於「性善論」丁若鏞認為，孟子所說的性善是大體的本性與道
心的結合。丁若鏞支持孟子的「性善論」，但是對宋代性理學的《孟
子》一書的注解進行了批判。丁若鏞認為道德性是在「天理」的理和
氣質欲望「氣」相結合的基礎上所得到的「性」，丁若鏞主張「性」
是由超越靈明主宰的「天（上帝）」與靈明的人格主體「心（人）」相
結合而形成的「性」。丁若鏞說：

　　　孟子論性，必以嗜好言之，其言曰，口之於味同所嗜，耳之於
　　　聲同所好，目之於色同所悅，皆所以明性之於善同所好也。性
　　　之本義，非在嗜好乎。[105]

　　丁若鏞認為人性嗜好善是受之於天的不變的本質，作惡行的人也

103 《孟子》〈盡心下〉。
104 《孟子》〈公孫丑上〉。
105 丁若鏞：《與猶堂全書》第2集第5卷，《孟子要義》〈滕文公為世子孟子言必稱堯
　　舜〉，卷1，頁32。

有嗜好善的天性。他說：

> 性有善有惡，而孟子單言性善，則孟子不知性矣。[106]

所以人們都會樂於看到善的行為，而對惡的行為感到厭惡。

　　總之，宋明理學認為，「心」是與天地萬物世界一樣由陰陽五行的「氣」構成的。在「氣」的世界裡，「理」的內部秩序已然存在。丁若鏞也重視心學，但是他的心學與宋明理學的完全不同。丁若鏞的心學不是消極的，而是把心作為活動的主體，在外部實踐中不斷成長的積極的心學。他否認「心」隨個體不同而先天存在差異，他認為宋明理學所強調的「心」上所存有的先天價值是沒有意義的，所有的價值都只有通過後天的活動才可以實現。也就是說，在心學上，丁若鏞同樣強調實踐性。

　　同樣，基於對現實的深刻認識，丁若鏞反對「性即理」。他認為性就是嗜好。並且這嗜好是好善惡惡的，但並不是只有善沒有惡。因此，在孟子的「性善論」的基礎上，丁若鏞給它賦予了更思辨，更現實的色彩，即嗜好說。這是比孟子更具實踐性的理論，也是丁若鏞在「內聖」方面與孟子的分歧之一。

二　道德論

（一）內端外德說

　　丁若鏞雖然繼承了孟子的思想，並在「性善論」的基礎上進一步提出了「性嗜好」的人性論，但孟子和丁若鏞在人性問題上還是存在

---

106 丁若鏞：《與猶堂全書》第2集第5卷，《孟子要義》〈滕文公為世子孟子言必稱堯舜〉，卷1，33。

著一定的分歧。孟子認為人性本善，因此應通過為政者的「德」來引導百姓，使百姓自然而然地實現其「德行」。也就是說，孟子通過個體的自律來實現道德。相反，丁若鏞則主張，如果像「官長」、「君主」的監督和賞罰等強制性手段沒有得到有效的執行的話，任何人都無法擺脫私欲的誘惑。人不僅具有「嗜好」善的性稟，也具有使人生存和行為的原動力——人欲既指向「善」，同時也指向「惡」。丁若鏞充分肯定人所固有的欲求，而且把人欲當作人類生命活動中不可缺少的動力。這種原動力在人類生命活動過程中，一方面則追求道義，而另一方面則追求利欲。因此，丁若鏞認為神形妙合之人必須對自己的行為作自我判斷，對自己的行為道德負責任。[107]孟子說：

> 口之於味也，目之於色也，耳之於聲也，鼻之於臭也，四肢之於安佚也，性也，有命焉，君子不謂性也。仁之於父子也，義之於君臣也，禮之於賓主也，知之於賢者也，聖人之於天道也，命也，有性焉，君子不謂命也。[108]

即孟子認為身體的感覺欲望是跟「性」與「命」聯繫在一起的，但是並不受「命」的制約，而只是顯露出人本質的「性」，這是「性」與「命」的差異。他在區別「命」與「性」時認為「命」是存在個體差異的，而「性」卻是人人相同的。丁若鏞說：

> 不以其不遇其時、不處其位，而或敢不盡心焉，誠以父子君臣之倫、敬賓尊賢之法、欽崇天道之誠，皆出於天性，不可以所

---

107 方浩範：《試論丁若鏞的天理人欲思想》（吉林市：《延邊大學學報》第38卷4期，2005年12月），頁24。

108 《孟子》〈盡心下〉。

遇之不同，有所改易。故君子不謂命也。[109]

孟子強調「不忍人之心」[110]，又提出惻隱之心、羞惡之心、辭讓之心、是非之心的四端。但丁若鏞說：

> 宋元諸先生皆以四端為本然之性，而又以本然之性為人物之所同得，故不欲云禽獸無此心，此古今學術不同處。[111]

四端不是人為的，而是人們固有的自然感情。四端是禮的內在來源。孟子說：

> 人之所不學而能者，其良知也；所不慮而知者，其良知也。[112]

四端是由四德得出而存在於外部的。孟子強調四端（惻隱、羞惡、辭讓、是非）是四德（仁、義、禮、智）的「端」。丁若鏞把四端的「端」解釋「始」即「源頭」。[113]丁若鏞說：

> 端也者，始也，物之本末，謂之兩端，然猶必以始起者為端……四端之義，孟子親自注之曰：「若火之始然，泉之始達，兩箇始字，磊磊落落，端之為始，亦既明矣，四端為四事

---

109 丁若鏞：《與猶堂全書》第2集第6卷，《孟子要義》〈口之於味目之於色〉，卷2，頁50。

110 《孟子》〈公孫丑上〉。

111 丁若鏞：《與猶堂全書》第2集第5卷，《孟子要義》〈人皆有不忍人之心〉，卷1，頁21。

112 《孟子》〈盡心上〉。

113 〔韓〕琴章泰：《茶山實學探究》（首爾市：小學社，2001年4月），頁125。

之本，故聖人教人自此起功，自此肇基，使之擴而充之。[114]

　　丁若鏞主張依照四端的心行事後才能擁有四德。丁若鏞認為只有達成愛人之事後才可稱之為「仁」，親善自我而後可謂之「義」。仁、義、禮、智是只有進行了實踐才可獲得的。他說：

> 仁義禮智之名，成於行事之後，故愛人而後謂之仁，愛人之先，仁之名未立也，……豈有仁義禮智四顆，磊磊落落，如桃仁杏仁，伏於人心之中者乎，顏淵問仁，子曰克己復禮為仁，明仁之為物，成於人功，非賦生之初，天造一顆仁塊，插手人心也。[115]

　　即丁若鏞強調四德並不是上天賦予的，而是人們的四端之心經歷事情後所得到的成果。孟子說：

> 惻隱之心，仁之端也；羞惡之心，義之端也；辭讓之心，禮之端也；是非之心，智之端也。[116]
> 仁義禮智，非由外鑠我也，我固有之也，弗思耳矣。[117]

　　孟子不僅把「四端」與「四德」聯繫在一起，而且主張「四德」是人所固有的本性。但是丁若鏞認為：

114　丁若鏞：《與猶堂全書》第2集第5卷，《孟子要義》〈人皆有不忍人之心〉，卷1，頁22、23。

115　丁若鏞：《與猶堂全書》第2集第5卷，《孟子要義》〈人皆有不忍人之心〉，卷1，頁21。

116　《孟子》〈公孫丑上〉。

117　《孟子》〈告子上〉。

非由外鑠我者，謂推我在內之四心，以成在外之四德，非挽在外之四德，以發在內之四心也。[118]

關於「心」與「仁、義、禮、智」的關係，丁若鏞說：

孟子曰：「仁義禮智根於心」。仁義禮智譬則花，則惟其根本在心也。惻隱、羞惡之心發於內，而仁義成於外；辭讓、是非之心發於內，而禮智成於外。今之儒者認為之仁義禮智四顆人腹中，如五臟然，而四端皆從此出，此則誤矣。然孝弟亦修德之名，其成在外，又豈有孝弟二顆在人腹中，如肝肺然哉。[119]

丁若鏞分析「仁」、「義」文字的形成結構，認為「仁」是愛人，「義」是善我。他說：

仁者，人人之疊文也。[120]
人生斯世，其萬善萬惡，皆起於人與人之相接，人與人之相接，而盡其本分，斯謂之仁，仁者二人也。[121]

丁若鏞認為「四德」都是以「行事」得到的。關於「四德」與「四端」的關係仁、義、禮、智譬之若花，心則是其根本，就是說，仁、義、禮、智是植根於「嗜好之性」的心理表現。在丁若鏞那裡，心性是主體為了滿足生理、心理需要，通過社會教化而形成的根性。

---

118 丁若鏞：《與猶堂全書》第2集第6卷，《孟子要義》〈公都子曰告子曰性無善無不善〉，卷2，頁22。
119 丁若鏞：《與猶堂全書》第2集第7卷，《論語古今注》，卷1，頁9。
120 丁若鏞：《與猶堂全書》第2集第5卷，《孟子要義》〈孟子見梁惠王〉，卷1，頁3。
121 丁若鏞：《與猶堂全書》第2集第1卷，《大學公議》，卷1，頁39。

　　仁、義、禮、智則是此種根性在社會生活中的表現，所以「惻隱、羞惡之心發於內，而仁義成於外；辭讓，是非之心發於內，而禮智成於外」。此種「內端外德」之心性就是「善」。丁若鏞批評了「仁義禮智在腹中」，認為「四端皆從此出」的錯誤在於邏輯上，是把「四端」、孝悌等道德觀念，看作如五臟、肝肺然。顯然，這是對宋以後的心性之學的批評。[122]

　　關於「仁、義」的「實」的意思，丁若鏞認為「仁」的「實」是「事親」，即「孝」。他說：

　　　　仁者人倫之明德，乃孝弟慈之總名也。[123]

　　「義」的「實」是「從兄」，即「悌」。就是說，「仁、義」的「實」是「仁、義」與「孝、悌」的關係的認識。丁若鏞說：

　　　　孔孟言仁義，皆主行事而言，不以為在心之理。且理與實不能為對。臣恐此章所言，皆名實之實。[124]

　　朱熹認為「仁、義」是先天具備的形而上的道德法則，「孝、悌」都是因為「仁、義」而得到的結果，這是「內德外端說」。丁若鏞批判朱熹的「內德外端說」。[125]他主張「仁、義」都是具體的「行事」後才可獲得的「內端外德說」。

---

122 葛榮晉主編：《中國實學思想史》（下卷）（北京市：首都師範大學出版社，2002年），頁363-364。

123 丁若鏞：《與猶堂全書》第2集第1卷，《大學公議》，卷1，頁34。

124 丁若鏞：《與猶堂全書》第2集第5卷，《孟子要義》〈仁之實事親義之實從兄〉，卷1，頁53。

125 邢麗菊：〈朝鮮時期儒學對孟子「四端說」的闡釋〉，《社會科學戰線》，2006年第6期，頁257。

　　丁若鏞反對孟子的「仁義內在」，主張通過四心（四端的心）從
而成就「四德」。他說：

> 仁義禮智之名，成於行事之後，此是人德，不是人性，若其可
> 仁可義可禮可智之理，具於人性，故孟子以惻隱等四心為四德
> 之端。[126]

　　丁若鏞分析這句話時認為孟子把「四心」與「四德」直接聯繫在
一起，強調經由「四心」激發從而實現「四德」的連貫結構。[127]他說：

> 孟子以四德黏著於四心，與前篇不同，雖然仁義禮智，竟成於
> 行事之後，若以為在心之理則又非本旨。[128]

　　從丁若鏞的倫理觀來看，關於「道」，丁若鏞認為：

> 道者，皆仁也，然孝弟為之根。[129]

　　丁若鏞認為「道」並不是形而上的「理」。他說：

> 孟子一生所察，即道心之存亡也，慾寡則道心亡者亦寡，慾多
> 則道心亡者亦多，君子之所嚴省者，只這存亡而已。[130]

---

126 丁若鏞：《與猶堂全書》第2集第4卷，《中庸講義》，卷1，頁37。

127 〔韓〕琴章泰：《心與性——茶山的《孟子》解釋》（首爾市：首爾大學出版社，
　　2005年12月），頁43-45。

128 丁若鏞：《與猶堂全書》第2集第6卷，《孟子要義》〈公都子曰告子曰性無善不無
　　善〉，卷2，頁22。

129 丁若鏞：《與猶堂全書》第2集第7卷，《論語古今注》，卷1，頁9。

130 丁若鏞：《與猶堂全書》第2集第6卷，《孟子要義》〈盆成括死於齊〉，卷2，頁52。

丁若鏞認為「德」是通過具體的人倫實踐才可成就的「事功」。丁若鏞說：

> 仁者，二人也，事親，孝為仁，子與父二人也，事君，忠為仁，臣與君二人也，牧民，慈為仁，牧與民二人也，人與人盡其分，乃得為仁，故曰強恕而行，求仁莫近焉，在心之理，安得為仁乎，唯德亦然，直心所行，斯謂之德，故《大學》以孝弟慈為明德，《論語》以護國為至德，實行既著，乃稱為德，心體之湛然虛明者，安有德乎，心本無德，況於仁乎。[131]

他認為「德」的成就有兩個要素。一是上天賦予人們的「道心」，另一個是遂「道心」的具體行為實踐，即他所說的「行事」。

　　丁若鏞認為「善、惡」需以具體的行為進行判斷。「善」是順應人倫的實踐行為結果，「惡」是違背人倫的行為，所以「善惡」不能離開人倫。他認為「德」就是「孝、悌、慈」。「孝、悌、慈」是什麼？丁若鏞說：

> 愛養父母，謂之孝；友於兄弟，謂之弟；教育其子，謂之慈。[132]

　　關於「四德」的含義丁若鏞堅決站在與程朱性理學相反的立場上。朱熹按照自身的「理體氣用論」的世界觀認為「德」是形而上的「理」。所以朱熹認為：

---

131 丁若鏞：《與猶堂全書》第2集第6卷，《孟子要義》〈仁人心也義人路也〉，卷2，頁28。

132 丁若鏞：《與猶堂全書》第1集第10卷，《詩文集》〈原〉〈原教〉。

仁義禮智，性也。[133]

從「四德」出發而來「情」的是「四端」。朱熹說：

惻隱羞惡辭讓是非，情也。……緒也。因其情之發，而性之本
然，可得而見，猶有物在中而緒見於外也。[134]

丁若鏞對於「四德」與「四端」的之間的因果關係也與朱熹的看
法不一致。丁若鏞解釋「四端」與「四德」的關係的時候批判朱子
學。朱子學等宋明理學把「四德」看作是「性」，上天賦予把「四
德」在人性裡。他們認為「四端」是從「四德」上現出的四個「端
緒」。但丁若鏞認為「四德」是只有在道德行事之後，才可以成就的
品質。他說：

仁義禮智之名，成於行事之後，故愛人而後謂之仁，愛人之
先，仁之名未立也。善我而後謂之義，善我之先，義之名未立
也。賓主拜揖，而後禮之名立焉；事物辨明，而後智之名立焉
豈有仁義禮智四顆，磊磊落落，如桃仁杏仁，伏於人心之中者
乎！[135]

即丁若鏞認為「四德」是後天的，「四端」是根本的，只有在「四
端」顯出後才會有「四德」。在「德」中「仁」是與聖道、聖學有關
的大綱領，丁若鏞強調：

---

133 朱熹：《四書章句集注》〈孟子集注〉〈公孫丑上〉。
134 朱熹：《四書章句集注》〈孟子集注〉〈公孫丑上〉。
135 丁若鏞：《與猶堂全書》第2集第5卷，《孟子要義》〈人皆有不忍人之心〉，卷1，頁
21。

仁者，人人之疊文也，如孫字為子子之疊文。人與人之盡其
分，謂之仁。故古人謂，愛人曰：「仁」，善我曰：「義」。[136]

丁若鏞認為「德」也是在具體的實踐行為之後，才可以獲得的。
他認為在人們心理上「道心」與「人心」之間會發生矛盾和衝突。
「道心」克制「人心」的狀態是「善」，反之則是「惡」。一個人的
「善、惡」其實全在自家心中，是由心作出判斷，判定這是善是
惡。[137]丁若鏞說：

所異者惟是一箇道心，而道心為物，物形物質，至微至忽（道
經云道心惟微），若於是從而去之，則禽獸而已，將何以自別
乎？[138]

因為上天給予了人們選擇善或惡的主觀權力，其「善、惡」的功與過
都是人們自身的選擇，所以人們應該對自身的行為結果負責。丁若鏞
說：

天之於人予自主之權能，使其欲善則為善，欲惡則以惡。[139]

關於「無是，餒也」的解釋丁若鏞說：

---

136 丁若鏞：《與猶堂全書》第2集第5卷，《孟子要義》〈孟子見梁惠王〉，卷1，頁3。
137 〔韓〕琴章泰：《心與性——茶山的《孟子》解釋》（首爾市：首爾大學出版社，
　　2005年12月），頁18。
138 丁若鏞：《與猶堂全書》第2集第5卷，《孟子要義》〈人之所以異於禽獸者幾希〉，
　　卷1，頁59。
139 丁若鏞：《與猶堂全書》第1集第5卷，《孟子要義》〈滕文公為世子孟子言必稱堯
　　舜〉，卷1，頁34。

竊嘗思之，體餒，非君子之攸憂也。唯是集義積善之功，有所
不至，則內疚外怍，荼然自沮，氣為之餒，是乃君子之所恥
也。[140]

丁若鏞解釋「無是，餒也」的「是」為「道義」，「餒」是「浩然
之氣」，如果沒有「道義」，就沒有「浩然之氣」。「浩然之氣」不能隨
便產生，也是不能強養的。[141]他說：

原夫浩然之氣，不可徒生，不可強養。唯是由道行義，日積月
累，則心寬體胖，俯仰無愧，於是乎貧賤不能戚，威武不能
屈，以至於氣塞天地。[142]

「內端外德說」是丁若鏞對於孟子思想的又一次矯正。同丁若鏞
的心學一樣，在這裡他賦予了「德」更多的實踐性。他反對「德」是
生而有之的，而是四端在實踐中才能產生的品德。關於人性論，丁若
鏞批判「性即理」，確立以「性嗜好說」為主的人性論。丁若鏞對理
學人性先天道德說進行了有力的批駁，這是丁若鏞人性學說最精彩的
部分。按照性理學主張，認為人於賦生之初具有仁義禮智之德，而丁
若鏞說：

仁義禮智之名，成於行事之後，故愛人而後謂之仁，愛人之
先，仁之名未立也。善我而後謂之義，善我之先，義之名未立
也。賓主拜揖，而後禮之名立焉；事物辨明，而後智之名立焉

---

140 丁若鏞：《與猶堂全書》第2集第5卷，《孟子要義》〈公孫丑問不動心〉，卷1，13。

141 〔韓〕鄭一均：《茶山四書經學研究》（首爾市：一志社，1999年），頁173。

142 丁若鏞：《與猶堂全書》第2集第5卷，《孟子要義》〈公孫丑問不動心〉，卷1，頁
18。

> 豈有仁義禮智四顆，磊磊落落，如桃仁杏仁，伏於人心之中者
> 乎！[143]

這是丁若鏞用明晰、準確的語言對理學先天道德說的有力反駁，也是
對孟子學說的發展。[144]

（二）五教

丁若鏞重視以孝悌的倫理論為中心的儒家思想。丁若鏞說：

> 故聖人立教也，唯孝弟是訓。[145]

在社會構成上，丁若鏞最重視的是父母兄弟姐妹的「家」。他注
重父系氏的親屬共同體。這就是西周的「宗法制」。孟子說：

> 聖人有憂之，使契為司徒，教以人倫：父子有親，君臣有義，
> 夫婦有別，長幼有序，朋友有信。[146]

丁若鏞主張「五教」是父義、母慈、兄友、弟恭、子孝。他說：

> 書所謂五典者，父義母慈兄友弟恭子孝也，春秋傳本有明文，
> 故伏生書傳鄭玄書注，以至梅頤贗注，皆釋之如此五倫者中庸

---

143 丁若鏞：《與猶堂全書》第2集第5卷，《孟子要義》〈人皆有不忍人之心〉，卷1，頁
    21。

144 丁冠之：〈戴震、丁茶山的實學思想〉，《煙臺大學學報》哲學社會科學版，1997年
    第1期，頁29。

145 丁若鏞：《與猶堂全書》第1集，《詩文集》〈原〉〈原教〉，卷10。

146 《孟子》〈滕文公上〉。

之五達道也，集注恐誤。[147]

五典五教〈父義母慈兄友弟恭子孝〉約之，則孝弟慈也，君臣
夫婦長幼朋友不與焉。不與焉者，非外之也。孝則必忠，弟則
必恭，夫婦之和，非所勉也，朋友之信，無再勖也。[148]

丁若鏞認為「人」的根本是「孝悌」。首先以實踐孝悌樹立根
本，然後自然可以獲得學問。因為他的家族處於「廢族」狀態，所以
丁若鏞經常強調教養。[149]他強調首先學習經學，然後學習歷史，研究
平天下（好政治）與天下混亂（不好的政治）發生的原因。丁若鏞強
調孝悌不僅是修身的原則，而且是治國平天下的基礎。丁若鏞主張包
括孝悌等所有的儒家傳統的內在價值並不是上天賦予人們的，而是通
過後天不斷的修養與主動地實踐才能實現的。

丁若鏞的禮學「二人相與之際」與儒家禮學一樣，既有血緣關
係，又有非血緣關係。血緣關係的核心是父子關係，非血緣關係的核
心是君臣關係。孟子說：

親親仁也，敬長義也。[150]

仁之實，事親是也；義之實，從兄是也；……禮之實，節文斯
二者是也；……[151]

丁若鏞認為「孝悌」是最重要的，所以他強調社會上諸關係都應

---

147 丁若鏞：《與猶堂全書》第2集第5卷，《孟子要義》〈有為神農之言者許行〉，卷1，
頁44。

148 丁若鏞：《與猶堂全書》第1集第21卷，《詩文集》〈書〉〈示兩兒〉，頁18、19。

149 〔韓〕丁若鏞著；朴錫武編譯：《在流配地寄信》（首爾市：創作與批評社，2001
年5月），頁38、111。

150 《孟子》〈盡心上〉。

151 《孟子》〈離婁上〉。

歸結到整合的父子關係上去。依據宗法整合親屬依賴於個體的
「家」。丁若鏞說：

> 君子之學，始於事親，終於事天。[152]

從父子、兄弟為根本單位的社會通過什麼樣的原理達到整合？丁
若鏞認為其方法是「宗法」。他說：

> 蓮谷既顛，舉族何依，賢輩苟不能登欸崇顯以大門戶，須從閨
> 閫之間極瑣小至猥雜之事，惕然警省先公後私，以扶我懍懍將
> 顛之外家，豈非仁孝盡分人耶？……若使蓮谷不保，賢輩皆失
> 蔭之鹿、涸轍之鮒也，念念勿諼，翊之護之，如周之共和，豈
> 不善哉，種桑八百株以贍閨房之用，植牡丹三百本，以補紙墨
> 之費。[153]
> 宗法者，萬民之所共有也，誠以尊祖敬宗，治天下之大法
> 也。[154]

關於「宗法」丁若鏞的理解與他設想的五倫的天屬範圍是密切相
關。他認為無論怎樣天授予的天屬關係都不能斷。在丁若鏞的社會認
識上，父子兄弟的天屬關係是絕對不能取代的關係。

孟子說：

> 天下之言性也，則故而已矣。故者以利為本。[155]

---

152 丁若鏞：《與猶堂全書》第2集第4卷，《中庸講義》，卷1，22。

153 丁若鏞：《與猶堂全書》第1集第17卷，《詩文集》〈贈言〉〈為尹鐘文鐘直鐘敏贈
　　言〉，頁42、43。

154 丁若鏞：《與猶堂全書》第4集第11卷，〈喪禮四箋〉，卷11，28。

155 《孟子》〈離婁下〉。

丁若鏞不僅重視天屬關係，而且也重視義合關係。君臣、夫婦、朋友、主奴關係都屬於義合關係。其中丁若鏞最關心的關係是君臣、主奴關係。關於君王的特點他說：

> 君臣奴主，斯有名分，哉若天地，不可階升。[156]

在對「仁」的解釋上丁若鏞反對仁是「天地生物之心」的朱子學的宇宙論。孟子認為道德主體決定道德活動，所以道德主體是人存在的根據。丁若鏞在《孟子要義》上強調人的能動性。丁若鏞贊同道德義務論。

> 王子墊問曰：「士何事？」孟子曰：「尚志。」曰：「何謂尚志？」曰：「仁義而已矣，殺一無罪，非仁也；非其有而取之，非義也。居惡在？仁是也；路惡在？義是也。居仁由義，大人之事備矣。」[157]

丁若鏞實學的「行事」是從家庭孝悌的實踐開始的，但「行事」並不僅限於孝悌的實踐。對於天下秩序的管理的「行事」，即是「經世」。丁若鏞批判朱子學在實踐上的消極性，認為它不能成為先聖之學。他強調實踐實用之學。丁若鏞說：

> 以知理之所從出為知天，遂以知理之所從出為盡心，則吾人一生事業，推有窮理一事而已，……仍於事親敬長、忠臣牧民、禮樂刑政、軍旅財賦，實踐實用之學，不無多少缺欠。[158]

---

156 丁若鏞：《與猶堂全書》第5集第23卷，《牧民心書》，卷8，頁1。

157 《孟子》〈盡心上〉。

158 丁若鏞：《與猶堂全書》第2集第6卷，《孟子要義》〈盡其心者知其性〉，卷2，頁35。

　　事親與敬長是孝悌的實踐。丁若鏞認為孝悌的實踐是實踐實用之學的開始與目標。但是只有孝悌的「內聖」不能成功地管理國家，所以丁若鏞強調「外王」的重要性，並提出了具體改革方案。丁若鏞對四書五經解釋工作是為了修身，修身是「本」，治人是「末」。丁若鏞設定的修身是為治國平天下的準備。在這方面是孟子「內聖外王」與丁若鏞「內聖外王」一致的。

　　關於人之關係丁若鏞認為有三種：第一，父子、兄弟的天屬關係；第二，君臣、夫婦、朋友、主奴的後天關係；第三，官僚、百姓的族類關係。其中最核心的是天屬關係，其倫理是「孝、悌、慈」。丁若鏞說：

　　　　道者，皆仁也，然孝弟為之根。[159]

　　在主奴關係上丁若鏞主張恢復奴隸制度。第三種類範疇上丁若鏞的官僚、兩班與農、工、商階級相對立。丁若鏞認為人們在道德能力上相同，但是在道德實踐上有所差異，所以丁若鏞主張道德能力不足的小人應該尊敬君子。

　　總而言之，在倫理道德方面，丁若鏞重視社會構成的最基本單位的親屬共同體與其中的倫理──五教。他認為這五教，即父義、母慈、兄友、弟恭、子孝是為人的根本，也是實學實踐之學的目的。在五教的重要性問題上，丁若鏞贊同孟子的觀點，有所不同的是，丁若鏞更加注重人的主觀能動性對於「五教」在行事上的影響，認為應主動的去實踐五教，進而實踐「經世」。丁若鏞否定仁義禮智是天理在人本性中的體現的程朱先驗原理，他主張仁是性（本質），而孝悌就是用（現象）。丁若鏞重視父子兄弟的血緣共同體的根本性。

---

159 丁若鏞：《與猶堂全書》第2集第7卷，《論語古今注》，卷1，頁9。

三　修養論

　　丁若鏞強調首先應「治心繕性」，後實踐「補世長民」。這意味著修養論若不聯繫經世論的話，則可能失去其真正意義與作用。[160]丁若鏞說：

> 事親事君，皆治人也。[161]

　　丁若鏞的修養論擁有實踐性特點。他說：

> 清淨無為，即漢儒黃老之學，晉代清虛之談，亂天下壞萬物，異端邪術之尤甚者也。[162]

　　丁若鏞認為人的心是「天理」與「私欲」或「道心」與「人心」相衝突的決斷者。他主張保存「道心」以實現存心的修養方法有三個階段。第一是「猛省」、「力克」階段，在心理上分辨善惡，然後克制惡，選擇善。丁若鏞說：

> 人恆有二志，相反而一時併發者，……人能於是乎猛省而力克之。[163]

　　第二是悔過階段，反思追求私欲的罪。第三是可持續實踐「善」

---

160 〔韓〕琴章泰：《心與性——茶山的《孟子》解釋》（首爾市：首爾大學出版社，2005年12月），頁101-102。

161 丁若鏞：《與猶堂全書》第2集第4卷，《中庸講義》，卷1，頁18。

162 丁若鏞：《與猶堂全書》第2集第7卷，《論語古今注》，卷1，頁19。

163 丁若鏞：《與猶堂全書》第2集第6卷，《孟子要義·無為其所不為無欲其所不欲》，卷2，頁41。

的中庸階段。丁若鏞定義「中庸」以「至善而能久」為目的，確立道心，提出人格完善的修養方法。[164]

孟子的「天爵人爵」說。孟子說：

> 有天爵者，有人爵者。仁義忠信，樂善不倦，此天爵也；公卿大夫，此人爵也。古之人修其天爵，而人爵從之，今之人修其天爵，以要人爵；既得人爵，而其天爵，則惑之甚者也，終亦必亡而已矣。[165]

在這裡，修養道德即「天爵」，亦即「內聖」；擔任官職即「人爵」，亦即「外王」。在孟子看來，「人爵」應該是由「天爵」自然帶來的。人一旦獲得了「人爵」，還要繼續保持其「天爵」；否則，獲得了「人爵」以後而棄其「天爵」，就會自取滅亡。[166]對於「天爵人爵」丁若鏞認為「人爵」的標準是「地位」的高下，而「天爵」則是依照「德」高下的。他相信，儘管存在不肖但能得到「人爵」的人，但絕意有不肖而得到「天爵」的人。

（一）盡心知性知天

孟子提出通過盡心、知性達成知天，經過存心、養性實行事天。關於盡心、知性的論題丁若鏞說：

> 竭心力以率性，則可以知其性矣……盡心者行也，行則必知，

---

164 〔韓〕琴章泰：《心與性——茶山的《孟子》解釋》（首爾市：首爾大學出版社，2005年12月），頁127-128。

165 《孟子》〈告子上〉。

166 程湖：《儒家內聖外王道通論》（長沙市：湖南人民出版社，2005年5月），頁17-18。

知則必行，互發而交修者也。[167]

朱熹對「知行」屬於「格物」，「盡心」屬於「知至」的理解問題。丁若鏞說：

> 臣謂此章，即知然後行，行然後知之意也。首一節，是先言如是用工，則其功效必如是。此，行然後知也。次一節，是既知功效如是，則其用工當如是。此，知然後行也。故知性則養性，養性則知性；知天則事天，事天則知天。[168]

丁若鏞認為孟子所說的「盡心」就是「行事」。他說：

> 俛焉日有孳孳，斃而後已，此之謂盡心。盡心者行也。[169]

丁若鏞強調人們的能動性即「行事」。丁若鏞通過新的經典解釋試圖復原聖人的主旨。丁若鏞反對朱子學的陰陽二氣的良能鬼神觀，而認為鬼神是超越性的存在。他說：

> 大抵鬼神非理非氣。[170]

丁若鏞反對朱子學的「理氣論」，而提出宗教神學性的人。他說：

---

167 丁若鏞：《與猶堂全書》第2集第6卷，《孟子要義》〈盡其心者知其性〉，卷2，頁35、36。

168 丁若鏞：《與猶堂全書》第2集第6卷，《孟子要義》〈盡其心者知其性〉，卷2，頁36。

169 丁若鏞：《與猶堂全書》第2集第6卷，《孟子要義》〈盡其心者知其性〉，卷2，頁35、36。

170 丁若鏞：《與猶堂全書》第2集第4卷，《中庸講義》，卷1，頁22。

天地鬼神昭布森列，而其至尊至大者，上帝是己。[171]

丁若鏞所理解的「天」、「人」、「心」的概念是與朱子學所不同的。朱子學所說的「天」、「太極」、「理」、「心」、「性」都不擁有人格主宰的性質。但是丁若鏞所說的「天」、「上帝」、「心」不僅是人格主宰，而且與上天無關。丁若鏞認為上天發出命令，人們受到上天給予的命令。這與以孔子為主的儒家思想有所不同。丁若鏞認為：

文王小心翼翼，昭事上帝。中庸之戒慎恐懼，豈非昭事之學乎。[172]

君子之學，始終事親，終於事天。[173]

丁若鏞認為沒有事親，那就沒有事天，即事親與事天有連續性。丁若鏞認為上天賦予人們生命的時候給人們靈魂，即「靈明無形之體」，在這裡指向善的嗜好，即「性」。他說：

蓋人之胚胎既成，天則賦之以靈明無形之體，而其為物也，樂善而惡惡，好德而恥汙，斯之謂性也，斯之謂性善也。[174]

丁若鏞認為「性」不是先天賦予人的仁義禮智的善，而只是指向仁義禮智的靈魂的欲望。他又認為人們是因為從上天得到自身的靈魂進而區別萬物的存在，所以才會有能動行為。他說：

171　丁若鏞：《與猶堂全書》第2集第4卷，《中庸講義》，卷1，頁22。
172　丁若鏞：《與猶堂全書》第2集第4卷，《中庸講義》，卷1，頁22。
173　丁若鏞：《與猶堂全書》第2集第4卷，《中庸講義》，卷1，頁22。
174　丁若鏞：《與猶堂全書》第2集第3卷，《中庸自箴》，卷1，頁2。

> 天下萬民，各於胚胎之初，賦此靈明，超越萬類，享用萬物。
> 今乃云健順五常之德，人物同得，孰主孰奴，都無等級，豈上
> 天生物之理，本自如此乎，仁義禮智之名，本起於吾人行事，
> 並非在心之玄理。人之受天。只此靈明，可仁可義可禮可智，
> 則有之矣。[175]

　　丁若鏞認為靈魂是行事的真正的主體。他認為人們從天得到的是
行事的主體，即靈魂，仁義禮智只是其靈魂活動的結果。他認為上天
不僅是監督道德實踐的存在，而且是行事的道德根據。他說：

> 天於賦生之初，有此命，又於生居之日，時時刻刻，續有此
> 命。天下能諄諄然命之，非不能也。天之喉舌，寄在道心。道
> 心之所儆告。皇天之所命戒也……對越上帝之只在方寸，正亦
> 以是。求天命於圖籙者，異端荒誕之術也。求天命於本心者，
> 聖人昭事之學也。[176]

　　丁若鏞認為，人也是與萬物一樣是「天（上帝）」的被造物。人
們的「靈明的本體」是從「天（上帝）」被賦予的，同時自身的「形
軀（形）」是受之於父母的。他說：

> 形軀，受之父母。[177]

　　丁若鏞認為，「心」是身體的主宰，特別是「道義之心」即他認
為「道心」是主宰。他說：

175　丁若鏞：《與猶堂全書》第2集第4卷，《中庸講義》，卷1，頁2。
176　丁若鏞：《與猶堂全書》第2集第3卷，《中庸自箴》，卷1，頁3。
177　丁若鏞：《與猶堂全書》第2集第15卷，《論語古今注》，卷9，頁10。

人身雖有動覺，乃於動覺之上，又有道義之心為之主宰。[178]

丁若鏞解釋耳、目的感覺與心的關係時說：

> 耳目非以小體言也，物與我之相接，其門路在於耳目，耳收聲
> 而納之於心，目收色而納之於心，是其職耳，耳目但修其職分
> 而已，顧何嘗使此心強從其所納哉。[179]

孟子在對比感覺器官耳、目與思考功能器官「心」的關係時說：

> 耳目之官不思，而蔽於物，物交物，則引之而已矣。心之官則
> 思，思則得之，不思則不得也。此天之所與我者。[180]

所以丁若鏞認為判斷、決定行為的主體是「心」，這「心」的主要活
動技能就是「思」。他說：

> 其能或從，而或違者，以心官之能思也。[181]

丁若鏞主張「靈明」是心（大體）的感覺、認識能力，即「心」
與「身體」的區別在於有沒有「形體」和「感覺」、「認識」能力。
關於「心」、「性」的概念丁若鏞將其各自區分。他說：

---

178 丁若鏞：《與猶堂全書》第2集第6卷，《孟子要義》〈公都子曰告子曰性無善不無
善〉，卷2，頁23。

179 丁若鏞：《與猶堂全書》第2集第6卷，《孟子要義》〈公都子問或從其大體或從其從
體〉，卷2，頁29。

180 《孟子》〈告子上〉。

181 丁若鏞：《與猶堂全書》第2集第6卷，《孟子要義》〈公都子問或從其大體或從其從
體〉卷2，頁29。

生則曰性，死則曰魂，其實性與魂異，性非吾人大體之全名
也，余謂性者，主於嗜好而言。[182]

孟子說：

盡其心者，知其性也。知其性，則知天矣。[183]

從這句話我們看得出孟子試圖將「心、性、天」相互關聯起來。丁若
鏞則試圖將「心、性、天」一體化。他說：

後世之學，都把天地萬物無形者、有形者、靈明者、頑蠢者，
並歸之於一理，無復大小主客，所謂始終一理，中散為萬殊，
末複合於一理也，此與趙州萬法歸一之說，毫髮不差。[184]

丁若鏞解釋《孟子》，注重在心理上的「志」。孟子說：

夫志，氣之帥也；氣，體之充也。[185]

丁若鏞說：

原夫吾人之所以生養動覺，惟有血氣二物，論其形質，血粗而
氣精，血鈍而氣銳。凡喜怒哀懼之發，皆心發為志，志乃驅

---

182 丁若鏞：《與猶堂全書》第2集第5卷，《孟子要義》〈滕文公為世子孟子言必稱堯
舜〉，卷1，頁32。
183 《孟子》〈盡心上〉。
184 丁若鏞：《與猶堂全書》第2集第6卷，《孟子要義》〈盡其心者知其性〉，卷2，頁37。
185 《孟子》〈公孫丑上〉。

氣，氣乃驅血，於是見於顏色，達於四體。[186]

就是說，他提出了生、養、動、覺的人們進行身體活動的條件是「血」與「氣」，提出人們「心」引起的喜、怒、哀、懼感情作用中，「心」的主要激發形式是「志」。他認為，人們心理上的「氣」轉移到身體上的「血」與「氣」後，人們的情、志就通過身體的狀態、四體顯示出來。

　　丁若鏞承認意志對物質（客觀事物）具有能動的反作用，「人心」即「意志」。故通過反思選擇善良的方向，抑制走上惡的方向的意志能實現「道」。對孟子所說的：

　　　　無為其所不為，無欲其所不欲。[187]

　　丁若鏞分析：

　　　　所不為所不欲，是發於道心，是天理也，為之欲之，是發於人心，是私欲也，無為無欲，是克制人心，而聽命於道心，是所謂克己而復禮也。[188]

這是順從道心追求天理的途徑，與聽從「人心」追求私欲的關係。並且丁若鏞通過「天理」與「私欲」的區別強調「道心」與「人心」的對比。[189]

---

186 丁若鏞：《與猶堂全書》第2集第6卷，《孟子要義》〈公孫丑問不動心〉，卷1，頁16。

187 《孟子》〈盡心上〉。

188 丁若鏞：《與猶堂全書》第2集第6卷，《孟子要義・無為其所不為無欲其所不欲》，卷2，頁41。

189 〔韓〕琴章泰：《心與性——茶山的《孟子》解釋》（首爾市：首爾大學出版社，2005年12月），頁19-20。

孟子說：

> 仁，人心也。[190]

丁若鏞引用孟子所說的：「夫仁，……人之安宅也。」[191]他說：

> 余謂心者吾人神明之所宅也。神明以心為宅，以為安居，此云
> 仁人心也者，猶言仁人宅也。仁者人之安宅……直心所行，斯
> 之德。……心本無德，況於仁乎。[192]

丁若鏞認為，是否實行「仁」在於人們心理上的選擇，這是人們
的特點，他強調「仁」並不是與生俱來的。他主張天先授予人們是私
欲與天理的兩個分裂狀態，其次在現實中自己的心具有選擇的自主之
權。他說：

> 天既賦之以此性，故又能時時刻刻提醒牖啟，每遇作惡，一邊
> 發愁，一邊沮止，明沮止者，即本性所受之天命也，……故天
> 之於人，予之以自主之權，使其欲善則為善，欲惡則為惡，遊
> 移不定，其權在己，不以禽獸之有定心。[193]

這段話把握了人心的本質，一針見血的指明了人與動物的區別，
那就是動物行事只依照「本能」，即他們的「定心」，沒有明斷是非，

---

190 《孟子》〈告子上〉。
191 《孟子》〈公孫丑上〉。
192 丁若鏞：《與猶堂全書》第2集第6卷，《孟子要義》〈仁人心也義人路也〉，卷2，頁
    28。
193 丁若鏞：《與猶堂全書》第2集第5卷，《孟子要義》〈滕文公為世子孟子言必稱堯
    舜〉，卷1，頁34。

去選擇其行為方式的能力。與此不同的是，人心具有「嗜好」，人不僅有和動物一樣的本能，即人欲，但同時，人還具有道心，而心的作用，就是在人欲與道心中進行選擇。與此相應，盡心知性的目的就在於讓人可以聽憑自己的心，由其自主選擇，並以此行事。基於人心與道心的理論，丁若鏞對孟子的「克己復禮」進行了更為深入和現實的闡述，他的聽命於道心，克制人心的觀點，比之孟子對此的理解，更具實踐性和唯物主義辯證的觀點。

（二）存心養性事天

丁若鏞認為孟子所說的「存心」是：

> 存心之說，起於孟子。今詳孟子所言，與先正所言，其趣不同。[194]
>
> 存心，有古今之異，古之所謂存心者，心將亡而保之也。⋯⋯上篇曰：「人之所以異於禽獸者，幾希。君子存之，小人去之。」凡所謂存心者，皆存幾希之謂也。⋯⋯幾希者，道心也。⋯⋯存者，保其將亡之意。[195]
>
> 孟子所謂存心者，每於行事之時，去私而循命，棄惡而從善，以存此幾希將亡之一點道心。[196]

「不動心」是孟子實現「存心」的「修養論」的方法。丁若鏞主張的實現「不動心」有兩個方法，即「養氣」、「知言」。[197]他說：

194　丁若鏞：《與猶堂全書》第2集第1卷，《大學公議》，卷1，頁30。

195　丁若鏞：《與猶堂全書》第2集第6卷，《孟子要義》〈君子所以異於人者以其存心〉，卷2，頁3。

196　丁若鏞：《與猶堂全書》第2集第6卷，《孟子要義》〈盡其心者知其性〉，卷2，頁37。

197　〔韓〕琴章泰：《心與性——茶山的《孟子》解釋》（首爾市：首爾大學出版社，2005年12月），頁136。

知言者，知言語之本在心也。[198]

丁若鏞認為，浩然之氣是「義」與「道」的結合。丁若鏞主張的「不動心」指的是心的一種自我約束，自我節制。

凡外物之來，或可喜可怒可哀恐懼之等，皆足以動吾心，若吾之喜怒哀恐懼之情，隨物亂動，無所節制，則不可以居高鎮物。[199]

這說明喜怒哀恐懼等的感情雖然都是由「心」得到的，但這些「情」都不是自然引起的而是外部受到刺激而形成的。

對修養的方法丁若鏞認為孟子所說的：

人之所以異於禽獸者幾希，庶民去之，君子存之。[200]

中「幾希」是赤子之心、道心。所以，他認為存心的對象是「道心」，而且確認「道心」是區別人們與禽獸的條件，即「幾希」是道心，保存道心是人們，而不保存道心是禽獸，保存「道心」而不失去的話便為聖人。丁若鏞說：

幾希者道心也，道心猶有存者則人也，道心無攸存者則禽獸也，道心全存而不亡則聖人也，存與不存，所爭只是此物，欲存此物，則凡事親、事長、事君、交友、牧民、教人之際，勉

---

198 丁若鏞：《與猶堂全書》第2集第5卷，《孟子要義》〈公孫丑問不動心〉，卷1，頁17。
199 丁若鏞：《與猶堂全書》第2集第5卷，《孟子要義》〈公孫丑問不動心〉，卷1，頁14。
200 丁若鏞：《與猶堂全書》第2集第6卷，《孟子要義》〈牛山之木嘗美矣〉，卷2，頁26。

行其忠信，無一毫欺詐不誠之差，然後方可日不失也。[201]

丁若鏞實現「養性」與修身的治道。丁若鏞對「情」也有所說明，他說：

> 人之所以動心，其端不一，凡外物之來，或可喜、可怒、可憂、可哀、恐懼之等，皆足以動吾心。若吾之喜、怒、憂、哀、恐懼之情，隨物亂動，無所節制，則不可以。居高鎮物，此所以處大位、當大任者，首以不動心為貴。古人讚美賢宰相，必稱太山喬岳、深林鉅谷、中流之砥、大廈之柱，誠以其不動心。如是，然後方可以居百僚之情也。[202]

「情」也同「性」一樣源於人的生理、心理「嗜好」，因之，「凡外物之來」則或喜或怒，猶哀恐懼而多情。「情」不像後儒所言，發於氣質，而是有「嗜好」的主體對「外物之來」感受、體驗的情感判斷。作為社會存在的人，「情」不可「隨物亂動」，不能僅憑血氣情動，如畜牲然，「無所節制，則不可以。」丁若鏞居實論「情」，未做玄妙曲象，貼近現代的性與情之理解，卻相當發人深省。

由「嗜好」所發之「情」，是要「有所節制」的，尤其對「居高鎮物」的「當大任」者，負有更多的社會責任，就更要做出表率，才可為「中流之砥，大廈之柱」。相反，為一私之利，亂其清心，必不可「處大位」。[203]丁若鏞說：

---

201 丁若鏞：《與猶堂全書》第2集第6卷，《孟子要義》〈君子所以異於人者其存心〉，卷2，頁3。

202 丁若鏞：《與猶堂全書》第2集第5卷，《孟子要義》〈公孫丑問不動心〉，卷1，頁14。

203 葛榮晉主編：《中國實學思想史》下卷（北京市：首都師範大學出版社，1994年），頁365。

天既賦之以好德恥惡之性，而若其行善行惡，今可遊移，任其
所為，此，其神權妙旨之凜然可畏者也。[204]

關於天命思想與「牧」的使命，丁若鏞說：

民竭其膏血津髓，以肥其牧。民為牧生乎，曰否否。牧為民有
也。邃古之初民而已。豈有牧哉。民於於然聚居，有一夫與鄰
鬨莫之決，有叟焉，善為公言，就而正之，四鄰咸服，推而共
尊之，名曰里正⋯⋯數州之長，推一人以為長，名之曰國君，
數國之君，推一人以為長，名之曰方伯。四方之伯，推一人以
為宗，名之曰皇王。皇王之本起於里正。牧為民有也。[205]

在「上帝」的問題上，丁若鏞承認在某種程度上「天主」是存在
的。儘管他是基督教徒，但是他的思想沒有擺脫儒家道德思想的影
響。這是「天人合一」。他認為人們行為結果的「功」與「罪」都是
人們自身應負的責任。上帝按照人們行為結果決定人們的「福」或
「禍」。丁若鏞認為人性是由「道義」與「氣質」這兩種構成的
「性」，而禽獸之性只是純粹的「氣質之性」。上帝只有在人出生的時
候賦予人們「道義之性」。丁若鏞認為決定人們的道德性要素是不在
於外部，而是人們生來的時候所擁有的能善能惡的「主體的權能」。
所以，人們成為君主還是小人是按照人們自身的決斷與實踐決定的。
　　總之，將「心」剝離為道心和人心之後，丁若鏞對於孟子所說的
「存心養性事天」有了不一樣的解釋。在丁若鏞看來，孟子的「幾
希」即是道心，道心的去存是人和動物的區別。而丁若鏞講的「不動
心」，則指的是心的自我調節與克制能力。丁若鏞承認人與動物先天

---

204 丁若鏞：《與猶堂全書》第2集第15卷，《論語古今注》，卷9，頁11。
205 丁若鏞：《與猶堂全書》第1集第10卷，《詩文集》〈原〉〈原牧〉，頁4。

上具有區別，但是否認人生而伴隨某種先天價值的存在，他認為人的價值的體現在於人在外部實踐的結果，而「心」正是主導這行為結果的主體。因此需要存「道心」，以區別人和動物，養「性」，以保持「心」的平靜。

（三）以「質本文末」與「文本質末」並用為基礎

丁若鏞認為當今最要緊的時務不是「抑文」，而是「修文」。有時丁若鏞認為「質」是根本，「文」是末。即「質本文末說」。但有時候丁若鏞又強調「文本質末說」。他說：

> 禮者，天地之情，……聖人特於是為之節文焉。[206]
> 禮無定制，人自義起，遂令原野之俗，……人情無限，禮制有防。[207]

孟子認為「禮」是親親秩序的「文」。「文質彬彬」中，「文」是文飾，節文。「文」不是上天賦予的，而是後天修養的。

關於「文質」丁若鏞認為孝悌忠信的實踐即「仁」是「質」，禮樂的文是飾「仁」。對於孔子所說的「文質彬彬」中文與質的關係，丁若鏞說：

> 苟非其質，文無所施，故所先者質，非謂徒質可以為成人也。以一身，則徒質無文者，不免為野人，在一國，則徒質無文者，不免為仁夷，然文者特質而成，若本無質，仍亦無文，既名為文其本有質。[208]

---

206 丁若鏞：《與猶堂全書》第3集第1卷，《喪禮四箋》〈序〉。
207 丁若鏞：《與猶堂全書》第3集第22卷，《祭禮考定》，頁18、19。
208 丁若鏞：《與猶堂全書》第3集第9卷，《論語古今注》，卷3，頁11。

丁若鏞認為如果沒有「質」，就沒有「文」，如果有「文」，就已有「質」。他認為「禮（文）」與「道德仁義（質）」是連續的，「禮」是「質」陶冶出的形態。丁若鏞認為因為「文」的衰退，所以「質」也隨之衰退。丁若鏞主張為了恢復「質」，首先應陶冶「文」。[209]他說：

> 文盛則為文武成康，文衰則為幽厲平赧。今之陋儒每云，周末文勝。不亦謬乎。誠若周末文勝，周其再昌矣。文之為勿，盛於西周，衰於東周，滅於秦，熄於漢，冷於唐。惟其文滅也，故德教禮樂典章法度，不可復興……是則文亡之故質亦亡也。古者欲成其文者，宜先務其質，今也則不然，欲反其質者，宜先修其文。何者？先王之道不明，卒無以反乎質也。其勢之相乘相減如此，而儒者一開口，輒以抑文為主，豈所謂識時務者乎。[210]

丁若鏞在寄信給兩兒（學淵、學遊）中勸告應在「孝」、「悌」的基礎上去地理解經史、禮樂、兵農、醫藥。他不斷勸告兒子努力學習、讀書，雖然丁若鏞家庭被處於廢族狀態，但是他認為只要努力學習的話，那就能成為聖人。丁若鏞提出學習時應該具備的三個條件，即「動容貌」、「出辭氣」、「正顏色」。丁若鏞在寄信給二兒時強調只有讀書是才是生活最好的朋友。[211]他說：

> 讀書，必須先立根基，根基謂何。非基於學，不能讀書，志學，必須先立根基。根基何謂。曰惟孝悌是已。先須力行孝

---

209 〔韓〕崔真德：《茶山的思想與其現代意思》（城南市：韓國精神文化研究院，1998年1月），頁287-290。

210 丁若鏞：《與猶堂全書》第3集第9卷，《論語古今注》，卷3，頁11。

211 〔韓〕丁若鏞著，朴錫武編譯：《在流配地寄信》（首爾市：創作與批評社，2001年5月），頁68。

悌，以立根基，則學問自然浹洽。學問既浹洽，則讀書不須別
講層節耳。[212]

為了讀書先應該樹立根本，這就是丁若鏞注重「質」的根據。[213]他說：

孔子不以文為病確言從周。[214]

丁若鏞認為周朝的「文」是後代歷史的範式。如果「文」興盛的話，
那就是盛世，如果「文」衰退的話，那就成為落後的時代。西周以來
燦爛的「文」到東周以來持續衰退造成了東周歷史的沒落。對於東周
沒落的原因，丁若鏞認為「文」的衰退造成「質」的衰退。所以，陶
冶先王的道是挽救「文質」的唯一方法。

　　子曰：「質勝文則野，文勝質則史。文質彬彬，然後君子。」[215]
這意思是說，只有當文與質相得益彰時，才稱得上是君子，哪一方面
過了，都不能算得真正的君子。這是一個中庸的觀點，講求一種平
衡。但是在現實社會中，對於社會風氣以及個人修養，文與質究竟孰
重孰輕，孰先孰後呢？即使對丁若鏞而言，這也是一個難以回答的問
題，因此，他提出「質本文末」與「文本質末」並用的觀點，認為在
不同的環境下，需要側重的方面各不相同。但是，在大部分情況下，
丁若鏞仍以質為先，認為「苟非其質，文無所施」「志學，必須先立
根基。根基何謂。曰惟孝悌是已。」但同時，文與質又有著密不可分
的聯繫，當文衰退的時候，質也會隨之墮落。因此，文與質仍需並
舉，共同前進，才會帶動社會的發展。

212　丁若鏞：《與猶堂全書》第1集，《寄二兒》，卷23，頁4。
213　〔韓〕琴章泰：《茶山實學探究》（首爾市：小學社，2001年4月），頁50-51。
214　丁若鏞：《與猶堂全書》第2集第7卷，《論語古今注》，卷1，頁36。
215　《論語》〈雍也〉。

第三節　丁若鏞借鑑孟子「外王」思想

一　經世論

丁若鏞認為人格修養達到一定程度即可治道。丁若鏞的經世論是在經學基礎上追求經世致用的實學。丁若鏞的經世論注重「民」的問題。丁若鏞經濟思想的核心是「富民論」、「富國論」。孟子的「仁政」、「恆產」觀念影響了朝鮮王朝的實學思想。孟子「外王」思想在韓國體現在丁若鏞的「經世致用」思想上。丁若鏞生活的時期是十八世紀後期與十九世紀初，正是朝鮮封建社會開始解體的階段。在思想上朱子學站在統治地位。少數支配層掌握政權、濫用權力、腐敗深化。為了克服當時朝鮮社會的矛盾，實學者「主氣」派提出了改革方案。在當時「主理」派佔據主導地位的時代背景下，改革社會意味著挑戰支配秩序，所以發生了政治鬥爭。

古代儒家反對「士」的「默坐靜存」態度，[216]丁若鏞說：

> 古學用力在行事而以行事為治心。今學用力在養心，而以養心至廢事故也。欲獨善其身者今學亦好，欲兼濟天下者古學乃可。[217]

丁若鏞也認為「內聖」與「外王」是應結合在一起的。他說：

> 仁者，二人也，父子二人也，君臣二人也，民牧二人也，囊所

216　〔韓〕金炯孝：《茶山的思想與其現代意思》（城南市：韓國精神文化研究院，1998年1月），頁23。

217　丁若鏞：《與猶堂全書》第2集第6卷，《孟子要義》〈牛山之術嘗美矣〉，卷2，頁27。

謂萬物不出人倫之外，故結之曰，強恕而行，求仁莫近焉。[218]

　　丁若鏞的經世論體現了他希望實現社會共同體的理想，其具體的方法在《牧民心書》中加以闡述。丁若鏞提出牧民官的心法三綱是律己、奉公、愛民，牧民的六典是有吏典、戶典、禮典、兵典、刑典、工典。丁若鏞強調應在修身的基礎上治民。

　　丁若鏞重視教育，同時更重視對牧民之學的教育，他說：

　　大學教國子，使各修身而治民，治民者牧民也。然則君子之學，修身為半，其半牧民也。[219]

　　在丁若鏞看來，首先，律己是對牧民官道德性的基本要求，丁若鏞提出六個條目：即「飭躬」、「清心」、「齊家」、「屏客」、「節用」、「樂施」。其中丁若鏞特別重視清廉。丁若鏞說：

　　廉者，牧之本務，萬善之源，諸德之根，不廉而能牧者，未之有也。[220]

　　其次，奉公是指誠實的履行行政職責。丁若鏞也提出六點：即，「宣化」、「守法」、「禮際」、「文報」、「貢納」、「徭役」。在這之中，丁若鏞強調守法。丁若鏞說：

　　不為利誘，不為委屈，守之道也，雖上司督之，有所不受。[221]

---

218 丁若鏞：《與猶堂全書》第2集第5卷，《孟子要義》〈萬物皆備於我強恕而行求仁莫近〉，卷1，頁40。
219 丁若鏞：《與猶堂全書》第5集第16卷，《牧民心書》〈自序〉。
220 丁若鏞：《與猶堂全書》第5集第17卷，《牧民心書》〈律己六條第二〉。
221 丁若鏞：《與猶堂全書》第5集第18卷，《牧民心書》，卷3，頁5。

以重民生，以尊國法。[222]

再次，愛民是做為牧民官，保護百姓的基本原則和信條。在這個原則之下，丁若鏞又將其細化成六部分：即，「養老」、「慈幼」、「振窮」、「京喪」、「寬疾」、「救災」。[223]

為什麼搞政治？孔子說：

> 《書》云：孝乎，惟孝友於兄弟，施於有政。」是亦為政，奚其為為政。[224]

對於孔子的看法丁若鏞解釋：

> 為政謂專王一國之政，有政謂庶官分掌之政。……為政者手執政柄之謂。……卿大夫非一人而為政者必上卿之長者一人而已。由是推之，凡主事者，蓋謂之為政，如《左氏傳》……若仕者皆得為政，是亂其國也。備位之仕，亦各有政。故《書》曰：施於有政，蓋以為政，有政，天淵不侔，故孔子自居有政以當為政，若以備位之仕，皆名為政，則孔子未嘗不有政，或人不當以不為政問之也。有政者，猶《書》所云，有位有土，明亦任職居官之名。集注以為一家之政，恐不然也。[225]

關於政治丁若鏞認為「政者正也」，就是說，以修己為中心的政治論是丁若鏞的政治思想。丁若鏞的政治思想具有「有為之治」的實

---

222 丁若鏞：《與猶堂全書》第1集第9卷，《文》〈京圻禦史覆命後論事疏〉，卷9，頁42。
223 〔韓〕琴章泰：《茶山實學探究》（首爾市：小學社，2001年4月），頁229-233。
224 《論語》〈為政〉。
225 丁若鏞：《與猶堂全書》第2集第7卷，《論語古今注》，卷1，頁34。

踐性。其中「治」的場所是國家。《大學》的「國家」是修身齊家治國平天下具有邏輯上的一致性。但丁若鏞認為國家是一個實體，是從「家」分離出來的特殊的存在。[226]

丁若鏞認為德治的基礎在於「井田法」，因而只有先完善土地制度，然後「禮法」、「樂」、「軍事」、「刑罰」才能進行調整。[227]丁若鏞說：

> 田政先正，然後禮樂兵刑萬緒千頭，俱有條理，柳磻溪經國之書，必從田政始，可謂知本之學也。[228]

丁若鏞借鑑孟子的「民貴君輕」思想。他說：

> 牧為民有乎？民為牧生乎？民出粟米麻絲以事其牧，民出輿馬騶從以迎送其牧，民竭其膏血津髓以肥其牧，民為牧生乎？曰否否，牧為民有也。邃古之初，民而已，豈有牧哉？[229]

丁若鏞在修己道德的「內聖」上認同孟子「性善論」的道德實踐──「孝─悌─慈」三德，但是在「外王」方面希望嚴格執行刑罰與法制。丁若鏞反對堯舜通過道德感化而順治萬人的「無為而化」。他說：

> 由是溯觀二典二謨，……都是考績一事。夫典者為國之法也，

---

226 參見〔韓〕裵柄三：《茶山的思想與其現代意思》（城南市：韓國精神文化研究院，1998年1月），頁412。

227 〔韓〕琴章泰：《茶山實學探究》（首爾市：小學社，2001年4月），頁71。

228 丁若鏞：《與猶堂全書》第2集第5卷，《孟子要義》〈離婁之明公輸子之巧〉卷1，頁49。

229 丁若鏞：《與猶堂全書》第1集第10卷，《詩文集》〈原〉〈原牧〉，頁4。

謨者治國之謀也。……莫有先於考績一事，……今人謂舜方且
垂衣拱手，瞑目儼坐，如泥塑人，而天下自然太和，非大夢
乎？[230]

孟子認為君主帶有惻隱之心執政的話，能實現王道政治。但是荀
子認為人的本性是生而有欲，他說：

凡人有所一同：饑而欲食，寒而欲煖，勞而欲息，好利而惡
害，是人之所生而有也，是無待而然者也，是禹、桀之所同
也。[231]

丁若鏞的經世論是對現實的客觀理解。丁若鏞在實踐實學上借鑑
孟子的「性善」哲學，但在治人的外王方面採納了荀子的「性惡」哲
學。荀子認為善不是人們內在的道德性根據，而是強調人的行為應符
合外在的制度。荀子說：

欲惡取舍之權：見其可欲也，則必前後慮其可惡也者；見其可
利也，則必前後慮其可害也者；而兼權之，孰計之，然後定其
欲惡取舍，如是則常不失陷矣。[232]

性惡論是與欲望有關。人的欲望是什麼？荀子說：

人生而有欲；欲而不得，則不能無求。[233]

---

230 丁若鏞：《與猶堂全書》第1集第20卷，《詩文集》〈書〉〈上仲氏〉，頁14。
231 《荀子》〈榮辱〉。
232 《荀子》〈不苟〉。
233 《荀子》〈禮論〉。

對於丁若鏞的「內聖外王」而言，如果說在「內聖」方面他與孟子是略有分歧的話，在「外王」方面則可謂是殊途同歸了。所同者，都為百姓計，以百姓的福祉為己任，所異者，方法也。而究其根本，則丁若鏞對於人性的態度，是介於孟子與荀子之間的，他既認同人性有向善的嗜好，同時也肯定人性本身具有追求欲望的本能。體現在「內聖」上，則是以「道心」為主，講求心的決斷能力，認為修養的目的是為了讓「道心」克制「人心」。而體現在「外王」上，則以關注「人心」為主，尋求一種能夠警示、制約、懲罰「人欲」的方法，也就是荀子所提倡的以法治國。而丁若鏞對於荀子的法家思想在「外王」方面的應用，是建立在對於朝鮮社會現狀以及人性的準確把握之上的，極具實踐性。

（一）井田制

西周的井田制的範疇裡包括：一、以劃分農田的境界為基礎的國土計畫或者設行政區域；二、農田的所有制及農業經營的方式（動員勞動和分配）；三、在耕地區域及以土地所有制度為基礎的租稅制度或徵收體系等。但丁若鏞有時擴張其延伸，將以井田制為基礎的軍事制度也稱為井田制。有時說，井田制的目的在於教育人民。此時，當然，軍事制度，就是可以理解為同井田制有關的制度，對人民的教育也是通過它所追求的目的之一。[234]

孟子主張通過井田制擴大生產，強調通過土地的均等分配實現財產均等。孟子要堅持井田制的什一制。井田制破壞的起因，始於私欲之膨脹。在上者不體恤下民，破壞什一之制，隨意增加賦稅；在下的庶民被個人利益驅使，疏於公田上的勞作，因而公田所入日益下降，亦迫使在上者改變其耕公田的做法。既然各方面的原因使得共耕公田

---

234 中國實學研究會編：《中國實學史研究》（北京市：中國人民大學出版社，1998年），頁291。

的什一之制無法實行，各諸侯國就開始紛紛破壞井田舊制，不再嚴格
照舊制僅收取公田上的產品，而是兼向農民按其私田畝數另外徵收實
物形態的賦稅，兩者並行。這樣，暗中增加稅率就變得輕而易舉了。
此時各諸侯、大夫方務於聚斂、併兼，根本無暇顧及先王敬民保民的
告誡，大破壞井田制，賦稅一加再加，使人民的負擔越來越重。

　　丁若鏞看到朝鮮田地制度的紊亂，為了改善土地制度，他提出瞭
解決方案。並且丁若鏞在孟子的基礎上擴展其外延，將以井田制為基
礎的軍士制度也稱為井田制。但無論是丁若鏞的〈井田論〉還是〈井
田議〉，其範圍極廣，並且涉及到整個國家和社會的基礎問題。丁若
鏞說：

> 孟子一生經濟在於經界，大抵井田之法在王政，如規矩之於方
> 圓，六律之於宮商，田政先正，然後禮樂兵刑，萬緒千頭俱有
> 條理。……井田今不可行，惟均田之法在上者斷而行之斯可為
> 矣。[235]

　　丁若鏞在他的《田論》上主張耕地的共同所有，提出按照勞動的
多少共同分配勞動成果的共產主義思想。他為瞭解決人民與國家的危
機主張富國強兵。

　　對於「井田制」丁若鏞提出了自己的獨特理論。關於「井田制」
的起源，丁若鏞反對朱熹的見解。他說：

> 朱子謂：「井田之制，始於商人」恐不然也。……中國開物之
> 聖，原有井田之制。特其制度之詳密，規模之齊整，必在堯舜

---

235 丁若鏞：《與猶堂全書》第2集第5卷，《孟子要義》〈離婁之明公輸子之巧〉，卷1，
　　頁49。

之際耳。殷人周人不過於成法之中量其事時宜，稍加變通而
已。[236]

丁若鏞反對朱熹認為井田制是始於殷朝的觀點。他說：

商人始為井田之制，……[237]

關於井田制的現實實踐，丁若鏞的方案是通過耕者有其田與土
地均分保護小農經濟，然後富強國家。井田制是王道政治的重點。丁
若鏞說：

孟子一生經濟在於經界。大抵井田之法在王政，……柳磻溪經
國之書，必從田政始，可謂知本之學也。[238]

丁若鏞通過耕者有其田與土地均分保護小農經濟。他強調王道政治的
出發點在於「田政」。丁若鏞主張制訂「田產」使他們得以奉養父母
是王政的首要任務，並且認為這才是真正的養老。[239]他說：

文王行王政，斑白者不負戴於道路，五十者衣帛，七十者食
肉，皆所以養老也。……豈膠庠燕饋之謂乎？王政莫大乎制民
田產，教之樹畜，導其妻子，使各奉養。若欲選其耆老，人人

---

236 丁若鏞：《與猶堂全書》第2集第5卷，《孟子要義》〈滕文公問為國夏殷周皆什
一〉，卷1，頁37。

237 丁若鏞：《與猶堂全書》第2集第5卷，《孟子要義》〈滕文公問為國夏殷周皆什
一〉，卷1，頁37。

238 丁若鏞：《與猶堂全書》第2集第5卷，《孟子要義》〈離婁之明公輸子之巧〉卷1，
頁49。

239 〔韓〕鄭一均：《茶山四書經學研究》（首爾市：一志社，1999年），頁167-170。

而惠養之，則不惟力不足，抑亦惠而不知為政也。[240]

關於「土地的均分」丁若鏞主張施行「閭田制」，這「閭田制」的主要內容是耕地的共同所有、共同耕作、共同分配。關於閭田，他具體論述說：

> 何謂閭田？因山溪川原之勢而盡畫為界，界之所函，名之曰閭（周制二十五家為一閭，今韻其名，約於三十家，有出人，志乎必一定其率），閭三為里（風俗通五十家為一里，今借其名，不必五十家），里五為坊（坊、邑、里為名箋，有九子坊，今國俗亦有之），坊五為邑（周制四井為邑，今以郡縣治所為邑）。閭置閭長，凡一閭之田，今一閭之人咸厥事，無此彊爾界，唯閭長之命是聽，每役一日，閭長注於冊簿。秋既成，凡五穀之物，悉輸之間長之堂（閭中之都堂也），分其糧，先輸之公家之稅，次輸之閭長之祿，以其餘配之於日役之簿。假令得穀為千斛。有一夫焉，其夫婦子媳注役共八百日，則其分糧為四十斛。有一夫焉，其注役十日，則其分糧四斗而已矣。[241]

丁若鏞的閭田思想是從上古的井田思想引發而來的。他說：

> 井田者，聖人之經法，可通於古今。利行於古而不便於今者，必其法有所不明而然，非天下之理者，古今之殊也。[242]

---

240 丁若鏞：《與猶堂全書》第2集第5卷，《孟子要義》〈伯夷辟紂居北海之濱〉，卷1，頁51。
241 丁若鏞：《與猶堂全書》第1集第11卷，《詩文集》〈論〉〈田論三〉，頁4。
242 丁若鏞：《與猶堂全書》第5集第5卷，《經世遺表》〈井田論一〉，卷5。

但在這之後，他又回復了「井田制」的思想。丁若鏞的「井田制」是以農民的自主經營為主的土地制度。他說：

> 今欲使農者得田，不為農者不得之，則行閭田之法，而吾志可遂也。[243]

丁若鏞的井田制概念包括：一、整理農田和灌溉工作（生產力）；二、土地所有、勞動及經營組織（生產關係）；三、田稅制度等國家徵收方式（上層結構）等。他把所有農業生產的社會經濟制度，都包括於井田制中。其中，核心部分是顯而易見的，即規定土地所有及勞動組織，而經營方式是第二主要因素，其本質內容為生產關係。[244]丁若鏞在《孟子要義》上論述了井田制已不能實行的原因。他說：

> 柳磻溪經國之君，必從田政始，可謂知本之學也。井田今不可行，惟均田之法，在上者斷而行之，斯可謂矣。[245]

因為丁若鏞設想的理想王政的基本法制是建立在三代王政的模型《周禮》上的，所以丁若鏞主張應該實行井田制。但後來又認為井田制不能適應社會現狀，其理由是丁若鏞對井田制的看法改變了，即早期丁若鏞認為井田制是單純的土地私有，但後來他認為井田制是王政的基本制度。西周的井田制不允許土地所有制，而保障土地使用權。而丁若鏞堅持土地公有，因此不贊同建立在《周禮》之上的井田制。

---

243 丁若鏞：《與猶堂全書》第1集第11卷，《詩文集》〈論〉〈田論三〉，卷1，頁4。

244 中國實學研究會編：《中國實學史研究》（北京市：中國人民大學出版社，1998年），頁291。

245 丁若鏞：《與猶堂全書》第2集第5卷，《孟子要義》〈離婁之明公輸子之巧〉卷1，頁49。

總之，同孟子一樣，丁若鏞也認識到土地政策對於國家的重要性，因此在考察了朝鮮的社會政治現狀後，他提出回復西周的井田制的想法。但隨著對於社會制度的深入瞭解，丁若鏞又放棄了他最初的想法，因為土地應為公有，才能帶動經濟的快速和可持續性發展，所以提出了他自己的田制。

（二）有王有霸

丁若鏞反對對民眾的剝削，支持君主專制秩序，同時還強調強有力的君主統治存在的必要性。丁若鏞理想的君主是「善」與「權力」相結合的「內聖外王」型君主。丁若鏞強調王道，但其與孟子希望的王道政治不一樣，因為丁若鏞生活的時代君王的權力確實微弱。雖然朝鮮在當時實行君主制，但臣下間的權力鬥爭使得君王的權力無法起到作用。所以，丁若鏞期待出現強有力的君主統治。他說：

> 政也者，正也。均吾民也，何使之並地之利而富厚，何使之阻地之澤而貧薄。為之計地與民，而均分焉以正之，謂之政均吾民也。……何使之欺凌頑惡而安其四體，何使之恭勤忠善而福不加及。為之刑以懲，為之賞以獎，別罪功以正之，謂之政……此之謂王政。王政廢而百姓困，百姓困而國貧，國貧而賦斂煩，賦斂煩而人心離，人心離而天命去，故所急在政也。[246]

在政治經濟思想方面，丁若鏞提倡改革主義。丁若鏞認為天子應由民眾選擇，在民意不滿時人民有權利更換君主。但丁若鏞也強調「民」不能成為「政」的主體，「政」的主體應該是比「民」擁有更大權力的統治者。丁若鏞贊同法家主張的「信賞必罰」，因此為了實

---

246 丁若鏞：《與猶堂全書》第1集第10卷，《詩文集》〈原〉〈原政〉，頁1。

現「信賞必罰」必然要求更強大的君主。丁若鏞的實學是「實踐實用之學」，他心目中的政治是「政也者，正也。」[247]他說：

> 臣竊伏念天災物異，固莫非儆告時君者，而近世冬雷之殆乎無歲無之者，臣恐詗著殿下，尤為覿切也。蓋冬之有雷，以其肅殺之時，過施煦暖氣，下土蒸溢，鬱然凌薄，則天氣壓逼，勢難包受，聊作砰轟之響，少洩之壅閼之怒。而其奈積陰彌塞，湯剛莫奮，力不能搏摯，威不能震盪，虛喝徒頻，疾怒未彰……殿下威福，不亦類是。[248]

　　在丁若鏞的王道政治思想裡，君主應該是孟子的「為民父母」理念與法家的「百姓的監督者」的結合體。也就是說，丁若鏞的政治思想是王道政治與霸道政治的對立統一。丁若鏞重視「禮」，也重視「法」。丁若鏞相信只有二者並用，才能拯救當時朝鮮混亂的政治經濟秩序，恢復君主制的權威統治。[249]

　　丁若鏞所強調的「禮學」是建立在「性惡論」的基礎之上的「禮」。他贊同荀子的觀點，認為在性惡的前提下，「禮」是可以通過克制自身的「惡」而達成的。他提倡「禮」是為了肅清當時混亂的人際社會關係。我們從這一點可以看出，丁若鏞的政治思想是具有矛盾性的。具體的說，為了「新我之舊邦」，丁若鏞需要「禮」、「法」等外在的強制手段，但同時，他也認可宋明理學主張恢復人本性的觀點。所以丁若鏞的政治思想是非常複雜的，並不只是單純的王道政治或是霸道政治。

---

247 丁若鏞：《與猶堂全書》第1集第10卷，《詩文集》〈原〉〈原政〉，頁1。

248 丁若鏞：《與猶堂全書》第1集第9卷，《文》〈玉堂遇冬雷陳戒劄子〉，9卷，頁58。

249 〔韓〕崔真德：《茶山的思想與其現代意思》（城南市：韓國精神文化研究院，1998年1月），頁274-275。

丁若鏞否定君主與父母是一樣的傳統君王觀念，即丁若鏞反對天下一家的君王觀念，丁若鏞期待的新的君王是支配自己的人民與領土的政治家。丁若鏞的儒家思想擁有宗教性特點，而且是王道主義與霸道主義的結合。這是與傳統儒家思想有所差異的。孟子是在戰國時期諸侯國間霸權戰爭中一直堅持王道主義。那麼為什麼丁若鏞支持霸道主義呢？丁若鏞離開正統朱子學，構建出全新的經世論，其代表性的差別是丁若鏞廢除道德主義王政論，而追求富國強兵的王政論。就是說，丁若鏞在心目中有兩個君王，一個是禮學觀念上的道德君主，另外一個是朝鮮經世論上的君王，即君王擁有天下的一切土地，掌握天下權力的現實主義君主。丁若鏞認為君王是：

> 若夫天子諸侯之禮，其尊嚴隆重，又哉然不同。不但為己之宗子而已，是宗廟社稷之主，天地神人之所宗。故古者制禮，與大夫士之禮，特特自別。[250]

丁若鏞是站在現實角度想要解決當時朝鮮王朝存在的社會問題，即通過強大的君主權力要解決社會停滯、腐敗、農民的衣食住問題等等。他說：

> 王政廢而百姓困，百姓困而國貧，國貧而賦斂煩，賦斂煩而人心離，人心離而天命去。[251]

與「現實如何」相比，孟子更強調「應該如何」，但丁若鏞更重視「現實如何」。丁若鏞認為現實存在的惡如何消除，其具體的方法

---

250 丁若鏞：《與猶堂全書》第3集第19卷，《喪禮外編》，卷3，頁15。

251 丁若鏞：《與猶堂全書》第1集第10卷，《詩文集》〈原〉〈原政〉，頁1。

是強有力的君主。孟子時代與丁若鏞時代的時代背景在相當程度上相似，對內方面政治腐敗，民不聊生，對外發起許多戰爭。兩個人都在尋求解決問題的方法。孟子尋找分權型君主，而丁若鏞追求集權型君主。

　　總之，丁若鏞是站在現實的角度希望去解決當時朝鮮王朝的社會問題，即通過強大的君權解決經濟停滯不前，腐敗及農民的問題等等。但是，當時丁若鏞已經為官，因此他是站在統治者的立場上提出的方案。當時政治的主導層是「主理」派，丁若鏞不願意跟「主理」派妥協。所以，他的君主論認為在現實社會中，君主應該擁有強大的權力。這是其與孟子的王道主義的最大區別。當時朝鮮王朝的君主沒有實權，政治動盪，而士大夫擁有很大的權力，衰落中的君主無法挽救國家的命運。當時的朝鮮君主是正祖，正祖有心要整頓國家，大力推行改革，但均遭到士大夫階層的頑強反對。在正祖去世後，朝鮮迅速的衰敗。丁若鏞認為在君主沒有權力的情況下，君主是無法靠一己之力來改變國家的命運，而空談「理」的「主理」派為了維護他們的既得利益，反對改革。身處其中的丁若鏞對於國家現狀滿心酸楚卻又無能為力，全力輔佐正祖卻在正祖薨逝後遭到反對派的迫害。因此丁若鏞希望君主可以擁有實權，這是丁若鏞支援霸道主義的主要原因。

二　洙泗學

　　從儒家思想發展歷史來看，在哲學理念體系上發生重大變化的時候常常登場新的經典注解事件。漢代「訓詁學」發展轉換到宋明義理學、清朝中期「考證學」、清朝末期「公羊學」。這就是經學的發展階段。丁若鏞徹底通過以經證經的方法解釋「天」、「人」和「自然」的關係。丁若鏞願意再解釋先秦時期的經典的本來的意思。丁若鏞認為自身的經學世界的根源是與孔孟精神世界一致，所以說這被稱為「洙

泗學」。他說：

> 宋賢論性，多犯此病，雖其本意，亦出於樂善求道之苦心，而
> 其與洙泗舊論，或相牴悟者。[252]

「洙泗學」是丁若鏞經學的追求所在。「洙泗學」意味著超過宋
明理學，先秦聖人的思想與丁若鏞的現實世界觀的一體化。「洙泗
學」並不是排斥朱子學與訓詁學。[253]溯實踐實用精神的源頭於洙泗。
丁若鏞所言「知先王大道」，就是溯實踐實用精神至洙泗，他說：

> 逮乎有宋諸君子出，而繼洙泗不傳之緒，歸漢唐穿鑿之陋，撥
> 〈庸〉、〈學〉於《禮記》之中，進《孟子》以配《論語》，而
> 致一世以心性道器之說。於是乎儒林道學歧焉為二，而兩漢以
> 來訓詁名物之學幾乎息矣。[254]

「繼洙泗不傳之緒」，就是朗清聖人之道的源流，實現「實踐實
用」的實學價值。在這方面，丁若鏞肯定了宋儒心性、道器二學的歷
史功績，認為宋儒從《孟子》再進至《孔子》而配，「歸漢唐穿鑿之
陋」，給被曲解的洙泗之學以一定程度的糾偏。但是，包括宋儒在內
的後儒，並未能見洙泗真諦，比之漢儒未見接近洙泗源頭之成。丁若
鏞的經學是通過漢學──訓詁學試圖再發現孔孟精神。丁若鏞認為，
漢學（訓詁學）是「學而不思」，宋學（性理學）是「思而不學」。丁
若鏞說：

---

252 丁若鏞：《與猶堂全書》第2集第4卷，《中庸講義》。
253 〔韓〕琴章泰：《茶山實學探究》（首爾市：小學社，2001年4月），頁16-17。
254 丁若鏞：《與猶堂全書》第1集第8卷，《詩文集》〈策〉〈十三經策〉。

> 漢儒注經，以考古為法，而明辨不足。故讖緯邪說未免俱收，
> 此學而不思之弊也。後儒說經，以窮理為主而考據或疏，故制
> 度名物有時違舛，此思而不學之咎也。[255]

漢儒是「明辨不足」，結果義理未致。後儒雖注重義理探究，卻又考據有疏，任意馳騁，偏離原儒精神。[256]

丁若鏞雖借用原初孔孟儒學權威以反駁性理學注釋，此目的不在於復歸於孔孟儒學，而是否定性理學世界觀，依靠孔孟而展開有自己創意的實學的世界觀。他認為，統治者應以完成自我修養為基礎，從而在此基礎上運作到國家行政中，能從適用於人才，到天文、地理、曆法以及治水、治土、山林川澤、草木、禽獸，廣泛地設置機構進行管理，而達到富國裕民的政治目的時，其效益就是「致中和，天地位焉，萬物育焉」。[257]

丁若鏞西學思想以其實踐實用的潛臺詞形式睹示出來，在其著述中得不到展開，未可多見。相比之下，他對文化傳統的實學理解是潑撒無餘的。將自己「實踐實用」的實學建立在文化傳統的厚土上，這正是丁若鏞實學的深邃處所在。「取六經四書，沉潛究索」是他學術思想的主要部分之一。[258]丁若鏞記自己的經學活動說：

> 幼年志學，二十年沉淪世路，不復知先王大道，今得暇矣。遂
> 欣然自慶，取六經四書，沉潛究索。凡漢魏以來，下逮明清，

---

255 丁若鏞：《與猶堂全書》第2集第7卷，《論語古今注》。

256 黃心川：《東方著名哲學家評傳（韓國卷）》（濟南市：山東人民出版社，2000年），頁574-575。

257 中國實學研究會編：《中國實學史研究》（北京市：中國人民大學出版社，1998年），頁284。

258 黃心川：《東方著名哲學家評傳（韓國卷）》（濟南市：山東人民出版社，2000年），頁573。

> 其儒說之有補經典者，廣搜博考，以定訛謬，著其取捨，用備
> 一家之言。[259]

丁若鏞經學的基本特點是接受多樣性的思想潮流，而後綜合過程中形成的樹立自身的獨特性的世界觀。丁若鏞的經學是在「洙泗學」下探討經典原來的精神。他認為超過孔孟經典精神的解釋並不是「洙泗學」的書，崇尚接近「洙泗學」的學者。他認為「洙泗學」是學問的標準。他主張克服朱子學的形而上學，而主張恢復先秦時期的經典精神。他為了克服朱子的形而上學積極借鑑清朝的考證學（訓詁學）。這並不是單純的從「宋學──朱子學」到「漢學──訓詁學」的方向轉變，而是為了克服「宋學──朱子學」的歪曲的經典解釋。丁若鏞的「洙泗學」也是積極接受「陽明學」。這就是道德與事功的統一。[260]

三　補儒論

十七世紀初，西方傳教士來華和隨之而傳入的西方科學技術知識，開始輸入中國。早期來華的傳教士，大都屬於天主教中的耶穌會一派。他們為了順利地進行傳教，往往利用科學技術知識，把科學技術知識當作他們達到傳教目的的重要手段。從傳入的科技知識的內容來看，主要是為修改曆法而必須的天文學、數學知識以及為防禦而引進的火炮技術。此外，解剖學、透視學、地圖學、望遠鏡、製造鐘錶以及各種機械知識等，也都或多或少地傳入中國。[261]明末清初期間西

259 丁若鏞：《與猶堂全書》第1集第16卷，《詩文集》〈墓誌銘〉，頁12。
260 〔韓〕琴章泰：《茶山實學探究》（首爾市：小學社，2001年4月），頁16-20。
261 葛榮晉主編：《中國實學思想史》下卷（北京市：首都師範大學出版社，1994年），頁425。

方耶穌會傳教士進來中國試圖以天主教補完儒家的「補儒論」，以「補儒論」要適應中國儒家社會的適應主義傳教政策。西方傳教士給中國儒教知識份子比較成功地傳播天主教的教理。中國傳統的儒家思想與西方天主教世界觀間發生交流和衝突。但當時朝鮮儒家知識份子大部分盲目地排斥西方文化。

　　丁若鏞從少年時期攻讀星湖的著作、西學的科學技術和天主教教理。當時丁若鏞接觸的西學知識與天主教教理書都是從十六世紀末到十七世紀耶穌會傳教士翻譯漢文介紹中國的。利瑪竇的《天主實義》介紹天主教教理過程中批判理氣論的宋代朱子學，但與先秦儒家經典有密切關係。這樣密切關係是朝鮮知識份子贊同天主教教理的重要原因。所以丁若鏞並不只有光顧「道學──朱子學」的正統。丁若鏞要擺脫朱子學的思想根源是從考證學、陽明學到西學的天主教。但丁若鏞的經學立場不是盲目地排斥「宋學──朱子學」、「漢學──訓詁學」，而承認其肯定的作用。丁若鏞接受西學後發生自己世界觀的變化。

　　西方的科技知識主要是通過中國傳入朝鮮的。所以，當時朝鮮所謂的「西學」，是指十七世紀以來由中國傳入朝鮮的中譯本薩歐科技、習俗等書和西洋科技文物利器。十八世紀末十九世紀初，經過丁若鏞等人的努力，西學在朝鮮又得到了進一步的普及和發展。丁若鏞在少年時，深受李翼及其學生的實事求是學風的影響。留心收集與閱讀中譯本的西學書，以實現其富國強兵的抱負。年二十三歲時，丁若鏞從姐夫李承薰那裡借閱和接觸了赴燕京時帶回來的天文、數學、西洋風俗記、天主教書籍和地球圖、自鳴鐘、望遠鏡等西洋利器，又從親友李檗那裡聆聽了天主教教理，和二哥若銓、三哥若鐘一起，接受了洗禮，加入了天主教。但是，不久，他就認識到天主教的欺騙性，便毅然斷絕了同天主教的關係。他把西學的科學技術知識和天主教的宗教迷信區別開來，充分肯定科學技術對社會生產力的發展和人類生

活的巨大作用。他說：

> 農之技精，則其占地少，而得穀多，其用力輕，而穀美
> 實。……織之技精，則其費物少，而得絲多，其用力疾，而布
> 帛致美。……兵之技精，則凡所以，擊刺防禦，轉輸修築之
> 功，皆有以益其猛，而護其危者矣。……百工之技精，則凡所
> 以製造，宮室器用，以致城廓，舟船車之制，而皆有以堅固便
> 利矣，苟盡得其法，而力行之，則國可富也，兵可強也，民可
> 裕而壽也。[262]

　　丁若鏞潛心研究西學，並把它用以造福人民。這是他的實學思想
的突出特點之一。丁若鏞之所以留心收集和潛心研究西學，是因為他
把西學看作是「天文曆象之說」、「農政水利之法」、「測量推驗之器」
的緣故。所以，在他的前半生中，為實現科技救國的抱負而奮鬥，只
是因為他被反對派的誣陷流配氏達十八年而被迫停止。然而，由於丁
若鏞具有豐富的自然科學知識，對其進步的世界觀和求是學風的形成
起了很大的作用。丁若鏞生活在朝鮮朝末期朱子學衰頹和實學興起的
時期。他在「西學東漸」和清代經世實學的影響下，繼承星湖學派和
北學派的實學傳統，提出了代表市民階層要求的社會理想，提出人才
蔚興論；在經濟上揭露了封建土地私有制和賦稅制對社會生產發展的
障礙，提出「農者受田」、發展工商業和科學技術的方案；在思想上
反對朱子學扼殺民族文化、傾向倒退的事大主義，提倡研究民族文化
的自主性；對外，主張學習外國的先進技術和經驗，派留學生，搞平
等貿易等方略，並為實現其理想而奮鬥了一生。
　　然而，由於時代的和階級的侷限性，丁若鏞不可能完全否定封建

---

262 丁若鏞：《與猶堂全書》第1集第11卷，〈技藝論二〉。

制度，也不可能理解資本主義歷史必然性。所以，他不可能揭示社會
發展的新方向，而其社會改革思想，往往帶有空想的性質。但是，丁
若鏞的「以新我之舊邦」的實學思想，對後來朝鮮開化思想和愛國啟
蒙運動所起的作用是巨大的。[263]

---

263 葛榮晉主編：《中國實學思想史》下卷（北京市：首都師範大學出版社，1994
年），頁425-429。

第六章
丁若鏞借鑑孟子「內聖外王」思想的總體評價

　　為了更好的說明孟子與丁若鏞在「內聖外王」上的異同，我們先分別從「內聖」和「外王」兩個方面來看。

　　首先來看「內聖」方面。二者的不同之處在於「內聖」的形成過程。孟子的「內聖」講求通過後天的教育，不斷提高自身修養以成王。丁若鏞認為，「內聖」是「性嗜好」，「心性論」即聖人的內心是無為而獨化的。

　　再來看「外王」方面。孟子的「外王」是要平天下，通過教化使社會有機的和諧的結合在一起，實現「大同社會」。丁若鏞的「外王」則是通過「存心」、「養性」使人民都恢復純真本性，各人在本性之內，「治心」、「率性而動」，達到一個渾然一體而又各自自由獨立的和諧社會。丁若鏞說：

　　　　存心有古今之異，古之所謂存心者，將亡而保之也，今之所謂存心者，心有工而不忘也。[1]
　　　　孟子之所謂養性者，今日行一善事，明日行一善事，集義積善，以養其樂善恥惡之性，使浩然之氣，充然不餒也，後世之所謂養性者，瞑目塑形，專觀未發前氣象，以求活潑潑地，此所謂涵養也。[2]

1　丁若鏞：《與猶堂全書》第2集第6卷，《孟子要義》〈君子所以異於人者其存心〉，卷2，頁3。
2　丁若鏞：《與猶堂全書》第2集第6卷，《孟子要義》〈盡其心者知其性〉，卷2，頁37。

孟子與丁若鏞在「外王」方面的異同與「內聖」一樣，區別在於實現的過程，相同的是結果。無論是通過教化還是有王有霸，「外王」的最終的政治理想是整個社會恢復純樸，和諧統一。從過程上看，孟子是君主通過教育等手段使臣民變得純樸而具有教養：丁若鏞則主張君王去干涉臣民的生活、理想，並相信最終「道」會使臣民自發的恢復純樸本性從而實現「大同社會」。

由上可以得出孟子和丁若鏞在「內聖外王」上的區別與聯繫，即區別在於實現的過程，而聯繫就是二者都得出了相同的結果。也就是說，雖然孟子和丁若鏞具有不同的理論基礎，但他們對於道德規範和政治理想的最終追求都具有某種程度上的一致和聯繫。

丁若鏞是以實學實踐的思想為古典經學做出注釋，以實學的角度詮釋經典。在他所留下的浩瀚的經集著作裡，丁若鏞不僅站在「以經論經」的高度對經典進行注釋，更借注釋闡述了自己的實學思想。

筆者認為，丁若鏞作為一個實學家，對於孔孟儒學之道，必然有不同於先賢的思考。而這種思索是基於丁若鏞對於自然的正確理解，對科學技術的正確認識，以及對於社會現狀的深刻認識上。丁若鏞的實學講求的是實踐實用，是「知性並進」，這是以他的唯物思想作為基礎的。因此，他反對程朱理學的性理學，並主要在《中庸講義》及《孟子要義》裡對其進行了尖銳的批判。而對於孟子，丁若鏞並沒有直接的抨擊孟子思想，只是從實學的角度闡釋了孟子的思想，將自己的實踐實用的哲學思想貫穿於孟子內聖外王之學中。

概括的說來，丁若鏞與孟子的思想差異主要體現在他們對待事物的看法上，孟子是唯心主義者，他的理論帶有強烈的唯心主義先驗論的色彩，比如「萬事皆備於我」，比如「四端」之說。丁若鏞是唯物主義者，他看待事物是唯物的，他反對自古以來的天圓地方說，認為客觀事物作用於人的感覺器官之後才會產生感覺，而非事物是因為心的感知而存在。下面，筆者將從「內聖」和「外王」兩個方面具體的

分析孟子和丁若鏞的思想差異。

「內聖」即內修以成聖，主要探討的是人的修養道德問題，是為了「外王」而做準備。丁若鏞和孟子都非常注重個人修養，但是方法卻各有不同。孟子從唯心主義的角度，認為「天」決定一切，講究「盡心知性知天」。這一觀點的理論基礎就是個人的本性是來源於天的，只要發揮自己的本心，就能體察到自己的本性，這樣就可以瞭解到天命了。

> 盡其心者，知其性也，知其性，則知天矣。[3]

孟子由此而推出的修養論就是，「存心養性事天」，即保護好自己的本心。孟子說：

> 仁，人心也；義，人路也。舍其路而弗由，放其心而不知求，哀哉！人有雞犬放，則知求之；有放心而不知求。學問之道無他，求其放心而已矣。[4]

對此，丁若鏞認為這是一種形而上學的理論，背離了生活本身的道理，他主張學習應該是「知行並進」，講究「學」而後要「習」之，才可發揮「學」本身的作用，否則，學而無所悅，不可謂之學。他說：

> 學晨醒昏定，便自是日，習晨省昏定；學日乾夕惕，便自是日，習日乾夕惕。學祭禮，習祭禮；學鄉禮，習鄉禮；學樂習

3　《孟子》〈盡心上〉。
4　《孟子》〈告子上〉。

樂，學誦習誦；學射御，習射御；學書數，習書數。皆所以肄
業也。學所以知也，習所以行也。學而時習者，知行兼進也。
後世之學，學而不習，所以無所悦也。[5]

在這裡，丁若鏞通過「學而時習之」這一經典的儒家論理，闡述了他
自身實踐實學的思想，將「學」與「行事」緊密的聯繫起來，間接的
駁斥了孟子「求其放心」的唯心主義修養論。

孟子繼承孔子「仁」的思想，並提出「性善論」，其理論基礎是
「四端」之說，孟子認為：

惻隱之心，人皆有之；羞惡之心，人皆有之；恭敬之心，人皆
有之；是非之心，人皆有之。惻隱之心，仁也；羞惡之心，義
也；恭敬之心，禮也；是非之心，智也。仁義禮智，非由外鑠
我也，我固有之也，弗思耳矣。[6]

這是典型的唯心主義先驗論。丁若鏞在反對程朱理學認為「仁義禮智
在腹中」，「四端皆從此出」時闡述了自己的觀點，丁若鏞說：

仁義禮智之名，成於行事之後，故愛人而後謂之仁，愛人之
先，仁之名未立也，善我而後謂之意，善我之先，義之名未立
也。賓主拜揖而後，禮之名立焉，事物辨明而後，智之名立
焉，豈有仁義禮智四顆，磊磊落落，如桃仁杏仁，伏於人心之
中者乎。[7]

5　丁若鏞：《與猶堂全書》第2集第7卷，《論語古今注》〈學而第一〉，卷1，頁8。

6　《孟子》〈告子上〉。

7　丁若鏞：《與猶堂全書》第2集第5卷，《孟子要義》〈人皆有不忍人之心〉，卷1，頁
21。

　　借仁義禮智，丁若鏞又一次闡述了他的實學思想，在這裡即是「行事」。丁若鏞認為仁義禮智不是「我之固有」的，而是要通過「行事」才能得到的品德。他否定了孟子對於仁義禮智的唯心主義說法，而是用自己的唯物主義理論加以修正，指出人的修養不是上天注定的，仁義禮智是只有在經過實踐之後才可獲得的，是後天的，而非先天存在的。

　　在孟子的修養論上，「心」佔據了主要的地位，作為唯心主義哲學家，孟子認為「心」才是人與外界事物溝通接觸的媒介。孟子說：

> 耳目之官不思，而蔽於物。物交物，則引之而已矣。心之官則思，思則得之，不思則不得也。此天之所與我者。先立乎其大者，則其小者不能奪也。此為大人而已矣。[8]

在這裡，孟子否認了口目耳鼻等感覺器官的作用，而直以「心」作為思考和感覺的中樞，這是完全違背的客觀規律的唯心主義思辨。在丁若鏞看來，感覺器官才是人與外界接觸的橋樑，「心」並不是感覺器官，只是思維器官罷了。雖然心並不是思維器官，但這比孟子以心作為感覺器官，在認識上已經有了很大的進步，拋開了唯心主義，具有了唯物主義的理解。

　　總體來說，丁若鏞反駁了孟子以「心」為主的修養論，提出了具有唯物主義色彩的實踐性的修養論。

　　從「外王」方面看，丁若鏞與孟子的分歧主要在「禮」與「法」上。孟子講求「德治」，認為「仁者無敵」。而丁若鏞則更多地考察民計民生，強調應「禮法道民」，認為沒有「法」的約束，僅靠修養功夫，人是很難擺脫私欲的誘惑的。

8　《孟子》〈告子上〉。

對於孟子的「性善論」，丁若鏞並沒有全盤的肯定或否定，他在孟子「性善論」的基礎上，更加注重人自身的判斷力，肯定了人的能動性對於「性善」與「性惡」的選擇作用，體現了唯物主義的價值觀。丁若鏞說：

> 天既賦之以此性。故又能時時刻刻提醒牖啟，每遇作惡，一邊發愁，一邊沮止明沮止者，即本性所受之天命也，……故天之於人，予之以自主之權，使其欲善則為善欲惡則為惡，遊移不定其權在己，不似禽獸之有定心。故為善則實為己功，為惡則實為己罪。此心之權也，非所謂性也。[9]

動物有「定心」，他們的所作所為都是基於本性，無所謂善惡。而人具有道德性，可以通過「心」選擇自己的道德屬性，人的行善或作惡，都是「心」權衡後得到的結果，而非所謂「性」得到的結果。這樣，丁若鏞辯證的論證了「心」的選擇判斷能力，並且只有「心」具有這樣的功能的時候，後天的修養才會對「心」產生影響。否則，「心」的善惡由天注定，後天的修養只是不斷窮理的話，那麼學習和自律就沒有任何的意義可言了。

孟子與丁若鏞對於「禮」與「法」的看法不同，嚴格的追溯起來，也是由於孟子的「性善論」與丁若鏞「心之權」的觀點上的差異而產生的。

因為人「性善」，所以統治者只需引導民眾「求其放心」，每個人都恢復本心，那麼天下便可大同，百姓便可路不拾遺，由此得出的結論就是，只有施行「德政」，才可真正救民於水火，才可得長治久

9　丁若鏞：《與猶堂全書》第2集第5卷，《孟子要義》〈滕文公為世子孟子言必稱堯舜〉，卷1，頁34。

安；只要實行「仁政」，便可「仁者無敵」。對此，孟子曾在面見梁惠王時說道：

> 地方百里而可以王。王如施仁政於民，省刑罰，薄稅斂，深耕易耨；壯者以暇日修其孝悌忠信，入以事其父兄，出以事其長上，可使制梃以撻秦、楚之堅甲利兵矣。彼奪其民時，使不得耕耨，以養其父母。父母凍餓，兄弟妻子離散。彼陷溺其民，王往而征之，夫誰與王敵？故曰：「仁者無敵。」王請勿疑！[10]

在此，孟子展示了他基礎「性善論」而提出的近乎烏托邦的理想社會構造，提倡以禮教民。對於孟子以德化民的觀點，丁若鏞駁斥道：

> 今人稱堯舜之民，熙熙皥皥，熙熙者，光明也，帝王之治，萬法具舉，光明昭朗，無復纖芥之障礙，故其民熙熙皥皥然也。[11]

　　丁若鏞認為，如果沒有官執法的話，每個人都會拋棄自己的道德約束，成為「放辟邪侈」之人。因此，只有德教是不夠的，還必須有「法」來制約人的活動。他還說道：

> 考績之必先柴，何也？古者，會盟。亦必祭天。覲禮方明之祭。亦其緒餘也。考績大禮。關係生民休戚，毫末不公，天必

---

10 《孟子》〈梁惠王上〉。
11 丁若鏞：《與猶堂全書》第2集第6卷，《孟子要義》〈霸者之民驩虞如王者之民皥皥如〉，卷2，頁41。

殛之。所以天子領率群后，燔柴祭告而后，群后各奏其功，天
子合考其績。此堯舜禹之通法也。[12]

　　將「考績」與「法」的執行緊密的連接起來，體現了丁若鏞對於
「法」的極大重視。丁若鏞強調法制，其法是對民也是對「牧民官」
的客觀約束，最終旨意在於強國保民。為此，他強調「禮法道民」。
他指出：

法而名之曰禮，何也？先王以禮而為國，以禮而道民。民至禮
之衰，而法之名起焉。法非所以為國，非所以道民也，揆諸天
理而合錯諸人情而協者，謂之禮。威之以所恐迫之以所悲，使
斯民兢兢然，莫之敢幹者謂之法，先王以禮而為法，後王以
法而為法，斯其所不同也。[13]

　　「先王以禮而為法」，禮中有法，禮法兼有，目的在於「道民」
即為民。「後王以法而為法」，是為「兢民威迫」，只利君國官府。丁
若鏞「禮法道民」是講法制與民本民主的一致，「以法為法」則是對
君主專制的批評，他在「法先王」中注入時代內容，而非復古主義所
可同日而語。丁若鏞的「禮法道民」思想，發展或用了荀子「隆禮重
法」的思想，更多的強調了「道民」為民的民本思想。[14]

12　丁若鏞：《與猶堂全書》第2集第22卷，《尚書古訓》，卷1，頁32、33。
13　丁若鏞：《與猶堂全書》第5集第1卷，《經世遺表》〈引〉，卷1。
14　黃心川：《東方著名哲學家評傳（韓國卷）》（濟南市：山東人民出版社，2000年），
　　頁586。

第一節　消極成分

一　「內聖外王」主體的侷限性

對戰國時期政治行為體來講，諸侯王是政治中重要的行為體。孟子在他的政治理論中對國家領導人的作用給予充分的重視。孟子「內聖外王」思想的主要研究對象是君主。他認為，領導人是決定一個國家地位的最重要的因素。

孟子說：

> 人皆可以為堯舜。[15]

但是孟子「內聖外王」思想是完全地站在君主的立場下提出的。孟子的「內聖外王」與普通百姓並無太大關係。因為君主是得天命的「真命天子」，而且世襲制實行以後王位都據此繼承。因此君主的修身就成為了關鍵。孟子的「內聖外王」是帝王政治學。在中國古代，曾經有過菁英統治思想的萌芽。

> 勞心者治人，勞力者治於人；治於人者食人，治人者食於人，天下之通義也。無君子莫治野人，無野人莫養君子。[16]

這是中國古代政治思想中最早明確劃分統治者與被統治者並指明統治與被統治關係的，其中就包含了知識統治思想。[17]在這裡，孟子比孔子更直截了當地劃分了人們的等級或階級，把體力勞動和腦力勞動的

---

15 《孟子》〈告子下〉。

16 《孟子》〈滕文公上〉。

17 王浦劬主編：《政治學基礎》（北京市：北京大學出版社，1995年2月），頁155。

分工關係定性成一種進行壓迫（治和治於）剝削（食於和食）的階級
關係。[18]按孟子所說，應該是君子、大人、勞心者；而野人、小人，
也就是說，孟子提倡的是君權而不是民權，是君主統治而不是民主政
治。[19]

從主體來說，「內聖外王」既可作為帝王的人格理想，也可作為
臣民的人格理想。「內聖外王」作為帝王的人格理想，就是要求統治
者修己治人，實行王道德政，成為眾人心目中的「聖王」。

孔子說：

為政以德[20]。

孟子說：

以德服人[21]。

丁若鏞說：

將欲化民，必先自修，將欲自修，必先藏恕。[22]

都是對統治者的一種要求，希望他們能貫徹「內聖外王之道」，成為

---

18 萬江紅：《中國歷代社會思想》（北京市：社會科學文獻出版社，2005年5月），頁
   93。
19 黃忠晶等：《中國社會思想研究》（北京市：中共中央黨校出版社，2007年7月），頁
   127。
20 《論語》〈為政〉。
21 《孟子》〈公孫丑下〉。
22 丁若鏞：《與猶堂全書》第2集第1卷，《大學公議》，卷1，頁35。

聖王。[23]

　　孟子「內聖外王」思想缺少平等意識。孟子認為，社會上必不可少的有兩種人，即「君子」和「野人」，他說：

　　　　無君子莫治野人，無野人莫養君子。[24]

「君子」是統治者，「野人」是在田地裡勞作。孟子認為，「君子」、「野人」在社會上都是不可缺少的。君子是統治野人的，野人是供養君子的。[25]

　　孟子反駁許行「君臣並耕」之說時說：

　　　　然則治天下獨可耕且為與？有大人之事，有小人之事。……故曰：或勞心，或勞力；勞心者治人，勞力者治於人；治於人者食人，治人者食於人；天下之通義也。[26]

　　對孟子來說，「內聖」並不是孟子對他們的終極目標，君子是肩負著「外王天下」的責任、使命。

　　孟子說：

　　　　君子之守，修其身而天下平。[27]

　　君子與小人的區別在於他們的道德性。但在有些時候，君子與小

23　程灝：《儒家內聖外王道通論》（長沙市：湖南人民出版社，2005年5月），頁21-22。

24　《孟子》〈滕文公上〉。

25　任繼愈主編：《中國哲學史》（北京市：人民出版社，1999年9月），頁149。

26　《孟子》〈滕文公上〉。

27　《孟子》〈盡心下〉。

人之分別體現在他們階級的差異上。例如孟子說：

> 無君子，莫治野人；無野人，莫養君子。[28]

這裡的君子與小人顯然指不同階級。為了論證階級、等級的合理性，他一反自己的人性相同的觀點，說：

> 人之所以異於禽獸者幾希，庶民去之，君子存之。[29]

孟子的勞心勞力分工說，在論證階級、等級合理性的理論中，具有特殊的地位。勞心勞力分工說並非起自孟子，早在春秋初曹劌提出：

> 君子勞心，小人勞力。[30]

孟子進一步發揮了勞心勞力分工說：

> 或勞心，或勞力；勞心者治人，勞力者治於人；治於人者食人，治人者食於人。[31]

丁若鏞反對廢除王政。他說：

> 王政廢而百姓困，百姓困而國貧，國貧而賦斂煩，賦斂煩而人心離，人心離而天命去。[32]

---

28 《孟子》〈滕文公上〉。
29 《孟子》〈離婁下〉。
30 《左傳》〈襄公九年〉。
31 《孟子》〈滕文公上〉。
32 丁若鏞：《與猶堂全書》第1集，《詩文集》〈原政〉，卷10，頁1。

　　儒家認為人與人之間並不是完全平等的，人與人是不同的。儒家
世界裡存在「個體」，而不存在「個人」。人與人間的差異是因家庭背
景決定的。儒家的理想社會是以家族共同體為中心的，即儒家社會是
在家族基礎上發展的，家族是社會結構的原型。儒家的政治理念是指
向「人情」的人際關係實現，所以儒家超越客觀上的規範、形式上的
法律規定，重視人的內部。這種道德內部性能實現「德治」，儒家認
為，人與人之間最基本的區別是「治人」與「治於人」的區別。「治
人」是主體，「治於人」是客體。黑格爾認為，主體是某種活動的發
動者、承擔者、進行者，並不是所有的人都是主體。只有現實的、真
正的活動者是主體。主體的一切對象是客體。[33]

　　自己認為受到「天命」的君主以為自己擁有某種某似宗教性的神
秘、絕對的權威。所以孟子「內聖外王」主體的侷限性很可能陷入威
權主義。「內聖外王」思想自身的缺陷主要表現在他對於主體選擇的
侷限性。在一個國家裡，君主只有一個，而且往往是世襲而來，長在
深宮的君主。這樣的君主，雖然從小就受到良好的教育，但是他養尊
處優，不懂天下百姓的疾苦，處命優渥，這樣的君主，是很難達到孟
子心中「內聖」的標準的。沒有達到「內聖」就由於天生的身份而
「外王」，這就使「內聖外王」的理論在現實中成為了一個悖論。所
以，「內聖外王」是孟子的理想政治，它將道德修養，倫理親情，以
及政治完美的結合起來，但是現實的社會這種理論是行不通的，也無
法解決實際的矛盾。相反的，用仁義解決的問題在很多情況下只是暫
時壓抑了矛盾，並沒有從根本上解決矛盾，因為並非人人都有很高的

---

33 中國古代哲學思想中所謂「內」、「外」有三項含義：第一、「內」指主體，「外」指
　　客體，「內」、「外」即是「己」與「人」或「己」與「物」的關係。第二、「內」指
　　精神生活，「外」指物質生活，「內」、「外」即精神生活與物質生活的關係。第三、
　　「內」指德性，「外」指事業，「內」、「外」即是德行與事業的關係。（張岱年：《中
　　國倫理思想研究》南京市：江蘇教育出版社，2005年4月，頁160。）

道德修養，等到矛盾激化的時候，便會爆發，一發而不可收拾。同時，孟子並未為「內聖」制訂出一個可以量化的標準，他所談的更多是基於主觀意識判斷，並沒有可以衡量的尺度，因此，對於大部分碌碌無為的君主而言，沒有具體的標準和切實的執行手段，「內聖」更是遙不可及。因此，對於「內聖」的過高要求反而使這套理論遠離了現實。

《大學》說：

> 自天子以至於庶人，壹是皆以修身為本。

《大學》闡述自天子到平民百姓，都要把修身作為根本。[34]但孟子的「內聖」是對君子的道德修養而言的，只限於君子身上。孟子不懂得政治是隨著社會經濟生活的發展而變化；他也不懂得原始社會末期氏族部落的首領堯舜與階級社會的君主有本質的不同。他企望「先王之道」在戰國時期重視，而提出歷史循環論。社會歷史本來是不斷的向前發展，而孟子「五百年必有王興者」[35]的說法。這種治亂更替循環的觀點，實際上是認為歷史是變而不變，「先王之道」是永恆的真理。這反映出他的歷史唯心主義的觀點。

從夏商至明清，中國一直是一個君權為中心的專制社會，「尊君」的思想也一直是傳統思想中的主流價值。雖然從西周「以德配天，明德慎罰」理論，從孔子的「仁政」、「德治」學說中，都可以找到「民本」思想的意蘊，孟子更直接而鮮明地提出過「民為貴，社稷次之，君為輕」[36]的響亮口號，但在實際上，「尊君」與「重民」的天平上，砝碼總是嚴重偏重於前者。與政治、社會上的「尊君」體制相

---

34 來可泓撰：《大學直解中庸直解》（上海市：復旦大學出版社，1998年2月），頁23。

35 《孟子》〈梁惠王上〉。

36 《孟子》〈盡心下〉。

一致，中國傳統社會在家庭、社會關係中的嚴重等級、身份關係，也是制約社會發展的重要原因。從表面上看，儒家所崇尚、宣揚的「父慈、子孝、兄友、弟恭」，「君君、臣臣、父父、子子」的理念，似乎是溫情脈脈，似乎是追求一個充滿倫理人情的和諧社會。但在實際上，這種「和諧」是以「君」、「父」的絕對權威和「臣」、「子」們的絕對服從為條件的。[37]

君主專制制度在中國古代是必然的。其一：經濟、社會、文化的發展，一般來說，社會秩序的穩定是不可缺少的條件之一。君主專制體制與統一一定範圍內相為表裡。這種統一在一定條件下，對社會進步是有利的。君主專制在表面上是穩定的，但實際上頻繁發生權力鬥爭。

其二：君主專制國家掌握了大量的人力和物力，如果用於社會發展，無疑會對歷史進步有重要意義。

其三：君主專制下，權力極端集中，如果集中的權力和好的政策結合在一起，對社會的進步起著推動作用。但必然性不同於合理性。[38]

只有一個領導人不能創造新的歷史發展。隨著政治發展國家領導人的作用越來越少了，所以真正的權力的主體勢力就是「民眾」。

二　民本思想的侷限性

孟子贊成逐步的改良，不願意看到革命性的變化。因此他提出的是比較保守的政治、經濟思想。孟子說，井田制可以保證穀祿的平

37　紀寶成主編：《中國古代治國要論》（北京市：中國人民大學出版社，2004年），頁30-33。

38　參見劉澤華、汪茂和、王蘭仲：《專制權力與中國社會》（天津市：天津古籍出版社，2005年5月），頁270-272。

均，但卻把勞動者束縛在土地上，使他們「死徙無出鄉」[39]；這是在土地已經自由買賣的情況下，孟子提出的把勞動者束縛在固定的土地上的措施。孟子的井田制，不同於奴隸制的井田制，因為《孟子》書中幾次提到給農民以私有土地，也就是後來儒者曾常稱引的：

> 五畝之宅，樹之以桑，五十者可以衣帛矣；雞豚狗彘之畜，無失其時，七十者可以食肉矣；百畝之田，勿奪其時，數口之家可以無饑矣。[40]

孟子主張分給農民以土地；讓他們老年年人衣帛，食肉，主張：「制民之產」，使「黎民不饑不寒」。[41]

孟子認為，允許勞動者有房屋及小塊土地，對於發展生產，安定社會秩序是有利的。孟子的恢復井田，不是為了恢復周制，而是為了便於「分田制祿」。[42]他所主張的生產關係，不是封建制的，而是奴隸制的。

孟子在攻擊當時主張開墾土地的大臣時說：

> 今之事君者皆曰：「我能為君辟土地，充府庫。」今之所謂良臣，古之所謂民賊也。[43]

孟子認為，發展生產主要在於調動勞動者對生產的積極性，分給他們土地、房屋，孟子說：

---

39 《孟子》〈滕文公上〉。
40 《孟子》〈梁惠王上〉。
41 《孟子》〈梁惠王上〉。
42 《孟子》〈滕文公上〉。
43 《孟子》〈告子下〉。

省刑罰、薄稅斂[44]。

十一二稅，而不必採取開墾土地的辦法。孟子認為這種辦法對穩定封建的等級制度是不利的。[45]

孟子所推崇的井田制的消極之處在於，這一制度不僅把貴族對於百姓的剝削看做是理所當然，而且認為百姓受益於這種剝削。孟子從根本上就肯定了這種剝削的合理性，那麼他提出勞心者和勞力者的劃分也就是理所當然的了。儒家思想在中國長期佔據主導地位的原因之一，也是因為它從思想、情感上把人民束縛起來，讓人民認為一切都是理所當然的事情，如果有什麼越軌，就是不仁不義。如果說井田制的消極之處在於它將農民束縛在了土地上，那麼儒家思想的消極之處就在於它從情感上束縛了百姓，使得百姓無條件地接受國家的政策，接受不合理的剝削，這種束縛甚至更殘酷，它使人民從情感上臣服於當時的封建統治而沒有貳心。這也是儒家思想長期佔據中國主流思想的原因之一。

丁若鏞認為封建政治權力逐漸衰退的原因在於社會經濟力量的逐漸成長，所以試圖通過改革土地制度來恢復封建政治權力的原形。為此，他主張糾正社會經濟脫離政治的現狀，確立政治對經濟的支配關係。他沒有注意到合乎新的社會經濟變化的規律性而自然會出現的封建制的解體和新社會的形成。他只是看到這一過程的一面——封建制的各種濫用和封建制解體的危機，從而企圖恢復封建制原形。他無法為社會經濟的變化而出現的新階級提供肯定的動機。他深信回復封建制原形會給封建政治權力和人民帶來利益，並且實現均田制為基礎的農業社會就自動形成均產社會。

---

44 《孟子》〈梁惠王上〉。
45 任繼愈主編：《中國哲學史》（北京市：人民出版社，1999年9月），頁140-142。

隨著時代的變化，人民的要求和權利也發生了變化。當然，孟子的地主階級的身份以及當時嚴格的社會等級制度使得他的民本主義思想具有改良的色彩，是不完全的民本主義，這種「君君、臣臣、父父、子子」的思想也在一定程度上禁錮了人們的思想，使得暴君、奸臣可以利用這種情感約束去榨取百姓更多的利益而不會受到百姓的反抗。同時，這套理論帶有一定的空想色彩，是建構於現實情況之上的，因此對於解決現實生活中的實際問題，尤其是改變當時的現狀是不可行的。筆者主要從兩個方面對此進行分析：一方面，由於地方經濟之發展以及因此而引起的封建兼併戰爭，強化了地方領主的獨立性，因而削弱了最高領主的權威，從而鬆懈了天子與諸侯之間的等級從屬關係。同時，在兼併戰爭中，許多地方領主被削弱，被覆滅，許多地方領主藉此而強大，因而又改變了土地所有制原來的形勢，從而又使建構於原來土地所有的形勢上的爵位等級制，逐漸趨於紊亂。

另一方面，也是由於地方經濟之發展以及由此而引起之工商業的發展，於是從土地直接耕種者的庶人中，分化出獨立手工業者與獨立商人兩種新的社會階層。同時，由於封建領主的奢侈生活之提高，於是從庶人中又分化出各種各樣的賤奴。由於土地所有者間相互關係的改變和土地直接耕種者內部之分化，這樣，就使得當時的社會關係，更為複雜。

第二節　積極成分

一　道德與政治的整合

「內聖外王」思想是自我主體與對方客體的雙向關係。通過主體的不斷客體化滿足自我主體。道德，是個人、個體的修養。倫理，是群體的規範關係，是人與人之間的調整、制約關係，是如何對待客體

問題。孟子的「內聖」是對君子的道德修養而言的，而「外王」是對
君子在社會中所產生的影響和作用而言的倫理。孟子把「內聖」和
「外王」結合起來，以達到道德和政治的整合。丁若鏞也認為：

> 天之所以察人善惡，恆在人倫。故人之所以修身事天，亦以人
> 倫致力。[46]

　　在強調國家領導人的素質的基礎之上，孟子提出了絕對性道德和
責任性道德。孟子曾對做一個至善之人的憂慮進行過較為詳細的說
明。孟子強調君主的「修養」是建立在君主專制的基礎上的，而且與
對人的信賴有關。孟子認為，一個德行的君子所憂慮的特點就在於，
他與一般人的心胸不同，君子胸懷仁德，胸懷禮儀。[47]孟子追求「德
治主義」，所以他認為治者與被治者之間的政治上矛盾發生原因是君
主的不德。孟子「內聖外王」思想是指「修身和治國、平天下」的主
體是君主，修身和治國、平天下推動力量也是在君主手裡。在歷史
上，若遇賢主，則政治清平，國家富足，人民安居樂業；若遇昏君，
則政局混亂，民不聊生。
　　戰國時期，群雄並起，周王室已失去實際的控制權，成為有名而
無實的君主。諸侯王是一種具有權威的領導者，但孟子希望領導國家
的諸侯王能夠有德有行。這是在他看到戰爭四起，百姓民不聊生時的
心願。所以，他把這種設想帶進了他的政治理論當中，寄希望於君主
可以內聖而外王，使百姓安居樂業。這也是他將政治倫理化的一個出
發點。但是，現實中沒有一個具有孟子所設想的兼具正當性與合法性
的政權，因此，在政治體制中，一個政權正統性的多少就成為了政權

---

46 丁若鏞：《與猶堂全書》第2集第3卷，《中庸自箴》，卷1，頁2。

47 閻鋼：《內聖外王──儒學人生哲理》（成都市：四川人民出版社，1995年2月），頁
122。

是否穩定的一個重要因素。在戰國時期，諸侯王的政權是缺乏正統性的，為了穩固政權，諸侯王只能運用強制手段。那麼，諸侯王是怎麼解決正統性危機的呢？戰國時期政治、經濟、以及社會機能的分化程度很低，諸侯王只是將百姓當作提高國力的手段。國家制訂的一切政策都是為了達成諸侯王的目標。諸侯王在他的國家裡具有絕對的決策權，甚至不需要經過任何人的同意，這種制度使得他可以完全不顧百姓的利益去達到他的目標。並且，當時森嚴的等級制度使得統治層與百姓之間的溝通很少，他們之間的關係完全由儒家所提倡的君臣民的倫理關係來維繫。但是在一個社會裡，當普遍性的價值分佈狀態與政治決策之間一致性高的時候正統性才易於形成。戰國時期的諸侯王顯然不具備這樣的條件，因此，他們只能依靠戰爭、暴力，或依靠改革來治理國家。

　　歷史上發生許多政治革命，其主要原因是指導層的政治、經濟腐敗。學問上，孟子強調「為己之學」，修養方面重視「克己復禮」的態度，政治上強調「修己治人」的倫理。所以儒家首先考慮自己的行為。沒有道德作指導的政治，乃是霸道和暴政。道德與政治的統一主要表現為修齊治平的形態。孟子說：

　　　　其身正而天下歸之。[48]

統治者不僅自己要修養德行，還要對天下百姓施行仁義。[49]

　　作為處在道德政治理論創始者起點上的孔子，他也只能以這種概觀的形式表達自己的政治文化理念。但下延及孟子，則非得以對孔子的突破，才能完成孔子的事業。突破口有三：整全的、道德的、政治

---

48 《孟子》〈離婁上〉。
49 程潮：《儒家內聖外王之道通論》（長沙市：湖南人民出版社，2005年5月），頁393-394。

的。孟子以道德致思率其先，將政治融入其中，從而給政治以道德化解釋，鮮明地突出道德政治中道德的地位與作用。孟子採取這一進路，使其顯出與孔子周全地處理道德與倫理關係不同，是時代氛圍使然。一方面，從孟子所據的戰國時代的歷史氛圍而言，「天下無道」的狀況進一步加劇，政治的治理已成為一時難以達到的目標。因而，從心性內在用功以校正人心，顯得更為基礎和根本。這使孟子從孔子的內（心）外（禮）兼治的立場退卻，轉而為以內（心性）治外（政治）的道路。[50]

二　道德與事功的統一

在「外王」方面丁若鏞提出許多的「國家改革」方案，丁若鏞在《孟子要義》上注重經學解釋，所以在實踐性的外王方面對並沒有過多注解。他提出了現實改革方案，希望君主敦促制度、法律、行政方面的改革。但這些改革方案沒有背離儒家正統思想。丁若鏞不僅追求孟子的王道政治理念，同時也希望君主能實行強有力的霸道政策。丁若鏞主張王道與霸道的結合。丁若鏞的基本思想架構是在儒家「理」的基礎上，吸收外來「氣」的物質文化。他努力傳播儒家思想裡可以改變社會現狀的方案。丁若鏞主張人們積極參與社會活動而緩和社會矛盾。

丁若鏞認為確保對「民」統治者的責任是國家改革的核心。丁若鏞同意孟子所說的「人倫明於上，小民親於下。」[51]對於統治者需要高層次的道德與人格。[52]筆者認為，孟子明確提出要行仁政以安民、

50　任劍濤：《倫理王國的構造》（北京市：中國社會科學出版社，2005年1月），頁63。

51　《孟子》〈滕文公上〉。

52　〔韓〕琴章泰：《茶山實學探究》（首爾市：小學社，2001年4月），頁225。

親民、教民、治民[53]與丁若鏞提出的「國家改革」一定有關係。丁若鏞為什麼強調「國家改革」，其原因是丁若鏞認為朝鮮仍然沿襲高麗王朝的陳舊的弊端。丁若鏞痛恨朝鮮開國後經過四百年仍然繼續剝削百姓的狀態。他說：

> 國家創業垂統餘四百年，綱弛紐解，庶事不振，宜改法修官，以昭祖烈。[54]

丁若鏞的改革論在《經世遺表》中變現。《經世遺表》原來的名稱是《邦禮草本》。「經世」的意思是包括以下的基本結構，即：管制、郡縣制、田制、賦役、貢市、倉儲、軍制、科舉制、海稅、商稅、馬政、船法等對於經營國家的所有的制度樹立基本構架。「遺表」的「遺」意味著死後留在的意思，「表」意味著臣給提交國王的意思。關於國家改革丁若鏞主張「均民」，所以他提出「土地的均分」、「物貨的均通」、「勢力的均衡」、「賞罰的均衡」、「人才的均用」。此外他提出了「水利」、「林業」、「畜產」、「礦業」、「狩獵」、「醫療」等王政的課題。[55]這就是一個國家改革論遺表。丁若鏞的《經世遺表》是在《周禮》基礎上提出了國家改革論。他認為在王政理念的原型發源於堯舜基礎上提出了國家改革論。丁若鏞認為在《周禮》上出現的國家體制是最理想的，但他並不認為盲目地依靠《周禮》。他為了改革引用古典。他反對推翻君主制。丁若鏞說：

> 王政廢而百姓困，百姓困而國貧，國貧而賦斂煩，賦斂煩而人

---

53 詹石窗主編：《身國共治：政治與中國傳統文化》（廈門市：廈門大學出版社，1994年），頁153。

54 丁若鏞：《與猶堂全書》第5集第1卷，《經世遺表》〈天官吏曹第一〉。

55 〔韓〕琴章泰：《茶山實學探究》（首爾市：小學社，2001年4月），頁227-228。

心離，人心離而天命去。[56]

　　《牧民心書》的內容是在現存的法律基礎上統治老百姓，看做律己、奉公、愛民是「紀」，把吏、戶、禮、兵、刑、工作為「典」。丁若鏞在其《牧民心書》中所表現出來的行政思想是以傳統的儒家德治主義思想為基礎的。在丁若鏞的行政思想中，我們可以考慮到孟子的性善論和「保民而王」、「民貴君輕」的民本主義思想的強烈影響。[57]

　　丁若鏞在道德與事功相統一的問題有深刻論述。儘管實學強調事功，注重為學的實踐實用，但事功與道德是不可分割的。丁若鏞強調修己與治人相結合，認為道德修養不能徒託空言，必須與道德實踐和事功結合起來。他說：

> 仁者，二人也，事親，孝為仁，子與父二人也，事君，忠為仁，臣與君二人也，牧民，慈為仁，牧與民二人也，人與人盡其分，乃得為仁。[58]
> 古學用力在行事而以行事為治心。今學用力在養心，而以養心至廢事故也。欲獨善其身者今學亦好，欲兼濟天下者古學乃可。[59]

這是說道德修養必須在處理人際關係和所從事的事業中得以體現，沒有脫離行為的「在心之理」和「在心之德」。他說：

---

56 丁若鏞：《與猶堂全書》第1集第10卷，《詩文集》〈原〉〈原政〉，頁1。

57 張春海：〈試析《牧民心書》中丁茶山的行政思想〉，《當代韓國》2001年冬季號，頁83。

58 丁若鏞：《與猶堂全書》第2集第6卷，《孟子要義》〈仁人心也義人路也〉，卷2，頁28。

59 丁若鏞：《與猶堂全書》第2集第6卷，《孟子要義》〈牛山之術嘗美矣〉，卷2，頁27。

直心所行，斯謂之德，故《大學》以孝弟慈為明德，《論語》以護國為至德，實行既著，乃稱為德，心體之湛然虛明者，安有德乎。[60]

「實學」包括事功和道德建設兩個內容，而者是不可分割的整體。主張道德與事功的統一，是儒學的優良傳統。[61]

---

60 丁若鏞：《與猶堂全書》第2集第6卷，《孟子要義》〈仁人心也義人路也〉，卷2，頁28。

61 丁冠之：〈戴震、丁茶山的實學思想〉，《煙臺大學學報（哲學社會科學版）》1997年第1期，頁30-31。

第七章

丁若鏞借鑑孟子「內聖外王」思想的現代價值

第一節　治國者的素質至關重要

　　孟子的「性善論」代表的是他對於人性善良的一種肯定，體現的是一種對於人性的樂觀態度。身處那樣的環境，士人都有從政的野心，孟子也不例外。「內聖外王」是孟子處在當時的歷史環境下，繼承和發揚孔子學說所發展出來的一套完整的政治理論。這套理論最大的特點就是他的民本主義色彩，以及倫理政治的構想。這既是孟子完善了儒家「仁義」學說的結果，也是他渴望改變現狀的一種表達。也正因為這樣，孟子「內聖外王」的思想一直受到人們的關注，並在宋明理學家那裡得到極大的發展。它其中包含的修身、仁義的思想，直到現在仍是我們行事的準則，他所提出的行仁政，也一直被政府應用於實際當中。孟子所提出的王道政治就是他的政治理想。雖然在那個時候沒有諸侯王願意推行他的政治思想，但他所留下的這個思想理念，以及「性善論」，對於現代社會的領導者來說有很大的啟示作用。他的王道主義政治是他性善論在政治中的具體表現，同時也將「內聖」與「外王」有機的結合起來，形成了「內聖外王」的系統政治理論。丁若鏞說：

　　　大學教國子，使各修身而治民，治民者牧民也。然則君子之

學，修身為半，其半牧民也。[1]

治人與被治人應該克服對立狀態而追求相互發展的協調關係。孟子怎麼理解關於公平與效率的關係呢？在分配的關係問題上，孟子還提出了一系列問題與看法。一是「惠」與「政」的關係。子產主持鄭國政事時，用自己的專車幫人渡河。孟子則稱子產：

惠而不知為政。[2]

所謂「惠」，是指私恩小利；所謂「政」，是指制訂公平正大的綱紀法度，使人普遍受益。在孟子看來，施「惠」只能解決局部問題，也只能使少數人受益。而天下這麼大，不可能通過施惠的方式解決每一個人的問題，也不可能使每一個人滿意。而要根本解決問題，就必須採用「政」的方式，即制訂規章制度。[3]

孟子認為王道政治的出發點是經濟建設。「生物上的生存」與「道德的價值人生」之間發生矛盾的時候孟子選擇後者。王道政治的核心是確立道德使百姓實踐真正的價值，經濟建設解決百姓的衣食住問題，其中根本是確立道德，但應先解決的問題是經濟建設。因為物質生活是維持精神活動的基本條件。孟子提出的經濟建設終極目的是道德建設。[4]

從人與自然的角度來看，孟子思想中所包含的尊重自然，敬畏「天」的思想，對於污染日趨嚴重的現代社會來說，顯得更為重要。

---

1 丁若鏞：《與猶堂全書》第5集第16卷，《牧民心書》〈自序〉。

2 《孟子》〈離婁下〉。

3 程潮：《儒家內聖外王之道通論》（長沙市：湖南人民出版社，2005年5月），頁262。

4 〔韓〕李基東：《現代人的儒教閱讀》（首爾市：亞世亞文化社，2005年11月），頁126-127。

孟子的「天人合一」的思想，雖然有唯心主義的成分，但也包含有感受自然，體會自己本心的意思在裡面。現代社會充滿誘惑，人心浮躁，如果人人都能回復本心，不要放任自己對於物質誘惑的欲望，那麼也不會出現那麼多的悲劇了。人也不會為了追求更多的物質享受而過度的耗費天然的資源，那麼全球的氣候變暖，能源危機等問題也都會得到控制。

孟子「內聖外王」思想不在於一方面偏激，而是推行「調和」、「和諧」、「均衡」。孟子批判楊朱的「為我主義」與墨家的兼愛主義。[5]一個國家要促進世界和諧首先要自己國家內部和諧，領導人有正義心。

人人皆應為君子，而一國統治者更應是君子中的佼佼者，這種思想是積極的且在現實生活中應大力提倡的。它體現出的那種不斷對自我進行修練和提升的積極向上的思想意識是值得我們借鑑與學習的。「修身」，即造就道德完善的統治者；修身並不是佛教禪宗所說的「頓悟」，而是不斷修養的過程。推己及人的「推」也一種內在的，不斷延續的過程。這樣才能達到聖人平天下的境界。現實中的修身與超越性的天命結合才能具備治國、平天下所需的條件。達到「國際和諧」，從而實現人與自然的和諧：

> 四海之內皆兄弟也。[6]

實現的是領導者與被領導者、同級關係的和諧；「夫義婦順」、「兄友弟悌」，達到的是家庭的和諧。一個人和一個國家和諧與否，關鍵是看其在處理個人與他人、個人與群體之間利益關係時的態度和做法。

5　〔韓〕吳錫源：《現代人的儒教閱讀》（首爾市：亞世亞文化社，2005年11月），頁375。

6　《論語》〈顏淵〉。

要體現人性，要與人和諧相處，最主要的有兩點。一是關愛他人，即
利他；二是尊重他人，即善他。人與人之間，個人與國家之間構建大
同社會是最大的理想。

第二節 「德」與「法」相結合

道德與法律，作為維持社會秩序的手段，是所有文明所共有的。
儘管在不同的文明之內，道德與法律具有不同的屬性，但不可否認，
他們之間有一種共通的屬性。這就是，與法律相比，道德重在約束人
的心靈，而法律則旨在規範人的行為。如果以此作為標準，衡量儒家
思想，就會發現，「禮」中的一部分只有道德的性質，如「禮教」、
「禮化」等，一部分以法律手段來執行道德原則，具有法律的性質，
如「出禮入刑」之禮及「禮律」等。[7]

權力是不能隨意所使用的，應按照道德律、規則使用權力。春秋
戰國時期缺少制約君主無所不為的權力的制度、法律。所以「德治」
就顯得更為重要。周公用「德」說明了「天」的意向，天唯德是擇；
用「德」的興廢為夏、商、周更替的歷史原因，有德者為王，無德者
失天下，有德而民和，無德而民叛。周公所說的「德」內容極廣，歸
納起來有十項：敬天；敬祖；尊王命；誠心接受先王哲的成功經驗；
憐小民；慎行政，盡心治民；無逸；行教化，用愛的方法引導教育那
些不馴服的人，勉勵那些不勤快的人使之勤勉；做新民；慎刑罰。[8]

儒家普遍主張為政應注重道與法相結合。[9]在儒家所嚮往的王道

---

7 參見任強：《知識、信仰與超越：儒家禮法思想解讀》（北京市：北京大學出版社，
  2007年1月），頁84。

8 劉澤華主編：《中國古代政治思想史》（天津市：南開大學出版社，1992年1月），頁
  9。

9 程潮：《儒家內聖外王之道通論》（長沙市：湖南人民出版社，2005年5月），頁261。

政治中，以德為本、以法為末，以德為主、以法為輔。在德與法之間，儒家更重視德。[10]孟子注重「德治」，政治思想，儒家提倡人治主義，所以認為政治應從正身做起。孟子說：

> 惟仁者宜在高位，不仁而在高位，是播其惡於眾也。[11]

朝鮮王朝的建國理念是「朱子學」的正統儒家思想。尤其是十八世紀朝鮮後期為防止社會動盪，而樹立唯一的正統更加大「道學」理念。[12]朝鮮王朝的「天命德治」政體注重防止君主權力的絕對化，是「平天下」的理想。朝鮮王朝為了獲得正統性強調「德治主義」的規範定向。丁若鏞的精神來源也是性理學，他說：

> 我若無病久生，則欲全注《周禮》而朝露之命，不知何時歸化，不敢生意。然心以為三代之治，苟欲復之，非此書無可著手。[13]

丁若鏞很重視性理學的人際關係，「內聖」：

> 經云，以人治人者，謂以所求乎人者，以事人也。……事親事君，皆治人也。[14]
> 仁者人倫之成德也。天之所以察人善惡，恆在人倫，故人之所以修身事天，亦以人倫致力。[15]

---

10 程潮：《儒家內聖外王之道通論》（長沙市：湖南人民出版社，2005年5月），頁263。
11 《孟子》〈離婁上〉。
12 〔韓〕琴章泰：《茶山實學探究》（首爾市：小學社，2001年4月），頁225。
13 丁若鏞：《與猶堂全書》第1集第20卷，《詩文集》〈書〉〈答仲氏〉，頁15。
14 丁若鏞：《與猶堂全書》第2集第4卷，《中庸講義》，卷1，頁18。
15 丁若鏞：《與猶堂全書》第2集第3卷，《中庸自箴》，卷1，頁2。

丁若鏞認為在「內聖」方面的修身、事天發展到「外王」上即是實現人際關係的規範,所以他強調所謂人倫就是通過社會性給人們以存在感。[16]

丁若鏞認為正統儒家思想不能挽救朝鮮的政治、經濟、社會危機。他認為朝鮮政治已經喪失了道德性和法律的威懾力。為了擺脫這種規範性危機,丁若鏞主張實行「法治」。在性理學思維上,「國」是「修身齊家治國平天下」上不可或缺的一環,而並沒有給予它一個獨立的定義。但丁若鏞認為,「國」應該似乎與家、天相分離的一個獨立的組織。他將「國」命名為監察國家。實學家丁若鏞認為堯舜時代,執政者並不是如表面所看的那般悠悠自適,而是用縝密的理性思考在管理國家。[17]丁若鏞推崇堯舜時期的考績制度,他說:

> 天下莫勤於堯舜,誣之以無為,天下莫密於堯舜,誣之以疎迂,使人主每欲有為,必憶堯舜以自沮。此天下之所以日腐,而不能新也。[18]

丁若鏞強調牧民官的任務,即牧民官最主要的職責就是教化百姓。丁若鏞說:

> 不教而刑,謂之罔民。[19]

丁若鏞在《牧民心書》中強調「德」與「法」應相互結合。丁若鏞說:

---

16 〔韓〕琴章泰:《茶山實學探究》(首爾市:小學社,2001年4月),頁216。

17 參見〔韓〕裵柄三:《茶山的思想與其現代意味》(城南市:韓國精神文化研究院,1998年1月,頁448-450。

18 丁若鏞:《與猶堂全書》第5集第1卷,《經世遺表》〈引〉,卷1,頁1。

19 丁若鏞:《與猶堂全書》第5集第22卷,《牧民心書》〈教民〉,卷7,頁46。

《易》曰，明慎用刑，……斷獄之要，明慎而已，明而不慎，
則錯愕而多冤，慎而不明，則濡滯而難決。[20]

丁若鏞在《經世遺表》〈引〉也強調「法」並不是統治國家，也
不是引導老百姓。他說：

茲所論者也，法而名之曰禮，何也？先王以禮而為國，以禮而
道民，至禮之衰，而法之名起焉。法之名，法非所以為國，非
所以道民也。揆諸天理而合，錯借人情而協者，謂之禮。威之
所恐，迫之以所悲，使斯民兢兢莫之敢幹者，謂之法。先王以
禮而為法，後王以法為法，斯其所不同也。

丁若鏞的經世論建立在「修己」與「治人」的一貫性基礎上。這
是現實生活中，人類的社會道德人倫文化的體現。就是說，丁若鏞強
調治民是可以通過「法治」與「制度」來實現的。丁若鏞的經世論是
「仁──恕」的具體實踐，即人的愛和人與人之間的關係的結合。丁
若鏞認為「民」是一切的根本。牧民官應該在律己、奉公、愛民的基
礎的「心法」基礎上對百姓至誠。[21]

第八章
結論

　　「內聖」是為了通過對自身的修養而成為君子。「外王」則是積極入世，以期「平天下」。那麼，怎樣做才能達到「內聖」的標準，「外王」的終極目標又應如何達成呢？丁若鏞與孟子對此給出了有所不同的方法。

　　孟子所處的戰國時期硝煙四起。諸侯國之間只有充滿私欲的戰爭，人民生活痛苦。在這樣的社會環境下，孟子更深入的探尋解決現狀的方法。將孔子的儒學思想在政治上具體化，發展出一套「內聖外王」的政治學說。「內修成聖，外王天下」，從這幾個字而又引申出的修養論，仁政思想，德治思想則見於《孟子》的各章回中。

　　孟子的仁政觀是賢人治國。儒家思想強調「和諧」，但是他在解決矛盾方面卻顯示出他自身的缺陷。「內聖外王」的政治思想在解決矛盾方面存在缺陷的主要原因在於這套政治理論不是建築在顯示社會的現狀之下的，而是一種理想主義的政治理念。孟子遊說各國，向各國統治者描述他的政治藍圖，但卻都沒有得到採納，這雖然與當時的政治環境、各國急功近利的心態有關，但也從側面反應了孟子的學說並不能很好的應用到現實社會中去。他所提倡的是一種倫理政治，所謂「君君，臣臣、父父、子子」，強調「仁者無敵」，雖然這對當時的社會風氣有一定的積極意義，但卻不能解決當時的社會矛盾。

　　丁若鏞一生經歷坎坷。他有過仕途亨通的時候，也有被迫害以致流放異地的遭遇。早年的儒學教育使得他具有深厚的儒學功底，青年時代的出仕以及皇帝的寵信使得他有機會近距離的接觸政治，並且用儒家思想去規範自己的行為，也試圖改善當時的風氣，晚年的流放使

得他有時間深入的探索經學典籍，並將自己的經歷與實學思想融入他
所作的注解中，為經學做出更貼近於時代、和現實的注釋。

孟子沒有得到過丁若鏞一樣的政治經歷，因此，他的政治思想就
更加偏向理想化，甚至可以說，有空想的色彩在裡面。而由於孟子本
身繼承了儒家的心性論，認為後天的修練都是為了找回迷失的
「心」，否定了學習對於人心智成熟的重要性。作為實學大家，丁若
鏞對此顯然有更深的理解，更加唯物的看法。

丁若鏞在大體上是贊同孟子「內聖外王」這一政治思想框架的。
也在一定程度上支持孟子的仁政觀。但在具體的實踐方法上，則顯示
出與孟子的不同，更加現實。

丁若鏞重視人後天的學習，並且，他不僅重視「學」，更加重視
「習」，認為「學」而後「習」之，才可謂之為「學」。這體現了他對
於實踐的重視。丁若鏞說：

> 學，受教也，習，肄業也，時習，以時習之也。[1]

不僅如此，在「仁義禮智」這四端的論述中，丁若鏞也說道：

> 仁義禮智成名於行事之後。[2]

這裡的「行事」則指「實踐」。丁若鏞說：

> 學晨省昏定，便自是日，習晨省昏定；學日乾夕惕，便自是
> 日，習日乾夕惕。學祭禮，習祭禮；學鄉禮，習鄉禮；學樂習

---

1 丁若鏞：《與猶堂全書》第2集第7卷，《論語古今注》〈學而第一〉，卷1，頁9。
2 丁若鏞：《與猶堂全書》第2集第5卷，《孟子要義》〈人皆有不忍人之心〉，卷1，頁
  21。

樂，學誦習誦；學射御，習射御；學書數，習書數。皆所以肄業也，學所以知也；習所以行也。學而時習者，知行兼進也。後世之學，學而不習，所以無可悅也。[3]

　　同時，在人性善惡的問題上，丁若鏞並非全然接受儒家的性善論，而是提出「心之權」的重要性。他認為人心具有選擇從善或作惡的判斷力，而這種判斷力則來自於個人的教育以及經歷。這樣，丁若鏞又一次的提出了實踐和學習對於個人修養的重要性。不斷強調的實踐，是承認人的主觀能動性對於自身的影響，是一種唯物的思辯，超越了孟子帶有唯心主義色彩的修養論。

　　丁若鏞的政治思想被稱為「經世論」，由於他有過為官的經歷，因此對於政治，對於民與官的關係，有著更深刻的認識。基本上來說，丁若鏞是認同孟子的「仁政」思想的。他所著的《牧民心書》詳細的列舉了一個牧民官所要遵守的各種規則，希望牧民官都能用仁愛的心去對待自己的人民，同時也指出「法」對於社會安定所起的重要作用。

　　對於「法」的看法可以說是丁若鏞與孟子在「外王」問題上的最大分歧所在。孟子重視「德」對於天下百姓的教化作用，而丁若鏞則更側重於「法」對於百姓的警懲作用。對於孟子來說，由於人性本善，因此只要推行仁政，德治天下，就可以使百姓歸心，實現天下大同。但在丁若鏞看來，在各種利益的誘惑面前，人是很難抵制誘惑的，這就需要一套懲罰的制度，以警示民眾，不要因為一時的貪欲而受到懲罰。顯然，孟子的設想更具有理想主義的色彩，而丁若鏞的重法則更具有現實的意義，更易於解決現實中出現的問題。

　　時代在前進，社會環境，經濟狀況，技術水準都在不斷的變化發

3　丁若鏞：《與猶堂全書》第2集第7卷，《論語古今注》〈學而第一〉卷1，頁8。

展，我們研究前人「內聖外王」的思想，是為了發掘在變化的環境中一些不會變化的道理，比如修養對人的重要性，比如我們要有仁愛之心，比如實踐的重要性。現在的社會已經不是孟子與丁若鏞所處的封建君主專制社會，國家領導人既重視法律的完善，也重視精神文明的建設。可謂是既重「禮」，也重「法」。我們學習二人的「內聖外王」思想，也是希望從他們的思想中剝離出適合於現實的理念，更好地造福於現代社會。同時，二人思想中所包含的不斷修練自身，提升自我，包容他人的思想，都是值得我們學習和借鑑的思想道德規範。

參考文獻

一　中文文獻

《論語》

《孟子》

《莊子》

《左傳》

《尚書》

《荀子》

《禮記》

《大學》

《中庸》

《史記》

《戰國策》

《二程集》

《朱子語類》

《四書章句集注》

《孟子集注》

《與猶堂全書》

〔韓〕崔根德　《韓國儒學研究》　北京市　學苑出版社　2003年

〔美〕牟復禮（Mote F.W.）著　王立剛譯　《中國思想之淵源》　北
　　　京市　北京大學出版社　2009年

〔美〕本傑明、史華茲　《古代中國的思想世界》　南京市　江蘇人
　　　民出版社　2003年

〔美〕杜維明 《人性與自我修養》 北京市 中國和平出版社
　　1988年

〔美〕杜維明著 錢文忠、盛勤譯 《道學政》 上海市 上海人民
　　出版社 2000年

〔美〕江文思、〔美〕安樂哲 《孟子性心之學》 北京市 社會科
　　學出版社 2005年

白 鋼主編 《中國政治制度史》 北京市 社會科學文獻出版社
　　2007年

白壽彝總主編 《中國通史》 上海市 上海人民出版社 1994年

北京大學哲學系中國哲學史教研室編 《中國哲學史》 北京市 中
　　華書局 1985年

北京大學哲學系中國哲學史研究室編 《中國哲學史》 北京市 中
　　華書局 1980年

蔡方鹿、舒大剛編 《儒家德治思想探討》 北京市 線裝書局
　　2003年

曹大林 《中國傳統文化探源》 長春市 吉林人民出版社 1998年

曹德本 《儒家治國方略》 長春市 吉林大學出版社 1994年

曹德本 《修身治國平天下》 西安市 世界圖書出版社 2006年

曹德本 《中國傳統文化學》 瀋陽市 遼寧大學出版社 2001年

曹德本 《中國政治思想史》 北京市 高等教育出版社 2004年

陳根法 《德行論》 上海市 上海人民出版社 2004年

陳江風 《天人合一——觀念與華夏文化傳統》 北京市 生活‧讀
　　書‧新知三聯書店 1996年

陳 來 《朱子哲學研究》 上海市 華東師範大學出版社 2000年

陳啟雲 《中國古代思想文化的歷史論析》 北京市 北京大學出版
　　社 2001年

程 湖 《儒家內聖外王道通論》 長沙市 湖南人民出版社 2005年

崔英辰著　邢麗菊譯　《韓國儒學思想研究》　北京市　東方出版社
　　　2008年

東方橋　《孟子現代讀》　上海市　上海書店出版社　2003年

董洪利、方麟選編　《孟子二十講》　北京市　華夏出版社　2007年

馮天瑜、何曉明、周積明　《中國文化史》　上海市　上海人民出版
　　　社　2005年

馮天瑜　《中華元典精神》　上海市　上海人民出版社　1994年

馮友蘭　《中國哲學簡史》　北京市　新世界出版社　2004年

苟　浩　《先秦儒家的道德觀》　桂林市　廣西師範大學出版社
　　　1998年

葛　荃　《權力牽制理性》　北京市　人民出版社　2003年

葛兆光　《中國思想史》　上海市　復旦大學出版社　2001年

葛榮晉主編　《中國實學思想史》　北京市　首都師範大學出版社
　　　1994年

勾承益　《先秦禮學》　成都市　巴蜀書社　2002年

顧德融、朱順龍　《春秋史》　上海市　上海人民出版社　2001年

顧德融、朱順龍　《春秋史》　上海市　上海人民出版社　2003年

韓　星　《儒法整合》　北京市　中國社會科學出版社　2005年

何　平　《中國傳統政治思維探源》　天津市　天津人民出版社
　　　2003年

胡厚宣、胡振宇　《殷商史》　上海市　上海人民出版社　2003年

黃俊傑　《傳統中華文化與現代價值的動盪》　北京市　社會科學文
　　　獻出版社　2002年

黃俊傑　《中國孔孟詮譯史論》　北京市　社會科學文獻出版社
　　　2004年

黃俊傑　《東亞儒學史的新視野》　上海市　華東師範大學出版社
　　　2008年

黃俊傑　《中國孔孟詮譯史論》　北京市　社會科學文獻出版社　2004年

黃克劍　《由「命」而「道」：先秦諸子十講》　北京市　線裝書局　2006年

黃宛峰　《禮樂淵藪──《禮記》與中國文化》　開封市　河南大學出版社　1997年

黃心川　《東方著名哲學家評傳（韓國卷）》　濟南市　山東人民出版社　2000年

黃忠晶等　《中國社會思想研究》　北京市　中共中央黨校出版社　2007年

晁福林　《先秦社會形態研究》　北京市　北京師範大學出版社　2003年

紀寶成主編　《中國古代治國要論》　北京市　中國人民大學出版社　2004年

季乃禮　《三綱六記與社會整合》　北京市　中國人民出版社　2004年

翦伯贊　《先秦史》　北京市　北京大學出版社　1999年

焦國成、龔群主編　《儒門亞聖──孟子》　北京市　中國華僑出版社　1996年

金景芳　《中國奴隸社會史》　上海市　上海人民出版社　1979年

來可泓　《大學直解中庸直解》　上海市　復旦大學出版社　1998年

勞思光　《中國哲學史》　桂林市　廣西師範大學出版社　2005年

李瑞蘭、季乃禮　《修身‧齊家‧治國‧平天下》　天津市　天津社會科學出版社　2001年

李石岑　《中國哲學十講》　南京市　江蘇教育出版社　2005年

李文永著　宣德五等譯　《《論語》、《孟子》和行政學》　北京市　東方出版社　2000年

李憲堂　《先秦儒家的專制主義精神》　北京市　中國人民大學出版社　2003年

李澤厚　《中國古代思想史論》　天津市　天津社會科學出版社　2003年

李振宏　《歷史與思想》　北京市　中華書局　2006年

李明輝　《儒家視野下的政治思想》　北京市　北京大學出版社　2005年

李明輝　《四端與七情：關於道德感情的比較哲學探討》　上海市　華東師範大學出版社　2008年

李中華　《人學理論與歷史——中國人學思想史卷》　北京市　北京出版社　2004年

梁啟超　《先秦政治思想史》　天津市　天津古籍出版社　2003年

廖名春　《孟子的智慧》　延吉市　延邊大學出版社　1992年

劉　豐　《先秦禮學思想與社會的整合》　北京市　中國人民大學出版社　2003年

劉澤華、汪茂和、王蘭仲　《專制權力與中國社會》　天津市　天津古籍出版社　2005年

劉澤華　《王權思想論》　天津市　天津人民出版社　2006年

劉澤華主編　《中國古代政治思想史》　天津市　南開大學出版社　1992年

魯　芳　《道德的心靈之根——儒家「誠」研究》　長沙市　湖南師範大學出版社　2004年

蒙培元　《蒙培元講孟子》　北京市　北京大學出版社　2006年

牟宗三　《政道與治道》　桂林市　廣西師範大學出版社　2006年

寧鎮彊　《孟子》　鄭州市　中州古籍出版社　2007年

漆　俠主編　《中國改革史》　石家莊市　河北教育出版社　1997年

錢　穆　《朱子學提綱》　三聯書店　2002年

任繼愈主編 《中國哲學史》 北京市 人民出版社 1999年

任劍濤 《倫理王國的構建》 北京市 中國社會科學出版社 2005年

任 強 《知識、信仰與超越》 北京市 北京大學出版社 2007年

邵漢明、劉輝、王永平 《儒家哲學智慧》 長春市 吉林大學出版社 2005年

沈長雲 《中國歷史——先秦史》 北京市 人民出版社 2006年

湯一介 《儒道釋與內在超越問題》 南昌市 江西人民出版社 1999年

唐 鏡 《德治——中國古代德治思想論綱》 北京市 中國文史出版社 2007年

唐凱麟、陳科華 《中國古代經濟倫理思想史》 北京市 人民出版社 2004年

萬江紅 《中國歷代社會思想》 北京市 社會科學文獻出版社 2005年

萬俊人 《義利之間：現代經濟倫理十一講》 北京市 團結出版社 2003年

王保國 《兩周民本思想研究》 北京市 學苑出版社 2004年

王長華 《春秋戰國士人與政治》 石家莊市 河北教育出版社 2007年

王恩來 《人性與尋找》 北京市 中華書局 2005年

王浦劬主編 《政治學基礎》 北京市 北京大學出版社 1995年

謝祥皓、劉宗賢 《中國儒學》 成都市 四川人民出版社 1999年

熊 逸 《孟子他說》 西安市 陝西師範大學出版社 2006年

徐復觀 《西漢思想史》 上海市 華東師範大出版社 2001年

徐復觀 《中國人性論史》 上海市 上海三聯書店 2001年

楊 寬 《西周史》 上海市 上海人民出版社 2003年

楊 寬 《戰國史》 上海市 上海人民出版社 2003年

楊榮國　《中國古代思想史》　北京市　人民出版社　1976年

楊澤波　《孟子與中國文化》　貴陽市　貴州人民出版社　2000年

曾文芳　《夏商周民族思想與政策研究》　北京市　人民出版社
　　　　2008年

張岱年　《中國倫理思想研究》　南京市　江蘇教育出版社　2005年

張分田　《中國帝王觀念——社會普遍意識中的「尊君——罪君」文
　　　　化模式》　北京市　中國人民大學出版社　2004年

張立文　《宋明理學研究》　北京市　人民出版社　2002年

張立文　《朱熹思想研究》　北京市　中國社會科學出版社　2001年

張立文主編　彭永捷副主編　《聖經——儒學與中國文化》　北京市
　　　　人民出版社　2005年

張良才、修建軍　《原始儒學與齊魯教育》　武漢市　湖北教育出版
　　　　社　2001年

張茂澤、鄭熊　《孔孟學說》　西安市　三秦出版社　2003年

張　敏　《韓國思想史綱》　北京市　北京大學出版社　2009年

張曙光　《外王之學——《荀子》與中國文化》　開封市　河南大學
　　　　出版社　1995年

張偉勝　《傳統人生哲學智慧散論》　杭州市　浙江大學出版社
　　　　2006年

張雲飛　《天人合一——儒學與生態環境》　成都市　四川人民出版
　　　　社　1995年

趙鼎新著　夏江旗譯　《東周戰爭與儒法國家的誕生》　上海市　華
　　　　東師範大學出版社　2006年

趙吉惠　《中國傳統文化導論》　南京市　江蘇教育出版社　2007年

趙　岐　《孟子注疏題辭解》　《十三經注疏》　北京市　中華書局
　　　　影印本　1980年

中國哲學編輯部　《中國哲學》第12輯　北京市　人民出版社　1984年

周昌忠　《中國傳統文化的現代性轉型》　上海市　上海三聯書店
　　　2002年

周良霄　《皇帝與皇權》　上海市　上海古籍出版社　2006年

朱義祿　《儒家理想人格與中國文化》　上海市　復旦大學出版社
　　　2006年

朱雲影　《中國文化對日韓越的影響》　桂林市　廣西師範大學出版
　　　社　2007年

詹石窗主編　《身國共治：政治與中國傳統文化》　廈門市　廈門大
　　　學出版社　1994年

姚新中著　趙豔霞譯　《儒家與基督教：仁與愛的比較研究》　北京
　　　市　中國社會科學出社　2002年

張良才、修建軍　《原始儒學與齊魯教育》　武漢市　湖北教育出版
　　　社　2001年

二　韓文著作

金炯孝等　《茶山的思想與其現代意思》　城南市　韓國精神文化研
　　　究院　1998年

鄭一均　《茶山四書經學研究》　首爾市　一志社　1999年

Hwang, Gap-Yeon　《孔孟哲學的發展》　坡州市　瑞光社　1998年

Creel, H.G　李成珪譯　《孔子──人間與神話》　首爾市　知識產
　　　業社　2003年

首爾大學東洋史學研究室編　《古代中國的理解Ⅱ》　首爾市　知識
　　　產業社　1995年

金哲運　《儒家看平天下的世界》　首爾市　哲學與現實社　2001年

琴章泰　《心與性──茶山的《孟子》解釋》　首爾市　首爾大學出
　　　版社　2005年12月

琴章泰　《實踐的理論家——丁若鏞》　ecclio　2005年

琴章泰　《茶山實學探究》　小學社　2001年

李基東等　《現代人的儒教閱讀》　首爾市　亞細亞文化社　2005年

李爱熙等　《孔子思想的繼承》　open books　1995年

趙源一　《孟子道德思想與政治思想》　光州市　全南大學出版社
　　　2006年

鄭炳連　《茶山四書學研究》　首爾市　景仁文化社　1994年

李基白　《韓國史新論》　首爾市　一潮閣　1994年

邊太燮　《韓國史通論》　首爾市　三英社　1995年

三　論文

丁冠之　〈戴震、丁茶山的實學思想〉　《煙臺大學學報》（哲學社
　　　會科學版）　1997年第1期　頁26-31

范　蓉　〈談孟子性善論的現實意義〉　《理論觀察》　2005年第1
　　　期　總第31期　頁56-57

方浩範　〈試論定若鏞的天理人欲思想〉　《延邊大學學報》（社會
　　　科學版）　第38卷第4期　2005年12月　頁23-27

馮浩菲　〈孟子對孔子仁學的捍衛與發揚〉　《理論學刊》　第12期
　　　總第142期　2005年12月　頁96-101＋129

何少林　〈略論邵雍的人文思想〉　保定市　河北大學碩士學位論文
　　　2003年6月

胡　濤　〈和諧社會視覺下的社會保障公平問題研究〉　南昌市　江
　　　西財政大學碩士學位論文　2006年10月

姜國鈞　〈《禮記》所見「大學之道」〉　《大學教育科學》　2007年
　　　第3期　總第103期

金時耐　〈莊學「內聖外王」說研究〉　北京市　中國社會科學院碩
　　　士學位論文　2001年5月

康華、汪繼林　〈儒家修身觀闡釋〉　《南都學壇》　第19卷　1999
　　　年第4期　頁19-21

陳四海、劉健婷　〈「孝」與「樂」的二元同構──論儒家思想與《禮
　　　記》中的樂文化生成〉　《西安音樂學院學報》　第24卷第
　　　1期　2005年3月　頁14-21

李旦、趙超　〈淺議孟子的「仁政」思想及其當代意義〉　《哈爾濱
　　　學院學報》　第27卷　2006年第6期　頁24-27

劉澤華　〈天人合一與王權主義〉　《天津社會科學》　1996年第4
　　　期　頁6

彭　林　〈論丁若鏞對朱熹《中庸章句》心性說的批判〉　《清華大
　　　學學報》（哲學社會科學版）　第20卷　2005年第6期　頁
　　　27-33

朴柄久　〈《禮記》的和諧世界思想〉　《國際政治科學》　2008年
　　　第3期　頁57-70

朴文鉉　〈墨子與丁若鏞思想的相同性〉　《哈爾濱師專學報》　1997
　　　年第1期　頁36-39

史應勇　〈兩部儒家禮典的不同命運──論大、小戴《禮記》的關係
　　　及《大戴禮記》的被冷落〉　《學術月刊》　2000年第4期
　　　頁80-85

唐獻玲　〈淺析孟子性善論道德教育思想及其現代啟示〉　《社科縱
　　　橫》　第20卷第5期　2005年10月　頁129＋131

田愈征　〈春秋戰國時期的民本思想及現代意義〉　《蘭臺世界》
　　　2007年1月　第2期　頁52-53

王　磊　〈孟子義利思想辨析〉　《齊魯學刊》　2005年第5期　總
　　　第188期　頁15-17

王盛思　〈「華夷之變」對民族融合的影響〉　《南都學壇》（人文社
　　　會科學學報）　第23卷第5期　2003年9月　頁26-30

魏義霞　〈仁——在孔子與孟子之間〉　《社會科學論戰》　2005年
　　　　第2期　頁49-54

吳俊蓉　〈和諧社會理論與大同社會思想——讀《禮記・禮在》篇〉
　　　　《河北理工大學學報》（社會科學版）　第6卷第2期　2006
　　　　年5月　頁18-20

邢麗菊　〈朝鮮時期儒學者對孟子「四端說」的闡釋——以退溪、栗
　　　　穀與茶山為中心〉　《社會科學論戰》　2006年第6期　頁
　　　　254-257

張春海　〈試析《牧民心書》中丁茶山的行政思想〉　《當代韓國》
　　　　2001年冬季號　2001年4期　頁81-84

張秀玉　〈儒道人性論與治國理論的關係〉　西安市　西北大學碩士
　　　　學位論文　2001年4月

趙素梅　〈成就內聖人格——劉大鵬人生觀初探〉　太原市　山西大
　　　　學碩士學位論文　2006年6月

朱七星　〈朝鮮封建社會末期實學思想的集大成者——茶山丁若鏞〉
　　　　《東方哲學研究》　1979年 S1期　頁23-29

丁冠之　〈戴震、丁茶山的實學思想〉　《煙臺大學學報》哲學社會
　　　　科學版　1997年第1期　頁26-31

附錄 A
孟子年譜[1]

　　西元前三九〇年（周安王十二年、晉烈公二十六年、魏武侯七年、韓烈侯十一年、齊康公十五年、田齊田和十五年、燕簡公十五年、越王翳二十二年、秦惠公四年、楚悼王十二年、魯穆公二十六年、宋休公十五年）誕生於鄒。據趙歧說，孟子「魯公族孟孫之後」（《《孟子》題辭》）。蓋破落後遷至鄒。

　　魯敗齊於平陸。商鞅、匡章約生於此年。

　　西元前三九〇年生於鄒。

　　西元前三八九年（周安王十三年、晉桓西元年）一歲，在鄒。

　　西元前三八六年（周安王十六年、趙敬侯元年、魏武侯八年、秦出西元年）。四歲，在鄒，受孟母三遷、斷機之教（據《烈女傳》）。魏城洛陽、安邑、王垣。

　　西元前三八四年（周安王十八年、齊田侯剡元年、秦獻西元年、楚悼王十八年）。六歲，在鄒。「受業於子思之門人」。（《史記》〈孟荀列傳〉）。楚吳起為相。

　　西元前三八三年（周安王十九年、魯穆公三十三年）。七歲，在鄒。魯穆公卒，子奮立，是為共公。

　　西元前三八一年（周安王二十一年、楚悼王二十一年、魯共公二年、宋辟西元年）。九歲，在鄒。楚宗室殺吳起。

　　西元前三七九年（周安王二十三年、齊康公二十六年、田齊田侯剡六年、越王翳三十三年）。十一歲，在鄒。齊康公絕祀。

西元前三七八年（周安王二十四年、宋剔成元年）。十二歲，在
鄒。

西元前三七七年（周安王二十五年、韓哀侯元年）。十三歲，在
鄒。

公前三七六年（周安王二十六年、韓哀侯二年、趙敬侯十一
年）。十四歲，在鄒。韓滅鄭，韓哀候人於鄭。諸咎殺越王翳，趙殺
諸咎，立孚錯枝。

西元前三七五年（周烈王元年、田齊桓西元年、越孚錯枝元
年）。十五歲，在鄒。韓山堅殺其君。田午殺其君，自立為桓公。寺
區定亂，立無餘之（越）。

西元前三七四年（周烈王二年、韓懿侯元年、趙成侯元年、越無
餘之元年）。十六歲，在鄒。

西元三七一年（周安王五年、魏武侯二十六年、韓懿侯四年、燕
簡公四十五年、楚肅王十年、魯共公十二年）。十九歲，在鄒。魏武
侯卒。燕簡公卒。韓嚴殺韓哀侯。（《史記》以盜刺韓相俠累，韓嚴弒
韓哀侯為二事；《通鑒》從之；《戰國策》合二事為一。）

西元前三七○年（周烈王六年、魏惠成王元年、燕桓西元年、晉
桓公二十年、韓懿侯五年、趙成侯五年）。二十歲，在鄒。晉桓公被
韓、趙遷於屯留。趙、韓伐魏，魏伐趙，敗之平陽。

西元前三六九年（周烈王七年、魏惠成王二年、韓懿候六年、田
齊桓公七年）。二十一歲，在鄒。齊伐魏，降觀，王錯奔韓。魏敗韓
於馬陵。

西元前三六八年（周顯王元年、韓懿侯七年）。二十二歲，孟子
赴魯遊學，受業於子思之門人。

西元前三六七年（周顯王二年、韓懿侯八年、趙成侯八年）。二
十三歲，在鄒。韓趙分周為兩。

西元前三六六年（周顯王三年、魏惠成王五年、韓懿候九年）。

二十四歲，在鄒。魏伐韓敗逋。

西元前三六五年（周顯王四年、魏惠成王六年、田齊桓公十一年）。二十五歲，在鄒。四月甲寅，魏遷都大梁。田齊桓公殺其君。

西元前三六四年（周顯王五年、魏惠成三七年、趙成候十一年）。二十六歲，在鄒。魏公子緩如趙以作難。

西元前三六三年（周顯王六年、魏惠成王八年、趙成候十二年、越無餘之十二年）。二十七歲，在鄒。魏伐趙，取利人與肥。越寺區弟思殺其君。

西元前三六二年（周顯王七年、魏惠王九年、韓釐侯元年、趙成侯十三年、越無顓元年、秦獻公二十三年）。二十八歲，在鄒。魏與趙榆次、陽邑，會韓釐侯於巫沙。（楊伯峻以為此年四月甲寅魏遷都大梁，秦魏戰少梁。）

西元前三六一年（周顯王八年、魏惠成王十年、秦孝西元年、宋剔成十八年）。二十九歲，在鄒。商鞅入秦。宋牼約生於此年。魏入河水於甫田，瑕陽人來歸。

西元前三六〇年（周顯王九年、魯康公元年）。三十歲，在鄒。東周惠公傑卒。

西元前三五九年（周顯王十年、魏惠成十二年、韓釐侯四年、燕成侯元年、秦孝公三年）。三十一歲，在鄒授徒講學。韓魏分晉，遷晉君於端氏。商鞅變法。

西元前三五八年（周顯王十一年、魏惠成王十三年、韓釐侯五年、秦孝公四年）。三十二歲，在鄒授徒講學。魏及韓釐侯盟於巫沙，歸釐侯於韓。商鞅刑公子虔、公孫賈。

西元前三五七年、（周顯王十二年、魏惠成王十四年、韓釐侯六年、秦孝公五年、魯康公四年、宋剔成二十二年）。三十三歲，在鄒授徒講學。魯、宋、衛、韓君朝魏，梁惠王稱王。商鞅為左庶長。（錢穆以此年為齊威王元年，孟軻第一次到齊國，誤。）

西元前三五六年（周顯王十三年、魏惠成王十五年、韓釐侯七年、趙成侯十九年、齊威王元年、燕成侯四年、魯康公五年）。三十四歲，在鄒授徒講學。魯候朝魏，魏築陽地以備秦。韓築長城，自亥谷以南。趙會燕成侯於安邑。

西元前三五五年（周顯王十四年、韓釐侯八年、魏惠成王十六年、越無顓八年、秦孝公七年、宋剔成二十四年）。三十五歲，在鄒授徒講學。申不害相韓。越無顓卒。秦孝公與魏惠王會於杜平，侵宋。（楚滅越。據文物出版社《中國歷史年代簡表》）

西元前三五四年（周顯王十五年、魏惠成王十七年、韓釐侯九年、秦孝公八年、齊威王三年）。三十六歲，在鄒授徒講學。齊敗魏於桂陽。韓釐侯朝魏。秦敗魏，斬首七千，取少梁。

西元前三五三年（周顯王十六年、魏惠成王十八年、韓釐侯十年、趙成侯二十二年、齊威王四年、楚宣王十七年）。三十七歲，在鄒授徒講學。趙敗魏桂陵（齊用孫臏圍魏救趙）。魏以韓師敗諸侯於襄陵，會齊宋之圍。齊使楚景舍與魏求成。

西元前三五二年（周顯王十七年、魏惠成王十九年、秦孝公十年）。三十八歲，在鄒授徒講學。商鞅為秦大良造（相當於相國兼將軍），伐魏，安邑降秦。

西元前三五一年（周顯王十八年、魏惠成王二十年、趙成侯二十四年、秦孝公十一年、魯景西元年）。三十九歲，在鄒授徒講學。秦遷都咸陽。商鞅伐魏，固陽降秦。魏歸趙邯鄲，在漳水上結盟。

西元前三五年（周顯王十九年、秦孝公十二年）。四十歲，在鄒授徒講學。商鞅廢井田，設縣。

西元前三四九年（周顯王二十年、趙肅侯元年）。四十一歲，在鄒授徒講學。

西元前三四八年（周顯王二十一年、韓釐候十五年、秦孝公十四年）。四十二歲，在鄒授徒講學。韓昭侯如秦。秦「初為賦」。（錢穆

以為陳仲約在此年生於齊。）

西元前三四七年（周顯王二十二年、齊威王十年）。四十三歲，因齊威王招文學遊說之士，孟子第一次由鄒到齊國，為稷下先生，與匡章交遊。

西元前三四五年（周顯五二十四年、魏惠成王二十六年、韓釐侯十八年、齊威王十二年）。四十五歲，在齊。魏敗韓於馬陵。

西元前三四四年（周顯王二十五年、魏惠成王二十七年、秦孝公十八年、齊威王十三年）。四十六歲，在齊為稷下先生，被淳于髡譏諷，有關於「禮」的辯論。魏惠王召諸侯逢澤朝天子，秦公子少師率師參與逢澤之會。秦孝公會諸侯於京師。

西元前三四三年（用顯王二十六年、魏惠成王二十八年、齊威王十四年）。四十七歲，在齊，並不受重用，被齊人諷刺，孟子說，「我無官守，我無言責」以自解。齊田忌用孫臏之計大敗魏軍於馬陵，龐涓自殺，太子申被俘。（錢穆以為屈原生於此年，惠施約生於此年。）

西元前三四二年（周顯王二十七年、魏惠成王二十九年、齊威王十五年、秦孝公二十年）。四十八歲，在齊。商鞅伐魏，用計俘公子卯大破魏軍。

西元前三四年（周顯五二十九年、魏惠成王三十一年、齊威王十七年）。五十歲，在齊。（齊）邾近於薛。魏為大溝，行圃田之水。

西元前三三九年（周顯王三十年、齊威王十八年、楚威王元年、秦孝公二十三年）。五十一歲，在齊。據《史記》，莊子與楚威王同時，威王聘為相，莊子辭（見《莊子》）。荀子約於此年生於趙國。

西元前三三八年（周顯王三十一年、秦孝公二十四年、宋剔成四十一年）。五十二歲，在齊。宋剔成卒，弟偃立。秦孝公卒，車裂商鞅，其師尸佼逃蜀。

西元前三三七年（周顯王三十二年、韓釐侯二十六年、齊威王二十年、秦惠王元年）。五十三歲，在齊。韓申不害卒．秦仍用商鞅新

法，楚、趙、韓、蜀朝秦。

西元前三三六年（周顯王三十三年、魏惠成王三十五年、齊威王二十一年）。五十四歲，在齊。（《史記》謂孟軻此年至梁，誤。）

西元前三三五年（周顯王三十四年、魏惠王三十六年、韓釐侯二十八年、齊威王二十二年、秦惠王三年）。五十五歲，在齊。匡章因與孟子游，被齊用為將，敗秦。秦甘茂取韓宜陽。齊匡章敗秦。魏惠王用惠施策與齊威王會徐州相王。惠王改元。

西元前三三四年（周顯王三十五年、魏惠成三改元後一年、齊威王二十三年、楚威王六年）。五十六歲，在齊。楚滅越。（魏惠王三十六年後改元稱一年，用杜預說。）

西元前三三三年（周顯王三十六年、魏惠王改元後二年、齊威王二十四年、秦惠王五年）。五十七歲，在齊。秦以犀首為大良造。

西元前三三二年（周顯王三十七年、韓威侯元年、燕易王元年）。五十八歲，在齊。

西元前三三一年（周顯王三十八年、魏惠王改元後四年、齊威王二十六年、秦惠王七年）。五十九歲，在齊。秦敗魏，俘其將龍賈，斬首八萬。

西元前三三年（周顯王三十九年、魏惠王改元後五年、齊威王二十七年、秦惠王八年）。六十歲，在齊。獻河西之地於秦。

西元前三二八年（周顯王四十一年、魏惠王改元後七年、齊威王二十九年、秦惠王十年、楚懷王元年）。六十二歲，在齊。倡連橫之張儀相秦。魏獻秦上郡。

西元前三二七年（周顯王四十二年、韓威候六年、齊威王三十年、魯景公二十五年）。六十三歲，在齊。自齊歸葬於魯。孟子第一次到齊國的後期，已得到「客卿」地位，故以卿大夫之禮葬母。韓舉與齊戰，死於桑邱。

西元前三二六年（周顯王四十三年、魏惠成改元後九年、韓宣王

七年、齊威王三十一年）。六十四歲，在魯守喪。五月魏會韓威侯於巫沙，十月韓宣王（五月韓威侯始稱王）朝魏。

西元前三二五年（周顯王四十四年、齊威王三十二年、燕易王八年、趙武靈王元年、秦惠王十三年）。六十五歲，在魯守喪。四月秦惠文王稱王。燕易王稱王。（錢穆說，荀子自趙遊學於齊在此年）。

西元前三二四年（周顯王四十五年、魏惠王改元後十一年、齊威王三十三年、秦惠王改元一年、楚懷王五年）。六十六歲，在魯三年之喪畢，返齊。楚敗魏於襄陵。即後來魏惠王告訴孟子：「南辱於楚」。

西元前三二三年（周顯王四十六年、魏惠王改元後十二年、齊威王三十四年、宋王偃十五年、魯景王二十九年）。六十七歲，在齊，此時稷下學宮衰落，孟子見齊威王不能實現其「仁政」主張，聞宋將行王政，故離齊到宋・答萬章「宋將行王政」之問在此時。孟子初對宋偃王頗抱希望，後與宋大夫戴盈之論廢「關市之征」，行什一之稅，受阻。孟子與戴不勝哀歎宋偃王周圍「賢臣」太少。滕文公過宋見孟子，孟子與之「道性善，言必稱堯舜」。與宋勾踐論遊說之道。孟子接受宋王七十鎰饋贈離宋，過薛，接受五十鎰饋贈作戒備之用。歸於鄒，正值鄒與魯發生衝突，孟子答鄒穆公問。屋廬子由任至鄒問「禮與食孰重」；孟子到任見季任；孟子與曹交論「人皆可以為堯舜」；滕文公派然友到鄒問葬禮，孟子答三年之喪。

西元前三二二年（周顯王四十七年、魏惠王改元後十三年、宋偃王十六年、魯平西元年、滕文西元年、楚懷王六年、趙武靈王四年）。六十八歲，魯平公初即位，用孟子弟子樂正子為政，孟子至魯，遭臧倉反對，不遇魯侯而歸鄒。孟子在魯時曾與浩生不害論「樂正子何人也？」孟子反對魯使兵家慎子為將。孟子由魯歸鄒後，在本年十月之前至滕，「館於上宮」。孟子在滕對文公詳細闡明「仁政」主張；行井田、什一之稅，以及小國事大國的主張。齊國四月封田嬰於

薛，十月城薛。張儀相魏，逐惠施而楚納之。六國皆稱王，唯趙不稱。

西元前三二一年（周顯王四十八年、齊威王三十六年、燕易王十二年、滕文公二年）。六十九歲，在滕。與農家許行之徒陳相辯論，主張「勞心者治人，勞力者治於人」。在此前後孟子答公孫丑「不耕而食」之問，滕更學於孟子，挾貴而問。

西元前三二年（周慎靚王元年、齊宣王元年、燕王噲元年、魏惠王十五年、滕文公三年）。七十歲，離滕到魏大梁（開封）。梁惠王問孟子：「亦將有以利吾國乎？」孟子論「仁義」，反對法家，也反對縱橫家以「利」遊說諸侯，有與景春的對話，譏公孫衍、張儀為「妾婦之道」。孟子在梁與梁惠王多次論政。孟子與白圭辯論，說白圭二十分之一稅為貉道、善治水為「以鄰為壑」。孟子在梁，與周霄論「古之君子仕乎？」

西元前三一九年（周慎靚王二年、魏惠王改元後十六年、齊宣王二年）。七十一歲，梁惠王死，襄王即位，孟子見襄王與之論「天下定於一」。孟子對襄王不滿，離魏「自范之齊」。經平陸，與其大夫孔距心辯論。齊相儲於派人給孟子送禮。孟子到齊都臨淄稷下學宮，齊宣王給予「卿大夫」的職位，齊宣王問孟子「齊桓晉文之事」，孟子大談「仁政」。魏惠王卒，子襄王嗣位。

西元前三一八年（周慎靚王三年、魏襄王元年、韓宣王十五年、趙武靈王八年、齊宣王三年、楚懷王十一年、燕王噲三年、秦惠王改元七年）。七十二歲，在齊與齊宣王多次論政。大談「仁政」主張，如論「貴戚之卿」與「異姓之卿」，論「君臣關係」，論尚「賢」，論是否「毀明堂」，論「樂」等。孟子與弟子公孫丑論「四十不動心」和善養「浩然之氣」。孟子與王子墊論「士何事？」與公孫丑論齊宣王欲短喪。魏、趙、韓、楚、燕五國合縱攻秦，不勝而回。

西元前三一七年（周慎靚王四年、魏禁王二年、韓宣王十六年、趙武靈王九年、齊宣王四年、秦惠王改元八年）。七十三歲，由齊出

弔於滕，弔滕文公喪，又出弔公行子之喪，樂正子從於王驩之齊，孟子責之，匡章問「陳仲子豈不廉士哉？」孟子非之。秦打敗韓趙魏聯軍於修魚。齊聯合宋攻魏，打敗魏於觀澤。滕文公卒。

西元前三一六年（周慎靚王五年、齊宣王五年、燕王噲五年）。七十四歲，沈同私問「燕可伐與？」孟子答：「可。」齊宣王派匡章伐燕，孟子又非之。燕王噲「禪讓」給相國子之。

西元前三一五年（周慎靚王五年、齊宣王六年、燕王噲六年）。七十五歲，齊宣王問孟子可否取燕。齊宣王派匡章伐燕，勝之。

西元前三一四年（周赧王元年、趙武靈王十二年、齊宣王七年）。七十六歲，齊取燕，齊宣王問孟子諸侯欲干涉該怎麼辦？孟子主張「置君而後去之」。齊宣王不採納孟子的意見。燕內戰，將軍市被、太子平攻子之，子之殺市被、太子平。趙立公為燕王，齊將匡章伐燕，殺燕王噲和子之。

西元前三一三年（周赧王二年、齊宣王八年、楚懷王十六年、秦惠王改元十二年）。七十七歲，齊宣王召見孟子，孟子稱病不朝，出弔東郭氏，孟仲子使人到半路阻攔孟子，請他到朝廷上去，而孟子又宿景丑氏。屈原作《離騷》。張儀來楚。

西元前三一二年（周赧王三年、魏襄王七年、韓宣王二十一年、齊室王九年、秦惠王改元十三年、楚懷王十七年）。七十八歲，燕人叛齊後，齊宣王歎「甚慚孟子」，齊臣陳賈為齊宣王辯護。齊宣王不聽孟子的主張，使他不得不離開齊國。齊宣王想給孟子一所房子和「萬鍾」的俸祿，被拒絕。淳于髡便諷刺孟子，說他雖在三卿之中，而名譽和功業都沒有建立，怎麼就要離開齊國？孟子與陳子論君子之仕「所就三，所去三」，申訴離齊的理由。離齊之際、不過問開棠邑倉以救濟饑民事。孟子在歸途中，在齊的西南邊境邑城一連住了三宿，希望齊宣王親自來挽留他；齊宣王未挽留，他才「有歸志」。離齊後悲歎：「天未欲平治天下」。離齊歸鄒之後，又到宋，與宋牼遇於

石丘（今河南汲縣東南胙城東）。歸鄒前在休停留，歸鄒後知其政治主張不會被諸侯採用，不復出遊。秦楚構兵戰於丹陽，秦虜屈匄，取漢中，楚悉兵復襲秦，戰於藍田、大敗，韓聞之，襲楚至於鄧。秦、魏、韓攻齊至濮水之上，贅子死，章子走。燕人叛齊。

西元前三一一年（周赧王四年、魏襄王八年、韓襄王元年、趙武靈王十五年、齊宣王十年、燕昭王元年、秦惠王改元十四年、楚懷王十八年）。七十九歲，在鄒與弟子萬章、公孫丑等設問答，著《孟子》一書，記敘其活動和闡述其各種主張。秦伐楚，取昭陵。秦使張儀說楚，齊、趙、燕各國連橫事秦，秦惠王年卒，諸侯復合縱。秦樗里疾助魏伐衛。

西元前三一〇年（周赧王五年、魏襄王九年、韓襄王二年、秦武王元年、楚懷王十九年）。八十歲，在鄒著書。洛入成周山，水大出。楚庶章率師來會魏。惠施、張儀約卒於此年。

西元前三〇九年（周赧王六年、韓襄王三年、秦武王二年）。八十一歲，在鄒著書。秦初置丞相，樗里子、甘茂為丞相。

西元前三〇八年（周赧王七年、韓襄王四年、秦武王三年）。八十二歲，在鄒著書。秦伐韓宜陽。

西元前三〇七年（周赧王八年、趙武靈王十九年、秦武王四年）。八十三歲，在鄒著書。趙武靈王胡服騎射以伐胡。秦拔宜陽取武遂，秦王死於周。

西元前三〇六年（周赧王九年、趙武靈王二十年、秦昭王元年、齊宣王十五年）。八十四歲，在鄒著書。秦甘茂奔齊。趙攻中山胡地。

西元前三〇五年（周赧王十年、魏襄王十四年、韓襄王七年、趙武靈王二十一年、齊宣王十六年、燕昭王七年、秦昭王二年、楚懷王二十四年、魯平公十八年、宋偃王三十三年）。八十五歲，死於鄒。秦內亂，殺其太后及公子。趙伐中山，中山獻四邑以和。

附錄 B
丁若鏞年譜[1]

　　先生生於朝鮮英祖三十八年（1762年）朝鮮京畿道廣州郡草阜面馬峴里，父親丁載遠，母親海南尹氏。卒於朝鮮憲宗二年（1836年），享年七十五歲。本名若鏞。子美鏞，又字頌甫，號有俊庵、茶山、苔叟、翁、紫霞道人、皮旅人、鐵馬山樵、筠庵、門岩逸人等。其中以茶山為世所通稱。堂號曰與猶，取道德經冬涉畏鄰之義。

　　英祖三十八年（1765年），四歲。開始學習千字文。

　　英祖四十三年（1767年），六歲。隨從父親去漣川赴任。

　　英祖四十四年（1768年），七歲。作五言詩句「小山蔽大山，遠近地不同」。

　　英祖四十六年（1770年），九歲。母親淑人尹氏去世。

　　英祖四十七年（1771年），十歲。跟隨父親學習經書和史書。二歲時出麻疹，眉間留下痕跡，自稱「三眉子」。將十歲之前所作的漢詩匯成集子，名《三眉集》。年譜云：「十三歲，手抄杜詩，仿而步韻，深得杜意，凡數百首。」《三眉集》現遺失。

　　英祖五十二年（1776年），十五歲。與武承旨洪和輔女豐山洪氏結婚。

　　正祖元年（1777年），十六歲。初次閱讀星湖李翼的遺稿，受到星湖實學思想的影響。

　　正祖二年（1778年），十七歲，前往客鄉讀書，在至和順東林寺讀書《孟子》。

1　參見張敏：《韓國思想史綱》（北京市：北京大學出版社，2009年6月），頁276-279。

　　正祖三年（1779年），十八歲。遵守父命，到漢城學習宮廷文書文體。冬天，被選拔參加成均館的升補試。

　　正祖四年（1780年），十九歲。在禮泉伴鶴亭等地讀書，學問大進，常以祖述斯學為職志。

　　正祖六年（1782年），二十一歲。在奉恩寺學習經義科，準備科舉考試。

　　正祖七年（1783年），二十二歲。二月，為了慶祝世子冊封，舉行科舉監試，經義初試合格。四月，會試進士合格，在宣政殿受到正祖的接見。九月，長子學淵出生。

　　正祖八年（1784年），二十三歲。作為成均館的太學生，向正祖獻上《中庸講義》。初次接觸到天主教的書。從堂嫂的兄弟李德操那裡借到利瑪竇的《天主實義》和龐迪我的《七克》等書閱讀。九月，庭試初試獲第三名。

　　正祖九年（1785年），二十四歲。被推選為泮制。十月，在庭試初試中第一名。發生「乙巳秋曹摘發事件」，天主教組織活動被發現。

　　正祖十年（1786年），二十五歲。以宣揚邪教的罪名判處天主教信仰集團組織者李德操死刑。茶山為此寫〈友人李德操輓詞〉。二月，別試初試合格。七月，二子出生。

　　正祖十一年（1787年），二十六歲。作為成均館的儒生，受王命撰寫的《大典通編》、《八字百選》、《國朝寶典》受賞。

　　正祖十三年（1789年），二十八歲。殿試及第，做為甲科第三名探花郎，被授予七品官「禧陵直長」。二十八歲開始，到三十九歲，十二年仕途。即正祖在位期間，茶山備受重用。被任命為抄啟文臣，講義《大學》，並將講稿整理為《熙政堂大學講義》。五月，被任命為副司正。十二月，三子出生。

　　正祖十四年（1790年），二十九歲。受反對派的誣告，流放到忠

清道海美十天。被王召回。作〈海美南相國祠堂記〉,〈丹陽山水記〉。冬天,向君主呈〈十三經策〉。

正祖十五年（1791年）,三十歲。冬天作《詩經講義》一千八百條,受到正祖的稱讚。全羅道珍山的尹持忠、權尚然等廢除祖上祭祀,燒毀神主牌位,與當時朝鮮社會禮教秩序發生了正面衝突,稱「辛亥珍山之變」,二人被刑死刑,朝廷正式下達禁教令和禁書令,禁止傳播天主教。

正祖十六年（1792年）,三十一歲。父親在擔任晉州牧使的時候去世。冬天作《水原城規則》,包括「起重總說」、「起重圖說」等內容。

正祖十八年（1794年）,三十三歲。為父親戴孝,小祥和大祥結束。一月開始進行水原華城的工程。清朝的神父周文謨來到漢城。任成均館直講、弘文館教理、修撰。十月,正祖派遣暗行御史十名、摘奸官五名,下查民情。茶山到京畿北部的積城、麻田、漣川、溯寧進行調查,作〈京畿御使覆命後論事疏〉。

正祖十九年（1795年）,三十四歲。升任三品司檢、右副承旨、兵曹參議院等職。作〈植木年表跋〉、〈芙蓉亭侍宴記〉、〈風穀寺述志詩序〉、〈西岩講學記〉〈釣龍臺記〉、〈陶山私淑錄〉等文章。作詩〈饑民詩〉、〈歎貧〉、〈醉歌行〉等。

正祖二十年（1796年）,三十五歲。華城建立。被任命為奎瀛府校書、兵曹參知,右副承旨、左副承旨。作〈奎瀛府校書記〉。六月被任命為穀山府使。後來總結在任期間做父母官的經驗,完成代表《牧民心書》。九月,英國北太平洋探險艦漂流到東萊龍塘浦。

正祖二十一年（1797年）,三十六歲。任職谷山府使。

正祖二十二年（1798年）,三十七歲。向君王呈上《史記撰注啟》。作《書香墨味閣記》等。

正祖二十三年（1799年）,三十八歲。任職刑曹參議,四子出

生。作詩〈人葛玄洞〉等。

正祖二十四年（1800年），三十九歲。校正《與龍堂記》，《文獻備考刊誤》。作詩〈苦風〉、〈古意〉等。正祖宣王薨，正祖逝前，送《漢書選》給茶山。十二歲的純祖繼位，貞純大妃垂簾聽政。實施「五家作統法」，逮捕所有天主教徒，並處死刑，史稱「辛酉教獄」事件。茶山同他的兄弟三人被捕入獄。

純祖元年（1801年），四十歲。二月九日，辛酉迫害入獄後流配慶尚道。哥哥丁若鍾死在獄中，丁若銓被流放到新智島。著《爾雅述》六卷。十月，因黃嗣永帛書事件，再次被逮捕接受審察，流配康津。回憶自己四十年所走的路程，作《守吾齋記》。

純祖一年（1802年），四十一歲。四子夭折。作《耽津漁歌十章》等。

純祖二年（1803年），四十二歲。作《檀弓箴誤》六卷，《禮箋喪義匡正》十七卷。

純祖三年（1804年），四十三歲。作《兒學編訓義》二千字。鑽研《周易》兩年，作《周易四箋》，又名《周易心箋》草稿。

純祖四年（1805年），四十四歲。著述《正體傳重辨》，又名《己亥邦禮辯》。作雜文〈耽律對〉等。

純祖六年（1807年），四十六歲。長孫大林出生。著《狩虎行》，《一鉢庵記》，《禮箋喪具訂》。

純祖七年（1808年），四十七歲。茶山是位於康津縣南邊萬德寺西邊的一座山亭。在這裡著述《茶山問答》一卷，《祭禮考定》。經過反覆修訂，最終完成《周易心箋》二十四卷。

純祖八年（1809年），四十八歲。作《詩經講義補遺》三卷和〈玄坡尹興諸行狀〉。

純祖九年（1810年），四十九歲。作《嘉禮酌儀》，《家訓》，《小學珠串》等。

　　純祖十年（1811年），五十歲。作《我邦疆域考》，《禮箋喪期別》。

　　純祖十一年（1812年），五十一歲。收到季父稼亭公丁載進的訃告，作〈季父稼亭公行狀〉。完成《春秋考微》十二卷。

　　純祖十二年（1813年），五十二歲。完成《論語古今注》四十卷。

　　純祖十三年（1814年），五十三歲。完成《孟子要義》九卷，《中庸講義補》六卷。

　　純祖十四年（1815年），五十四歲。作《小學枝言》二卷。

　　純祖十六年（1817年），五十六歲。著述《喪義節要》六卷，《經世遺表》四十九卷。

　　純祖十七年（1818年），五十七歲。完成《牧民心書》四十八卷，《國朝典禮考》二卷，後編入《喪禮外編》。

　　純祖十八年（1819年），五十八歲。著述《明清錄》三十卷，後更名《欽欽新書》。又作《雅言覺非》三卷，《題漢書選》。

　　純祖二十年（1821年），六十歲。作《事大考例刪補》。完成《易學緒言》十二卷。

　　純祖二十一年（1822年），六十一歲。正值花甲，作〈自撰墓誌銘〉。

　　純祖二十二年（1823年），六十二歲。尹克培上書〈冬雷求言〉誣告茶山。

　　純祖三十三年（1834年），七十三歲。修改合併了《尚書古訓》和《尚書知遠錄》。修訂《梅氏書評》。

　　純祖三十五年（1836年），七十五歲。二月二十二日，去世。

哲學研究叢書·學術思想叢刊 0701018

丁若鏞借鑑孟子「內聖外王」思想研究

作　　者	朴柄久
責任編輯	陳胤慧
特約校稿	林秋芬

發 行 人	陳滿銘
總 經 理	梁錦興
總 編 輯	陳滿銘
副總編輯	張晏瑞
編 輯 所	萬卷樓圖書股份有限公司
排　　版	林曉敏
印　　刷	百通科技股份有限公司
封面設計	斐類設計工作室

發　　行　萬卷樓圖書股份有限公司
　　　　　臺北市羅斯福路二段 41 號 6 樓之 3
　　　　　電話 (02)23216565
　　　　　傳真 (02)23218698
　　　　　電郵 SERVICE@WANJUAN.COM.TW
香港經銷　香港聯合書刊物流有限公司
　　　　　電話 (852)21502100
　　　　　傳真 (852)23560735

ISBN 978-986-478-281-9
2019 年 7 月初版一刷
定價：新臺幣 400 元

如何購買本書：

1. 劃撥購書，請透過以下郵政劃撥帳號：
　　帳號：15624015
　　戶名：萬卷樓圖書股份有限公司

2. 轉帳購書，請透過以下帳戶
　　合作金庫銀行 古亭分行
　　戶名：萬卷樓圖書股份有限公司
　　帳號：0877717092596

3. 網路購書，請透過萬卷樓網站
　　網址 WWW.WANJUAN.COM.TW

大量購書，請直接聯繫我們，將有專人為
您服務。客服：(02)23216565 分機 610

如有缺頁、破損或裝訂錯誤，請寄回更換

版權所有·翻印必究
Copyright©2019 by WanJuanLou Books CO., Ltd.
All Right Reserved　　　　　　　**Printed in Taiwan**

國家圖書館出版品預行編目資料

丁若鏞借鑑孟子「內聖外王」思想研究 / 朴
柄久著. -- 初版. -- 臺北市：萬卷樓, 2019.07
面；　　公分. -

(哲學研究叢書.學術思想叢刊；0701018)
ISBN 978-986-478-281-9(平裝)

1.丁若鏞 2.孟子 3.研究考訂 4.學術思想

　　121.267　　　108003977